Sonderpädagogik

Erkenntnisse der Hirnforschung und ihre Bedeutung für
die Körperbehindertenpädagogik

Staud / Staud

Zielgruppe: Lehrer, Studenten, Eltern behinderter Kinder, Mitarbeiter in
den sozialen Dienstleistungen und alle Interessierten

Bibliografische Information der Deutschen Nationalbibliothek

Die Deutsche Nationalbibliothek verzeichnet diese Publikation in der Deutschen Nationalbibliografie; detaillierte bibliografische Daten sind im Internet über dnb.d-nb.de abrufbar.

ISBN 978-3-741291395
Dritte Auflage 2016
Release 1100
Alle Rechte vorbehalten
Herstellung und Verlag:
Books on Demand GmbH, Norderstedt.

© Edith Staud und Michael Staud
www.staudbooks.de

Der Inhalt wurde sorgfältig recherchiert, bleibt aber ohne Gewähr für Richtigkeit und Vollständigkeit. Der Autor kann für fehlerhaft Angaben und deren Folgen weder eine juristische noch irgendeine Haftung übernehmen.

Inhaltsverzeichnis

1	**Einleitung**	**7**
2	**Erkenntnisse der Hirnforschung**	**11**
2.1	Das Gehirn	11
2.2	Bausteine des Gehirns	20
2.3	Die Bedeutung der ersten Lebenseindrücke	22
2.4	Die Spiegelneurone	26
2.5	Die Bedeutung der zwischenmenschlichen Beziehungen	35
2.6	Die Neuroplastizität des Gehirns	44
3	**Behinderung und Körperbehinderung**	**47**
3.1	Belastung und Reaktionen der Eltern	50
3.2	Belastung durch Behinderung und Krankheit aus der Sicht des Betroffenen	53
3.3	Probleme in der sozialen Dienstleistung	58
3.4	Reaktionen der Gesellschaft	62
3.5	Sozialisationsbedingungen	68
4	**Körperbehindertenpädagogik - Wissenschaft und Personengruppe**	**75**
4.1	Körperbehindertenpädagogik als Wissenschaft	75
4.2	Personengruppe	77
	4.2.1 Kinder mit cerebralen Bewegungsstörungen	77
	4.2.2 Kinder mit Spina bifida	79
	4.2.3 Epilepsiekranke Kinder	81
	4.2.4 Chronisch kranke Kinder	84
	4.2.5 Progredient kranke Kinder	87
	4.2.6 Kinder mit körperlichen Fehlbildungen	90
	4.2.7 Traumatisierte Kinder	92
	4.2.8 Schwerstbehinderte Kinder	94

	4.2.9	Kinder mit Minimaler Cerebraler Dysfunktion (MCD)	95
4.3	Kinder mit mehrfachen Behinderungen		96
	4.3.1	Körperbehinderte Kinder mit autistischen Störungen	96
	4.3.2	Körperbehinderte Kinder mit Sehbehinderungen	102
	4.3.3	Körperbehinderte Kinder mit Hörbehinderungen	107
	4.3.4	Körperbehinderte Kinder mit Sprachbehinderungen	110
	4.3.5	Körperbehinderte Kinder mit Lese- Rechtschreibschwäche	113

5 Lernen nach den Erkenntnissen der Gehirnforschung — 121
- 5.1 Lernen und Gedächtnis 122
- 5.2 Lernen unter Stress? 125
- 5.3 Lerntypen 128
- 5.4 Die Bedeutung der Sekundärassoziationen beim Lernen .. 130
- 5.5 Lernen durch Belohnung und Bestrafung 131
- 5.6 Lernen mit Hilfe von Multimedia 138

6 Arbeitsbereiche in der Körperbehindertenpädagogik — 141
- 6.1 Förderdiagnostik 141
- 6.2 Vorschulische Förderung 148
- 6.3 Schulische Förderung und Probleme in der Leistungsbewertung 151
- 6.4 Integration in einer Regelschule oder Förderung in einer Sondereinrichtung? 160

7 Vorschläge zur Verbesserung der Situation der behinderten Schüler/innen. — 169
- 7.1 Musik und Bewegung 173
- 7.2 Soziales Lernen in der Schule 175
  - 7.2.1 Normverdeutlichung und Grenzziehung 176
  - 7.2.2 Konsequenz 177
  - 7.2.3 Pädagogischer Konsens 177
  - 7.2.4 Humane Kommunikation, Umgangsformen, Kleidung, Aussehen 178
  - 7.2.5 Empathie fördern 182
  - 7.2.6 Konfliktmanagement 183
- 7.3 Meditation 184

7.4	Erfolgserlebnisse für Kinder mit ADS und Autismus . . .	188
	7.4.1 ADS und ADHS in der Schule	188
	7.4.2 Förderung autistischer Kinder in der Schule	199

8 Mitarbeiter und Eltern 209

9 Zusammenfassung 213

10 Literatur 217

1 Einleitung

Ich habe 28 Jahre an einer Körperbehindertenschule gearbeitet und diese Arbeit hat mir sehr viel Spaß bereitet. Es ist eine interessante und abwechslungsreiche Tätigkeit, bei der die behinderten Menschen im Mittelpunkt stehen. In den letzten Monaten habe ich nun einige Bücher über die Erkenntnisse der Hirnforschung gelesen. Diese Literatur hat mich angeregt, mir darüber Gedanken zu machen, inwieweit die Erkenntnisse der Hirnforschung für die Körperbehindertenpädagogik von Bedeutung sind. An einer Körperbehindertenschule sind in der Regel eine Vielzahl von Mitarbeitern mit unterschiedlichen Qualifikationen beschäftigt. Das Spektrum erstreckt sich von der Schulleitung, der Verwaltungsleitung, den Sonderschullehrern, oft auch Grund- und Hauptschullehrern, den Therapeuten, Krankengymnasten bis zum Zivildienstleistenden, den Hausmeistern und weiterem Personal. Alle diese Mitarbeiter haben täglich Kontakte mit Behinderten und ihre Kenntnisse über deren Probleme werden wohl recht unterschiedlich sein. Aber auch die Lehrer an Regelschulen wie Grund- und Hauptschule, Realschule, Gymnasium haben in ihren Klassen zum Teil Integrationskinder, die behindert sind. Diese Lehrer haben in der Regel keine Körperbehindertenpädagogik studiert und sind daher mit dieser Problematik wahrscheinlich nicht so vertraut. Ebenso wird es den Eltern behinderter Kinder ergehen, die zwar von der Problematik persönlich betroffen sind, sich fachlich vielleicht selbst etwas kundig gemacht haben, aber keine spezielle Berufsausbildung in bezug auf dieses Problem haben. Und nun bleiben noch die Behinderten selbst, die zwar wahrscheinlich mehr oder weniger ihre Problematik registrieren und erkennen, sich aber nicht alles erklären können. Für diesen ganzen Personenkreis habe ich mit diesem Buch den Versuch unternommen, einige Probleme mit Hilfe der Erkenntnisse der Hirnforschung darzustellen.

Im zweiten Kapitel dieses Buches werde ich in einem kurzen Überblick das menschliche Gehirn beschreiben. Da es der wichtigste Teil des Zentralnervensystems ist, sozusagen die Schaltzentrale, ist es beim Menschen ziemlich groß. Als Laie und Nichtmediziner hat man zum Teil wahrscheinlich Schwierigkeiten sich dieses komplexe Gebilde im ganzen vorzustellen. Ich habe versucht, diese Inhalte so darzustellen, dass es für den Leser nachvollziehbar ist. Unter 2.2 werden die Nervenzellen oder Neurone beschrieben, aus denen unser Gehirn besteht. Dann folgt das Kapitel über die Bedeutung der ersten Lebenseindrücke, die für die weitere Entwicklung des Kindes zentral sind. In dieser Zeit, den ersten drei Lebensjahren, besteht bei den körperbehinderten Kindern durch ungünstige Umstände wegen der Körperschädigung die Gefahr, dass zu der bestehenden Körperschädigung noch weitere Schädigungen erworben werden und eine Behinderung entsteht. Um dies weitgehend zu vermeiden kommen der Diagnostik und der Frühförderung zentrale Bedeutung zu.

Nun folgen wesentliche Erkenntnisse der Hirnforschung über die Spiegelneurone und die Bedeutung der zwischenmenschlichen Beziehungen. Die sogenannten Spiegelneurone sind zwar angeboren, aber sie entfalten und entwickeln sich in den ersten Lebensjahren nur unter günstigen und passenden Bedingungen. Und gerade diese Bedingungen sind bei vielen körperbehinderten Kindern aufgrund der Behinderung nicht ausreichend vorhanden, und dies kann die Entwicklung der Fähigkeit zur Empathie beeinträchtigen. Der ohnehin schon durch die Behinderung belastete Kontakt mit Nichtbehinderten kann durch eine beeinträchtigte Empathiefähigkeit des Behinderten noch weiter nachteilig beeinflusst werden.

Diese zum Teil mangelnde oder beeinträchtige Empathiefähigkeit der behinderten Schüler, besonders, wenn diese von Geburt an sichtbar behindert waren, ist mir während meiner Tätigkeit auch aufgefallen. Der Kontakt mit manchen Schülern ist dann erschwert, da sie die Intentionen ihres Gegenübers nur schwer erkennen können, und auch Probleme haben, sich vorzustellen, wie ihr Verhalten auf die Mitmenschen wirkt.

Da bei vielen behinderten Kindern es durch die Behinderung zu frühen Erfahrungen von Einsamkeit und Verlust kommt, kann dies eine lebenslange Empfindlichkeit der neurobiologischen Systeme zur Folge haben. Behinderte Kinder können als Folge ihrer Behinderung daher eine höhere Stressempfindlichkeit erwerben, was im Unterricht und im Umgang mit ihnen berücksichtigt werden sollte. Aufgrund dieser Fakten ist es nachvollziehbar, dass durch eine Behinderung eine Verhaltensstörung entstehen kann und sich eine erhöhte Neigung zu Aggression entwickeln kann.

Die Erkenntnis von der Neuroplastizität des Gehirns ist für die Körperbehindertenpädagogik von besonderer Bedeutung. Da die Kinder aufgrund ihrer Behinderung (wenn sie von Geburt an behindert sind) eine Erfahrungswelt erleben, die von den Erfahrungen Nichtbehinderter abweicht, ergibt sich oft die Frage, ob vorhandene Defizite durch eine entsprechende Förderung noch ausgeglichen werden können und in welchem Lebensalter dies noch möglich ist. Da unser Gehirn über Neuroplastizität verfügt, scheint eine ressourcenorientierte Förderung auf jeden Fall sinnvoll zu sein.

In Kapitel drei möchte zuerst die Begriffe der Behinderung, Körperschädigung und Körperbehinderung erwähnen. Eine Behinderung hat zunächst Auswirkungen auf den behinderten Menschen selbst, aber auch auf sein Umfeld. Die Ursachen, Reaktionen und Folgen für das behinderte Kind, für seine Eltern, für die betreuenden Mitarbeiter in Institutionen und die Reaktionen der Gesellschaft früher und heute werden anschließend beschrieben. Um die behinderten Menschen zu schützen hat der Staat gesetzliche Regelungen im Grundgesetz und Sozialgesetzbuch geschaffen, die den behinderten Kindern ein Recht auf schulische Ausbildung und auf Integration garantiert. Körperbehinderte Kinder können in Sonderschulen oder auch, wenn möglich, in allgemeinen Schulen den Unterricht besuchen. Dies ist in der Verwaltungsvorschrift des KM vom 8. März 1999 (KuU S. 45/1999) geregelt.

In der Körperbehindertenschule werden Kinder mit sehr unterschiedlichen Behinderungen unterrichtet. Diese Behinderungen werde ich beschreiben. Da die Körperbehindertenschule auch Kinder mit Autismus und ADHS aufnimmt und diese Behinderungen in der Literatur über die Hirnforschung erwähnt werden, werde ich auch sie kurz beschreiben. Viele der behinderten Kinder sind in ihrem Seh-, Hör- und Sprechvermögen durch ihre Behinderung beeinträchtigt. Daher wird diese Problematik angesprochen.

Der Mensch lernt nach den Erkenntnissen der Gehirnforschung eigentlich immer. Deshalb ist Kapitel 5 dem Thema des Lernens gewidmet. Dabei werde ich die Erkenntnisse verschiedener Hirnforscher vorstellen, die auch für nichtbehinderte Menschen von Bedeutung sind. Körperbehinderte Kinder und Jugendliche haben aufgrund der Beeinträchtigungen je nach Behinderung spezielle Probleme beim Lernen. Der Diagnostik kommt daher eine besondere Bedeutung zu, denn mit ihrer Hilfe ist es möglich, Defizite zu erkennen und einen geeigneten Förderplan zu erstellen. Dabei wäre die Frage zu stellen, inwieweit eine defizitorientierte Förderung angemessen ist und inwieweit im Einzelfall aber vor allem ressourcenorientiert zu fördern ist.

Kapitel 6 ist der Körperbehindertenpädagogik und ihren Aufgabenfeldern, also den Arbeitsbereichen des Körperbehindertenpädagogen gewidmet. Da behinderte Kinder auch als Integrationskinder eine Regelschule besuchen können, möchte ich diese Problematik noch ansprechen, indem die Frage aufgeworfen wird, ob die Integration in einer Regelschule oder die Förderung in einer Sondereinrichtung vorzuziehen ist und wie dies gesetzlich geregelt ist.

Zuletzt folgen noch Überlegungen, wie nach den Erkenntnissen der Hirnforschung die Situation der behinderten Schüler und damit aber auch aller weiteren von dieser Problematik betroffenen Personen (Eltern, Lehrer usw.) verbessert werden könnte.

Einen Dank möchte ich dem Mitarbeiter dieses Buches aussprechen. Ohne seine Arbeit wäre dieses Buch nicht entstanden. Während ich für die inhaltlichen Teile überwiegend verantwortlich bin, hat er die praktische Arbeit wie Zeichnungen, Formatierung, Eingabe des Textes, Formatierung in Latex usw. geleistet.

2 Erkenntnisse der Hirnforschung

Bevor ich mich den Problemen der Körperbehindertenpädagogik zuwende, möchte ich die Erkenntnisse der Hirnforschung, wie sie von Prof. Dr. Bauer, Prof. Dr. Spitzer, Prof. Dr. Roth, Prof. Dr. Hüther usw. geschildert werden beschreiben.

2.1 Das Gehirn

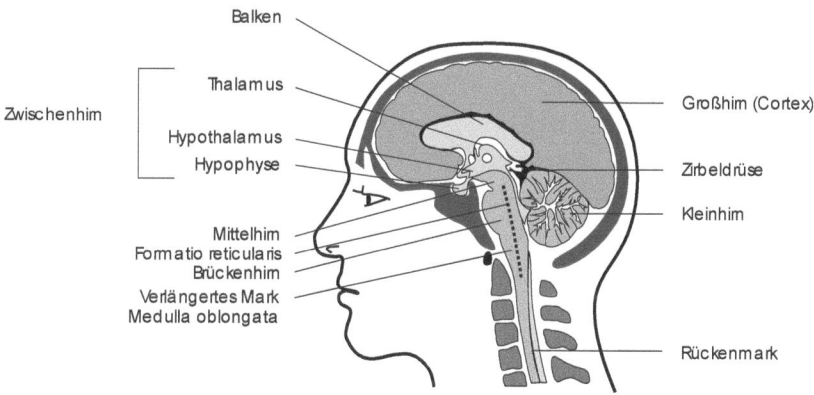

Abbildung 2.1: Übersicht über den Aufbau des Gehirns (vgl. Becker-Carus 2004, S.61)

„Die Grundauffassung der modernen Hirnforschung lautet, dass alles, was wir sind und tun, untrennbar mit den Strukturen und Funktionen unseres Gehirns zu tun hat, und das gilt natürlich auch für die Persönlichkeit und die aus ihr sich ergebende Entscheidungs- und Handlungsstruktur eines Menschen, und damit auch für die Verankerung der Persönlichkeit im Gehirn." (Roth 2007, S. 33)

Beschreibung 1 Das Gehirn
Legende für Abbildung 2.1
Hirnstamm: Steuerzentrum grundlegender lebenserhaltender Aktivitäten (Atmung, Herzschlag)
Medulla oblongata: Zentren für Atmung, Herzschlag, Herzgefäßmuskulatur, Blutdruck, Verdauung, Reflexe für die Aufrechterhaltung des Gleichgewichts
Brückenhirn (Pons): Schlaf-Wach-Funktionen, Schlafphasen, Hirnnerven
Kleinhirn (Cerebellum): Koordination präziser Muskel- und Körperbewegungen
Mittelhirn (Mesencephalon): besteht aus dem
Tegmentum (Hirnschenkel): grundlegende Triebzentren
Tectum (Mittelhirndach): Koordination optischer Reflexe, Koordination akustischer Informationen
Formatio reticularis: Kontrolle des allgemeinen Erregungszustandes und der Wachheit, Aufmerksamkeitsfokussierung auf bestimmte Reize
Zwischenhirn (Diencephalon): zentrale Schaltstelle des Nervensystems
Teile:
Thalamus: Hauptumschaltstelle zwischen den Sinnesorganen und der Hirnrinde (Cortex).
Hypothalamus: zentrales Steuersystem für die Funktionen des vegetativen Nervensystems (Gleichgewichtszustände der inneren Körpervorgänge, Motivation, emotionale Zustände, Hormonhaushalt, Körpertemperatur, Blutdruck, Atmung, Eireifung).
Enge Verbindung zur Hypophyse und damit Kontrolle über die Produktion verschiedener Hormone.
Endhirn oder Telencephalon
(vgl. Becker-Carus 2004, S. 61)

2.1 Das Gehirn

Deshalb ist es zuerst wichtig, sich über den Bau und die Funktion kundig zu machen (vgl Roth 2007, S. 33). Das *Gehirn* liegt im Schädel und ist der wichtigste Teil des Zentralnervensystems. Es ist in das Gehirnwasser eingebettet und gegen Druck und Stoß geschützt. Der älteste Teil des Gehirns ist das Stammhirn, das beim Menschen von den anderen Gehirnteilen fast verdeckt ist (siehe Abbildung 2.1). Bei Tieren macht es heute noch fast die gesamte Hirnmasse aus (vgl. Vester 2007, S. 15).

Während der Evolution hat sich das Gehirn verändert (vgl. Vester 2007, S. 20).

Bei den niederen Tieren sind die Teile des Gehirns, die die Koordination und die automatischen Reaktionen des Körpers steuern am größten (das Kleinhirn, das Zwischen- und Mittelhirn, das verlängerte Mark mit Brücke und das Riechhirn). In der weiteren Entwicklung in der Evolution wurde die Kommunikation in der Gruppe und die Denkfähigkeit (und damit das Großhirn) immer wichtiger. Die Oberfläche des Großhirnlappens, er hatte sich aus dem Riechhirn entwickelt, vergrößerte sich so, dass sich der Lappen in Falten legen musste und die Teile, die den Instinkt beherrschen immer kleiner wurden (vgl. Vester 2007, S. 20).

Das menschlich Gehirn ist vergleichsweise groß. Es hat ein Volumen von rund 1300 Kubikzentimetern und wiegt 1,3 Kilogramm (vgl. Roth 2007, S. 35). Es zeigt den typischen Aufbau eines Säugetiergehirns und besteht aus sechs Teilen: das Verlängerte Mark, die Brücke, das Kleinhirn, das Mittelhirn, das Zwischenhirn und das End- oder Großhirn. Als Hirnstamm werden Mittelhirn, Brücke und Verlängertes Mark bezeichnet (vgl. Roth 2007, S. 36,37).

Am menschlichen Gehirn fällt besonders die vielgewundene Hirnrinde auf, die den größten Teil des Gehirns umgibt. Auch sehr groß und an der Oberfläche stark eingefaltet ist das Kleinhirn (vgl. Roth 2007, S. 38).

Die Großhirnrinde ist beim Menschen groß. Auseinandergefaltet umfasst sie 2200 Quadratzentimeter. In ihr befinden sich rund 15 Milliarden Nervenzellen, die durch über eine halbe Trillion Kontaktpunkte (sie werden auch Synapsen genannt) verbunden sind. Das Ganze ist ein komplexes Netzwerk und die Großhirnrinde gilt als der Sitz von allem, was den Mensch zum Menschen macht. Die *Großhirnrinde* wird auch als *Cortex cerebri* bezeichnet (vgl. Roth 2007, S. 38).

Der *Cortex* wird in vier Bereiche oder „Lappen" eingeteilt. Man unterscheidet *Stirnlappen*, *Scheitellappen*, *Schläfenlappen* und *Hinterhauptslap-*

2 Erkenntnisse der Hirnforschung

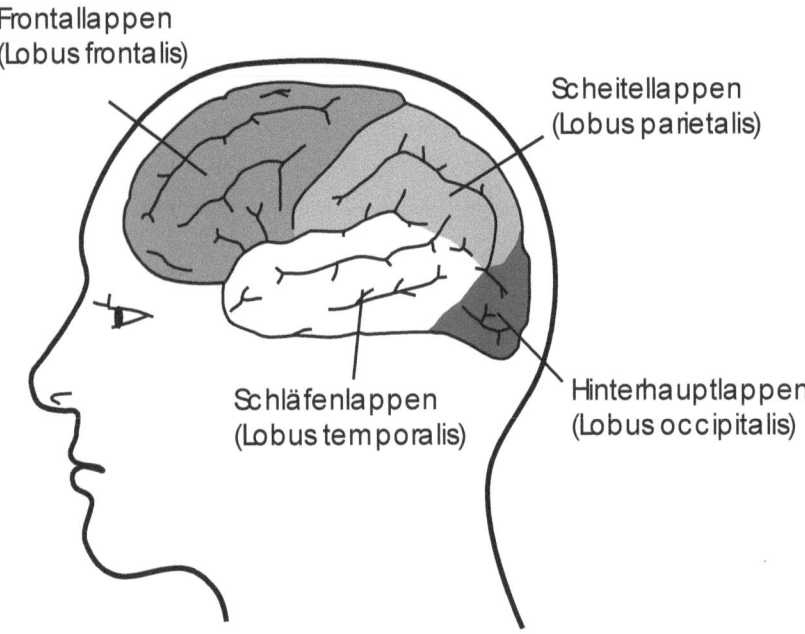

Abbildung 2.2: Darstellung des Großhirns (vgl. Becker-Carus 2004, S. 65)

pen (siehe Abbildung 2.2). Die Großhirnrinde wird in anatomische Felder eingeteilt. Die sogenannten *sensorischen Felder* haben mit der Verarbeitung von Informationen des Sehens (im Hinterhauptslappen), des Hörens (am oberen vorderen Rand des Schläfenlappens), der Körperempfindung und des Gleichgewichts (am vorderen Rand des Schläfenlappens)zu tun. Der *insuläre Cortex* liegt tief eingesenkt zwischen Stirn-, Schläfen- und Scheitellappen. Dort werden das *Körpergefühl*, *die affektive Schmerzempfindung*, *die Eingeweidewahrnehmung*, und *die Geschmacksempfindungen* verarbeitet. Riechinformationen werden in der Riechrinde verarbeitet, die in den limbischen Rindenarealen liegt (vgl. Roth 2007, S. 39-41).

Außer den sensorischen gibt es auch *motorische Hirnrindenfelder*. Sie liegen alle am oberen hinteren Rand des Frontallappens. Von hier aus werden die einzelnen Muskeln gesteuert, die Feinbewegungen kontrolliert, Bewegungsabläufe geplant und gesteuert, aber auch bei Vorstellungen dieser Aktionen ist dieser Bereich aktiv. In den anderen Hirnrindenfeldern werden die Informationen miteinander verbunden und in Verbindung mit

Beschreibung 2 Darstellung des Großhirns
Legende für Abbildung 2.2
Großhirn (Cerebrum)
Die Großhirnrinde wird auch als Cortex cerebri oder cerebraler Cortex oder als Cortex bezeichnet.
Frontallappen (Lobus frontalis): Sitz der motorischen Rindenfelder (Motorik)
Zentralfurche (Sulcus centralis):
Scheitel- oder Parietallappen (Lobus parietalis): Sitz von Körperschema, räumliche Orientierung, Berührung
Schläfen- oder Temporallappen (Lobus temporalis): Sitz von auditorischer Wahrnehmung und Sprache (Hören)
Lateralfurche (Sulcus lateralis):
Hinterhaupt- oder Okzipitallappen (Lobus occipitalis): Sitz der sensorischen Felder (Sehen)
(vgl. Becker-Carus, 2004, S. 65)

Gedächtnisinhalten werden komplexe Informationen erzeugt. Im hinteren unteren Scheitellappen auf der linken Seite werden symbolisch-analytische Informationen verarbeitet wie Mathematik, Sprache, Schrift und die Bedeutung von Zeichen und Symbolen. Der rechtsseitige hintere Scheitellappen ist der Ort, an dem die räumliche Orientierung lokalisiert ist. Im *Scheitellappen* befindet sich unser Körperschema und die Verortung unseres Körpers im Raum, auch ist er beteiligt an der Planung, Vorbereitung und Steuerung von Greif- und Augenbewegungen. Der obere und mittlere Schläfenlappen ist der Sitz der auditorischen Wahrnehmung und der Sprache. Der untere Schläfenlappen und der Übergang zwischen Scheitel-Schläfen- und Hinterhauptslappen ist wichtig für die komplexe visuelle Informationsverarbeitung. Auch die Bedeutung und die Interpretation von Objekten, Gesichtern, Gesten und Szenen findet in diesem Bereich statt. Im präfrontalen Cortex (Stirnlappen) befindet sich das *Arbeitsgedächtnis*, hier werden auch Ereignisse und Probleme der Außenwelt erfasst (vgl. Roth 2007, S. 42, 43)

Diese Gebiete sind für die konkreten Inhalte des Bewusstseins zuständig. Informationen über Geschmack, Geruch und Schmerz werden aus den älteren limbischen Rindengebieten hinzugefügt (siehe Abbildung 2.3). Es

2 Erkenntnisse der Hirnforschung

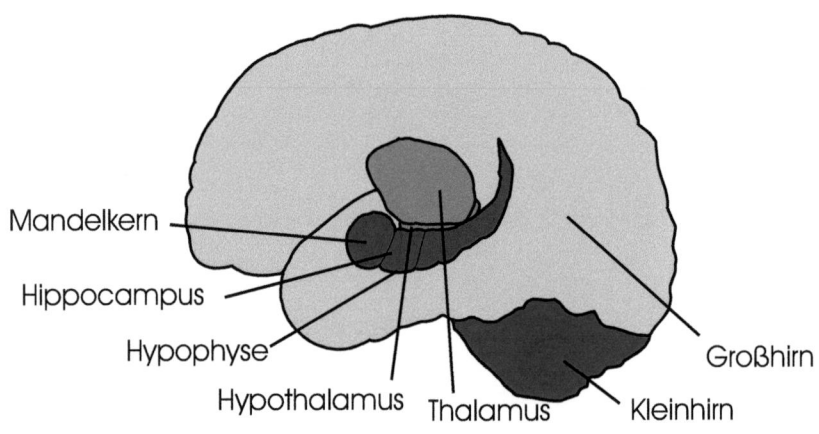

Abbildung 2.3: Darstellung des limbischen Systems

gibt in unserem Gehirn Zentren, die zwar am Entstehen des Bewusstseins beteiligt sind, selber aber völlig unbewusst arbeiten. Diese Zentren sind subcortical, sie liegen außerhalb und unterhalb des Cortex. Diese im Hirnstamm liegenden Zentren (das Mittelhirn, Brücke und Verlängertes Mark) steuern den Grad unserer Wachheit und Bewusstheit (vgl. Roth 2007, S. 43)

Beschreibung 3 Limbisches System
Informationen für die Abbildung 2.3
Limbisches System: besteht aus Hippocampus, Mandelkern, Septum, Gyrus cinguli
Hippocampus: Lernen und Behalten neuer Ereignisse
Mandelkern (Nuclei amygdalae): Steuerung von Aggression und aggressivem Verhalten, Behalten neuer Gedächtnisinhalte
Gyrus cinguli: emotionale Reaktion auf Schmerz, Lösung kognitiver Assoziationsaufgaben
(vgl. Becker-Carus 2004, S. 64)

Sie werden als «retikuläre Formation» bezeichnet. Die überwiegend unbewusst arbeitenden Zentren haben ganz unterschiedliche Funktionen, sind aber am unbewussten Entstehen und der Regulation von körperlichen Bedürfnissen, Affekten und Gefühlen beteiligt (vgl. Roth 2007, S.

45).

Dazu gehört der Hypothalamus, die Amygdala und das mesolimbische System.

Der *Hypothalamus* ist das wichtigste Kontrollzentrum für die biologischen Grundfunktionen (Nahrungs- und Flüssigkeitsaufnahme, Schlaf- und Wachzustand, die Temperatur- und Kreislaufregulation, das Angriffs- und Verteidigungsverhalten, das Sexualverhalten) und liegt im unteren Teil des Zwischenhirns über der Hirnanhangdrüse. Er ist der Entstehungsort von Trieb- und Affektzuständen, die mit diesen biologischen Grundfunktionen in Zusammenhang stehen. Der Hypothalamus ist mit allen verhaltensrelevanten Teilen des Gehirns verbunden. Besonders betrifft das die Hypophyse, das zentrale Höhlengrau im Mittelhirn und die vegetativen Zentren des Hirnstamms. Diese sind mit dem peripheren Nervensystem eng verknüpft. Peripheres Nervensystem und Hypophyse stehen in Wechselwirkung mit den Organen. Es besteht dadurch eine enge Verbindung zwischen Gehirn und den Organen. Hypophyse und peripheres Nervensystem spielen bei Stress und Stressbewältigung eine wichtige Rolle. Darauf werde ich später noch genauer eingehen (vgl. Roth 2007, S. 45, 46).

Die Orte des unbewussten Entstehens von Emotionen sind die *Amygdala* (der Mandelkern) und das *mesolimbische System*. Der *Mandelkern* liegt am inneren unteren Rand des Temporallappens und ist das Zentrum der furcht- und angstgeleiteten Verhaltensbewertung. In ihm werden geruchliche Informationen verarbeitet. Bei Affekten und Stress arbeitet er mit dem Hypothalamus zusammen. Auch wenn es um komplexe emotionale Konditionierung geht ist der Mandelkern beteiligt (vgl. Roth 2007, S. 46).

Der Gegenspieler dieses System ist, was Furcht, Angst und Stress betrifft, das mesolimbische System. Dieses befindet sich im Mittelhirnboden und im Endhirn. Das *mesolimbische System* stellt das *Belohnungszentrum* des Gehirns dar, denn hier werden hirneigene Opiate wirksam, die zu positiven Empfindungen führen. Es werden auch die positiven Konsequenzen von Handlungen registriert und der Mensch ist dann motiviert das zu wiederholen, was zu einem positiven Zustand geführt hat. Dabei wird der Botenstoff Dopamin ausgeschüttet (vgl. Roth 2007, S. 46,47).

In den Bereichen des Hypothalamus, des zentralen Höhlengrau, der Amygdala und des mesolimbischen Systems werden die Affekte, die positiven und negativen Gefühle und die psychischen Antriebe produziert.

2 Erkenntnisse der Hirnforschung

Dies geschieht unbewusst. Über Nervenzellfortsätze wird dann die Großhirnrinde erregt und die Gefühle werden bewusst. Wird die Großhirnrinde nicht genügend aktiviert, dann bleiben die Gefühle unbewusst (vgl. Roth 2007, S. 47).

Der *Hippocampus*, der auch zum limbischen System gehört, spielt hierbei eine entscheidende Rolle. Er ist der Träger des Vorbewussten und hat damit eine Zwischenstellung zwischen Neocortex und dem limbischen System. Er legt fest, welche bewusst erfahrenen Ereignisse im deklarativen Gedächtnis abgelegt werden. Der Kern dieses Gedächtnisses ist das Erlebnisgedächtnis. Es enthält alles, was mit uns passiert ist, und dadurch wird unser autobiographisches Gedächtnis geformt. Aus dem Erlebnisgedächtnis entsteht das Wissensgedächtnis, das auch Fakten ohne den Erlebniskontext enthält. Der eigentlichen Ort des deklarativen Gedächtnisses ist die Großhirnrinde, der Hippocampus ist nur der Organisator. Der Hippocampus arbeitet nicht bewusst, wir haben keinen willentlichen Einfluss darauf, aber er ist das Tor zum Bewusstsein. Weiter ist noch die *septale Region* ein wichtiges Gebiet. Sie bildet zusammen mit den benachbarten Strukturen das basale Vorderhirn. In Zusammenarbeit mit Hippocampus und Großhirnrinde ist es an Lernen, Aufmerksamkeitssteuerung und Gedächtnisbildung beteiligt. Auch wird hier der Neurotransmitter Acetylcholin produziert (vgl. Roth 2007, S. 47-49).

Das *Zwischenhirn* liegt in der Tiefe des Endhirns. Es besteht aus dem *Epithalamus*, dem *dorsalen Thalamus*, den *ventralen Thalamus* und dem *Hypothalamus*. Im dorsalen Thalamus enden die sensorischen Bahnen von Auge, Ohr, Gleichgewichtorgan, Haut und Muskeln. Sie werden dort auf Bahnen zur Hirnrinde umgeschaltet. Hier enden auch die motorischen Bahnen der Hirnrinde, die dann zum Verlängerten Mark und zum Rückenmark führen. Dadurch wird der Bewegungsapparat gesteuert. Die Kerne des dorsalen Thalamus haben sensorische und motorische Funktionen. Da sie auch an kognitiven und limbischen Funktionen beteiligt sind und bei der Regulation von Wachheit, Bewusstsein und Aufmerksamkeit eine wichtige Rolle spielen ist der dorsale Thalamus das Ein- und Ausgangstor des Bewusstseins (vgl. Roth 2007, S. 49, 50).

Mittelhirn, Kleinhirn, Brücke und Verlängertes Mark bilden das Stammhirn.

Das *Mittelhirn*, das sich an das Zwischenhirn anschließt, spielt eine wichtige Rolle für Bewegungen, Handlungssteuerung und die Handlungsbewertung. Es arbeitet unbewusst. Es ist auch der Entstehungsort des neuronalen Botenstoffes *Dopamin*. Dieser spielt bei der Motivation eine besondere Rolle. Im Mittelhirn liegt das zentrale Höhlengrau. Es ist der Sitz instinktiver Verhaltensweisen und von Schaltelementen affektiver Reaktionen. Die Brücke stellt die Verbindung von der Großhirnrinde zum Kleinhirn her. Das *Kleinhirn*, das auf der Brücke aufgesetzt ist, besteht aus drei Teilen. Hier erfolgt die Steuerung des Gleichgewichts und der Augenfolgebewegung. Im zweiten Teil wird der Bewegungsapparat koordiniert. Der dritte Teil ist eng mit der Großhirnrinde verbunden und steuert auch die feine Willkürmotorik. Das Kleinhirn ist damit ein wichtiger Teil des motorischen Lernens, aber es ist auch an anderen kognitiven Leistungen beteiligt. Seine Aufgaben bestehen hauptsächlich im zeitlichen Feinabgleich von Ereignissen, mit denen sich das Gehirn gerade befasst (vgl. Roth 2007, S. 50, 51)

Das *Verlängerte Mark* ist die Fortsetzung des Rückenmarks. Es spielt eine entscheidende Rolle bei lebenswichtigen Körperfunktionen und bei Erregungs- Aufmerksamkeit- und Bewusstseinszuständen. Hier ist der Produktionsort der Neurotransmitter *Noradrenalin* und *Serotonin* (vgl. Roth 2007, S. 51, 52).

Das Gehirn hat sechs Hauptfunktionen. Seine erste Funktion ist den Körper und sich selbst am Leben zu erhalten (Steuerung von Organen und Funktionen). Der Körper muss bewegt und mit Nahrung versorgt werden, vor Feinden und Gefahren geschützt werden. Diese Aufgaben erfüllen Teile des limbischen Systems. Weitere Funktionen sind die Wahrnehmung und die Bewegungssteuerung. Diese Funktion wird von den sensorischen und motorischen Gebieten des Gehirns und den entsprechenden Cortex-Arealen geleistet. Andere Funktionen sind die emotionale Bewertung und Verhaltenssteuerung, was durch das limbische System erfolgt. In der Großhirnrinde hauptsächlich in der linken Hemisphäre in Verbindung mit dem Hippocampus und Teilen des Thalamus erfolgt die kognitive Bewertung im Denken, Vorstellen und Erinnern, der entsprechenden Verhaltenssteuerung und die Kommunikation (Sprache). Im sogenannten executiven System erfolgt die Handlungsplanung und —vorbereitung. Diese Teile sind miteinander eng verbunden. Dies hat alles den Zweck, dass wir am Leben bleiben und uns fortpflanzen (vgl. Roth 2007, S. 52, 53)

2.2 Bausteine des Gehirns

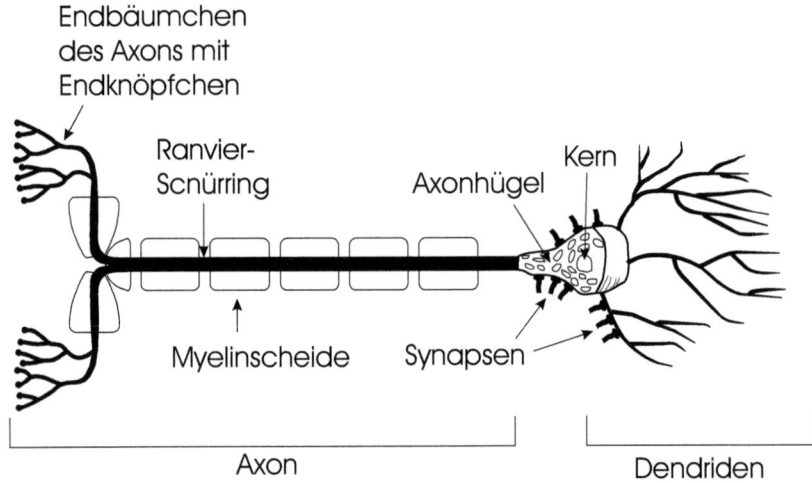

Abbildung 2.4: Schema eines Neurons (vgl. Becker-Carus 2004, S.39)

Das Gehirn besteht aus *Nervenzellen*. Sie werden *Neurone* genannt. Es sind 50 bis 100 Milliarden, dazu kommen noch doppelt so viele Stütz- Hilfs- und Ernährungszellen, die *Gliazellen* genannt werden (vgl. Roth 2007, S. 54).

„Nervenzellen sind umgewandelte Körperzellen, die spezielle Eigenschaften im Dienste der Verarbeitung hirneigener elektrischer und chemischer Signale haben. Diese Signale erhalten die Nervenzellen über Sinnesorgane (Auge, Ohr, Haut usw., aber auch Körperorgane) und geben sie über Muskeln, Haut und Drüsen wieder ab (als Bewegung oder externe Körpersignale, aber auch als Veränderungen von körperinternen Funktionen). Zu diesem Zweck sind die Nervenzellen eine Art von Mini-Batterien und elektrischen Schaltkreisen, die elektrische Signale aufnehmen, verändern und wieder abgeben, sie sind aber auch Produzenten und Verarbeiter von chemischen Kommunikationssignalen, Neurotransmitter, Neuropeptide und Neurohormone genannt. Das Gehirn ist also ein System der miteinander verwobenen elektrischen und chemischen Informationsverarbeitung, wobei die elektrische Informationsverarbeitung die schnelle und einfache, die chemische die langsame und komplexe ist." (Roth 2007, S. 54)

Die *Nervenfasern* sind wie ein elektrisches Kabel isoliert. Sie sind von einer Hülle aus hellem Myelin umgeben. Ist diese Isolierschicht zerstört, erfolgen regelrechte Kurzschlüsse. Zu diesen Kurzschlüssen gehören auch die epileptischen Anfälle, die ich später noch beschreiben möchte (vgl. Vester 2007, S.31, 32).

Die Eingangsstrukturen der Nervenzellen werden als *Dendriten* bezeichnet. Über sie nehmen sie Erregungen auf. Die Ausgangsstrukturen bestehen aus langen dünnen Nervenfasern, die man *Axone* nennt. Zwischen den Nervenzellen finden Kontakte über die *Synapsen* statt. Dies sind kleine Endverdickungen der Axone. Sie setzen an den Dendriten und Zellkörpern oder an Axonen anderer Nervenzellen an. Über diese Synapsen ist jede Nervenzelle mit vielen anderen Nervenzellen verbunden. Die ungefähr 20000 Synapsen in der Großhirnrinde funktionieren entweder rein elektrisch oder kombiniert elektrisch chemisch. Ein von einer Zelle kommendes Signal wird unverändert an die nächsten Zellen weitergegeben. Oft verändern die Synapsen aber die Übertragungseigenschaften. Signale werden dann abgeschwächt oder verstärkt, Signale werden durchgelassen und andere Signale blockiert. Synapsen haben Verstärker- und Filtereigenschaften (vgl. Roth 2007. S. 54-56).

„Unter bestimmten Umständen verändert sich die Verknüpfungsstruktur in denjenigen Netzwerken, die Nervenzellen miteinander bilden, und diese Veränderungen verändern ihre Funktion, sei es bei der Wahrnehmung, beim Denken, bei der Gedächtnisbildung, bei Gefühlen oder bei der Handlungs- und Bewegungssteuerung.

Die chemischen Synapsen sind die wesentliche Grundlage der überaus komplizierten Erregungs- bzw. Informationsverarbeitung im Gehirn. An der chemischen Synapse wird ein einlaufendes elektrisches Signal , das Aktionspotential, oder eine ganze Salve davon in ein chemisches Signal umgewandelt, das dann durch einen winzigen Spalt hin zum nachgeschalteten

Neuron wandert. Es erregt auf chemische Weise dieses Neuron, und es entsteht schließlich wieder ein elektrisches Signal, das (falls es erregend ist) über den Zellkörper des Neurons und sein Axon wieder zum nächsten Neuron wandert. Diese chemische Signalübertragung geht sehr schnell, d.h. in weniger als einem Tausendstel einer Sekunde, und wird durch neuronale Botenstoffe, *Transmitter* bewirkt." (Roth 2007, S. 56)

Schnelle Transmitter sind Glutamat, Gamma-Amino-Buttersäure und Glycerin. Die neuromodulatorischen Transmitter arbeiten langsamer und beeinflussen die Arbeit der schnellen Transmitter. Das sind das Noradrenalin, Dopamin, Serotonin und Acetylcholin. Chemische Überträgersubstanzen sind die Neuropeptide und Neurohormone (vgl. Roth 2007, S. 56).

2.3 Die Bedeutung der ersten Lebenseindrücke

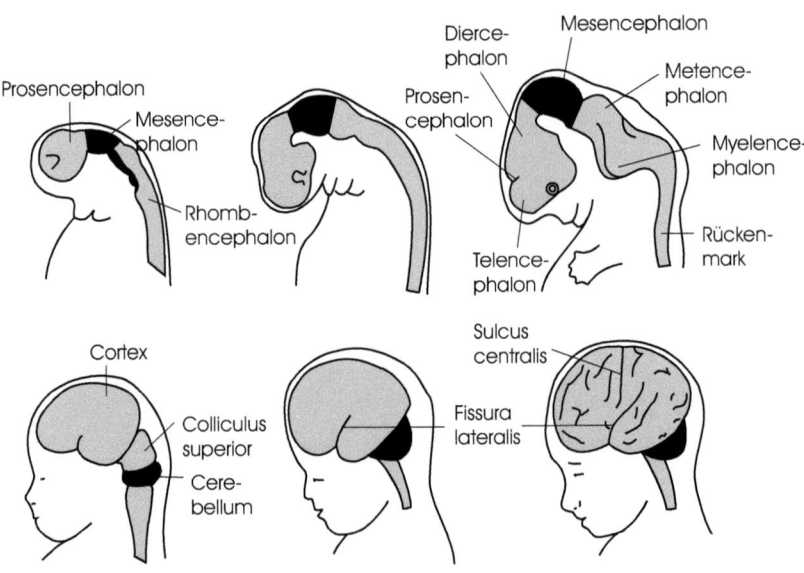

Abbildung 2.5: Entwicklungsstufen des Gehirns (vgl. Becker-Carus 2004, S. 60)

2.3 Die Bedeutung der ersten Lebenseindrücke

Beschreibung 4 Entwicklungsstufen des Gehirns
Legende für die Abbildung 2.5
Prosencephalon: Vorderhirn
Mesencephalon: Mittelhirn
Rhombencephalon: Rautenhirn
Diencephalon: Zwischenhirn
Metencephalon: Hinterhirn
Myelencephalon: Nachhirn
Telencephalon: Endhirn
Cortex: Großhirnrinde
Cerebellum: Kleinhirn
Colliculus superior: Teil des Mittelhirndachs
Fissura lateralis: Sylvische Furche
Sulcus centralis: Zentralfurche

Wenn ein Kind geboren wird, dann ist ein großer Teil seines Gehirns bereits ausgebildet. In den ersten Wochen und Monaten nach der Geburt entstehen die meisten restlichen Zellen und ihre Verknüpfungen. Die frühen Informationen durch das Tasten, Riechen, Fühlen und Schmecken werden fest gespeichert. Sie sind fester gespeichert als die meisten der bewussten Erinnerungen. (Vester 2007, S. 38)

> „Die «Passivität» eines Säuglings täuscht also darüber hinweg, dass sich gerade in den ersten Wochen auch im geistigen Bereich sehr viel tut, nämlich die irreversible Formung eines durch die Sinneseindrücke hervorgerufenen ersten inneren Abbildes der Umwelt, die sich zusammen mit den letzten anatomischen Veränderungen in einem von Mensch zu Mensch unterschiedlichen Grundmuster im Gehirn verankert." (Vester 2007, S. 43)

Diese Feinverdrahtung in der Großhirnrinde findet also hauptsächlich erst nach der Geburt statt (vgl. Roth 2007, S. 61).
Sehen und Hören findet bereits vor der Geburt statt, auch die Grobmotorik und der Gleichgewichtssinn sind weit vor der Geburt vorhanden, wie auch spezifische Arm- und Handbewegungen. Im Alter von vier Monaten nach der Geburt kann das Kind zielgerichtet greifen, die Feinmotorik ist

2 Erkenntnisse der Hirnforschung

zwischen dem achten und elften Monat entwickelt, ab dem dreizehnten Monat kann das Kind einen ergriffenen Gegenstand auch wieder loslassen. Am Ende des ersten Lebensjahres lernen die Kinder das Laufen (vgl. Roth 2007, S. 62)

> „Ab der zweiten Hälfte des ersten Lebensjahres werden die Bereiche des Frontallappens langsam funktionsfähig. Es erhöht sich deutlich die Zahl der Synapsen, und dies geht beim Säugling mit differenzierteren Wahrnehmungen und Gefühlen ab dem 10. Monat einher. Mit zweieinhalb Jahren findet ein weiterer Reifesprung des präfrontalen Cortex hinsichtlich des dendritischen Längenwachstums und der synaptischen Feinverknüpfung statt, insbesondere was den präfrontalen Cortex und das Broca-Areal betrifft. Dies wird als Grundlage für die Ausbildung des bewussten Denkens und anderer höherer kognitiver Leistungen, der syntaktisch-grammatikalischen Sprache (s. unten) und des Ich-Bewusstseins angesehen." (Roth 2007, S. 62)

Die Sprachentwicklung beginnt bereits vor der Geburt mit dem Erfassen der affektiven und emotionalen Tönung der Sprache und der Sprachmelodie.

Zusammengefasst kann man also sagen, dass *limbisches System* und das subcorticale System der Verhaltenssteuerung sich embryonal sehr früh, bereits nach der fünften Embryonalwoche ausbilden. Das corticale System reift nach der Geburt aus, dieser Reifungsprozess ist erst mit Ende der Pubertät abgeschlossen. Wichtigste Phasen sind die vorgeburtliche Entwicklung des Gehirns, der letzte Teil der Schwangerschaftsentwicklung und die ersten Lebensjahre, und schließlich noch die Pubertät. In diesen Perioden ist das Gehirn besonders empfindlich und prägsam gegenüber positiven und negativen Umwelteinflüssen (vgl. Roth 2007, S. 63, 64).

Zurück zu der Zeit nach der Geburt. Dabei betont Vester, dass die Gehirnzellen je nach der vorhandenen Umwelt anders wachsen. *Die Monate nach der Geburt sind die einzige Zeit, in der sich äußere Einflüsse in der Ausbildung des Gehirns direkt niederschlagen können, das heißt, es kommt zu anatomischen Veränderungen, zu festen Verknüpfungen zwischen wachsenden Zellen. Die verschiedenen Einflüsse aus der Umwelt können sich direkt in der anatomischen Struktur einprägen* (vgl. Vester 2007, S. 39)

2.3 Die Bedeutung der ersten Lebenseindrücke

So entsteht ein inneres Abbild der Umwelt, in der sich das Kind zurechtfinden muss. Es besteht Vertrautheit und Verständnis zwischen dem Organismus und seiner Umwelt, dies ist die Grundbedingung dafür, dass wir uns in dieser Welt zurechtfinden können (vgl. Vester 2007, S. 39, 40).

Das hat auch eine besondere Bedeutung in Bezug auf die Behinderungen. Wenn zum Beispiel Säuglinge aus irgendwelchen Gründen in ihren ersten Monaten keine visuellen Eindrücke empfangen konnten, sind lebenslange Sehstörungen die Folge (vgl. Vester 2007, S. 41).

Auch ist daran zu denken, und dies ist meine Vermutung, dass eine bereits zum Zeitpunkt der Geburt bestehende Körperbehinderung lebenslange Defizite zur Folge haben kann, was für den Ansatz der defizitorientierten Förderung bei Körperbehinderten Konsequenzen hat. Aber darauf möchte ich noch später eingehen.

Auch spätere hormonelle Reaktionen werden durch diese ersten Gefühlseindrücke festgelegt. Dies betrifft zum Beispiel auch die Stresserfahrungen, denen viele behinderte Kinder bereits in den ersten Lebenswochen ausgesetzt sind, da oft zu diesem Zeitpunkt wegen eines Klinikaufenthaltes Trennungen von Eltern und Kind erforderlich sind und notwendige Behandlungen für das Kind belastend sind (vgl. Vester 2007, S. 42, 43).

Auch Bauer betont, dass der Säugling bereits im Mutterleib begonnen hat sensomotorische Abläufe zu üben und er hört die Körpergeräusche und die Stimme seiner Mutter. Für diese Wahrnehmungen wurden bereits in seinem Gehirn Netzwerke angelegt. Deshalb kann er die Stimme seiner Mutter auch von anderen Stimmen unterscheiden. Im Gehirn des Neugeborenen sind bereits Nervenzell-Netzwerke aktiv, vor allem in den Arealen der Großhirnrinde, die für Tast- und Berührungsempfindungen und Bewegungsmuster der Muskulatur zuständig sind (vgl. Bauer 2008b, S. 63).

Nach der Geburt baut der Säugling zunächst einfache Wahrnehmungsmuster auf. Dabei entstehen die entsprechenden Nervenzell-Netzwerke, um zu registrieren und auch zu repräsentieren, was an Signalen an ihn herangetragen wird. Zunehmend kann damit die äußere Welt wahrgenommen werden. Aber auch die Signale und Wahrnehmungen aus seinem eigenen Körper sind für den Säugling anfangs völlig unspezifisch. Bei Missempfindungen werden seine Alarmsysteme aktiviert und er schreit. Der Säugling muss dann lernen die Signale von innen und von außen langsam zu verstehen. Dies geschieht dadurch, wie sich durch wissenschaftliche Einzel-

2 Erkenntnisse der Hirnforschung

untersuchungen herausgestellt hat

> „dass die aus dem eigenen Körpermilieu kommenden Signale im Gehirn des Säuglings mit Signalen und Handlungen der Mutter bzw. der Bezugsperson verknüpft werden. *Deren Reaktionen verleihen, wenn sie angemessen und für den Säugling problemlösend sind, den unspezifischen Empfindungen des Säuglings sozusagen rückwirkend eine «Bedeutung».* Erst die der jeweiligen Situation angepassten Reaktionen der Mutter stellen die Empfindungen des Säuglings in einen Verständniszusammenhang. Dieser Zusammenhang wird vom Säugling in Nervenzell-Netzwerken repräsentiert, welche die Signale, die zeitgleich von «innen» (vom Körper) und «außen» (von der Mutter) eingehen, verknüpfen." (Bauer 2008b, S. 68)

Eine anregungsreiche Umwelt und zwischenmenschliche Beziehungen sind für die Entwicklung eines Kindes und seines Gehirn von entscheidender Bedeutung. Kinder ohne eine feste, pflegende Bezugsperson in den ersten Lebensmonaten zeigen Auffälligkeiten wie neuropsychologische Entwicklungsstörungen, besonders im Bereich der Motorik, aber auch seelische Beeinträchtigungen und Auffälligkeiten in der Hirnstromkurve, was auf Veränderungen in den neuronalen Netzwerken schließen lässt (vgl. Bauer 2008b, S. 69, 70).

Besonders von Geburt an behinderte Kinder laufen hier Gefahr zu ihrer schon bestehenden Schädigung weitere Beeinträchtigungen mit lebenslangen Folgen zu erleiden. Darauf werde ich später noch eingehen.

2.4 Die Spiegelneurone

Nun möchte ich noch einmal den Kontakt zwischen Mutter und Säugling ansprechen. Wie ist es dem Säugling bereits wenige Tage nach der Geburt möglich in Kontakt mit seiner wichtigsten Bezugsperson zu treten? Dem Säugling steht ein Startset von Spiegelneuronen zur Verfügung. Damit kann er erste Spiegelungsaktionen vornehmen (vgl. Bauer 2006, S. 57).

Aber diese angeborenen Spiegelsysteme des Säuglings entfalten und entwickeln sich nur weiter, wenn es zu einem Beziehungsangebot kommt, das für ihn geeignet und passend ist. Das können in der Regel von Natur

2.4 Die Spiegelneurone

aus am besten die Eltern. Wenn die Eltern nicht zur Verfügung stehen, können liebevolle andere Bezugspersonen, die längere Zeit dauerhaft zur Verfügung stehen guten Ersatz bieten (vgl. Bauer 2006, S. 59).

Was sind nun aber *Spiegelneurone* oder *Spiegelnervenzellen*? Sie wurden von Rizzolatti entdeckt und sind so etwas wie eine *neurobiologische Resonanz*. Wenn eine Handlung durch einen anderen vollzogen wird, wird beim Beobachter ein eigenes neurobiologisches Programm aktiviert, und zwar das Programm, das diese Handlung auch beim Beobachter selbst zur Ausführung bringen könnte. Diese Nervenzellen können im eigenen Körper ein Programm realisieren, aber sie werden auch durch Beobachtung aktiv, oder wenn man auf andere Weise miterlebt, wie ein anderer dieses Programm in die Tat umsetzt (vgl. Bauer 2006, S. 23).

> „Der Vorgang der Spiegelung passiert simultan, unwillkürlich und ohne jedes Nachdenken. Von der wahrgenommenen Handlung wird eine interne neuronale Kopie hergestellt, so, als vollzöge der Beobachter die Handlung selbst. Ob er sie wirklich vollzieht, bleibt ihm freigestellt. Wogegen er sich aber gar nicht wehren kann, ist, dass seine in Resonanz versetzten Spiegelneurone das in ihnen gespeicherte Handlungsprogramm in seine innere Vorstellung heben. Was er beobachtet, wird auf der eigenen neurobiologischen Tastatur in Echtzeit nachgespielt. Eine Beobachtung löst also in einem Menschen eine Art innere Simulation aus." (Bauer 2006, S. 26)

Durch diese Spiegelphänomene werden Situationen für uns vorhersehbar. Menschen, die uns umgeben, verhalten sich daher halbwegs vorhersehbar, also innerhalb einer von uns erwarteten Bandbreite. Ein Gefühl der Intuition lässt uns ahnen was kommen könnte. Es ist eine Form der impliziten Gewissheit, die uns in vielen Situationen vor einer heftigen neurobiologischen Stressreaktion, die ich auch noch beschreiben werde, schützt (vgl. Bauer 2006, S. 28, 29).

> „Ein kurzer Eindruck, manchmal nur eine Momentaufnahme, genügt, um uns eine intuitive Ahnung zu vermitteln, was gerade vor sich geht und worauf wir uns einzustellen haben." (Bauer 2006, S. 31)

Mit Hilfe der Spiegelneurone können wir die beobachteten *Teile einer Handlung zur einer Gesamtsequenz ergänzen.* Diese Programme sind nicht frei erfunden, sondern sie beruhen auf der Gesamtheit der Erfahrungen, die die entsprechende Person gemacht hat. Da viele dieser Erfahrungen den Erfahrungen aller Mitglieder einer Gemeinschaft entsprechen, deshalb handelt es sich hier um einen *gemeinsamen Handlungs- und Bedeutungsraum* (vgl. Bauer 2006, S. 31).

Wie schon erwähnt spielen bei den intuitiven Ahnungen die individuellen Vorerfahrungen eine wesentliche Rolle. Auch sind viele Alltagsszenen mehrdeutig, daher kann es zu Irrtümern kommen, sodass Situationen oder Handlungen falsch interpretiert werden. Deshalb ist das kritische Nachdenken, die intellektuelle Analyse von Situationen wichtig. Die Wahrscheinlichkeit, eine Situation richtig zu bewerten ist daher am größten, wenn Intuition und kritische Reflexion zu denselben Ergebnissen kommen (vgl. Bauer 2006, S. 33, 34).

Interessant ist auch weiter, dass *bei Angst, Anspannung und Stress die Signalrate der Spiegelneurone massiv reduziert wird.* Dadurch nimmt das Vermögen sich in andere einzufühlen, andere zu verstehen und Feinheiten wahrzunehmen, ab. Auch die Fähigkeit zu lernen wird dadurch massiv beeinträchtigt. Überall, wo Lernvorgänge eine Rolle spielen, am Arbeitsplatz, in der Schule, aber auch bei Konflikten und Krisen im zwischenmenschlichen Bereich sind Angst und Stress kontraproduktiv (vgl. Bauer 2006, S. 34, 35).

Die Spiegelneurone beeinflussen unser Verhalten. Wenn wir die Handlung eines anderen beobachten, dann reagieren die handlungssteuernden Nervenzellen der prämotorischen Hirnrinde mit Resonanz. Jede Tat beginnt mit einer Aktivierung der *Handlungsneurone.* Diese haben den Plan für die Ausführung dieser Handlung im Programm. Wenn eine unbekannte Handlung beobachtet wird, dann gelangt sie als Handlungsprogramm in den Bestand der handlungssteuernden Nervenzellen. Unbekannte Handlungssequenzen werden dabei besonders intensiv abgespeichert. Was sich im Repertoire unserer Handlungsprogramme befindet steht zur Verfügung, aber es muss dabei nicht zur Umsetzung in eine Handlung kommen. Kleine Kinder haben eine starke Tendenz, alles, was sie sehen, gleich selbst zu machen, aber beim Erwachsenen sind dabei hemmende neurobiologische Systeme aktiv. Erst wenn weitere motivierende Faktoren hinzukommen, die die eingebaute Hemmung lösen, wird die Handlung tatsächlich abgerufen. *Wenn eine Handlungssequenz in die möglichen persönlichen Aktionsprogramme gelangt ist, besteht allerdings das Risiko, dass sie irgendwann unter bestimmten Bedingungen ausgeführt wird, denn sie ist für den Betroffenen ab diesem Zeitpunkt prinzipiell vorstellbar.* Dies gilt aber nur für Handlungen von lebenden, handelnde Personen, die beobachtet werden. *Je häufiger diese Handlungen dann beobachtet werden, desto höher ist die Wahrscheinlichkeit, dass der Beobachter sie selbst ausführen wird.* Werden diese Handlungen vom Beobachter noch gleichzeitig imitiert, so sinkt die neurobiologische Handlungsschwelle und die Spiegelneurone werden massiv aktiviert, die Wahrscheinlichkeit steigt noch weiter an, dass der Beobachter die Handlung selbst ausführt (vgl. Bauer 2006, S. 36-39).

Wir haben also ein Repertoire von Handlungsvorstellungen. Wie können wir nun abschätzen, wie sich die einzelnen Handlungen bei der Ausführung für den Körper anfühlen?

> „Die Handlungsneurone der prämotorischen Hirnrinde kodieren die Programme für das operative Vorgehen und für das Ziel einer Handlung. Die Nervenzellen für die Vorstellung von Empfindungen ergänzen dies durch Informationen darüber, wie sich die geplante Handlung für den handelnden Körper anfühlen würde. Erst die Kombination des handelnden und des empfindenden Systems ergibt die neuronale Basis für die Vorstellung, Planung und Ausführung von Aktionen." (Bauer 2006, S. 42, 43)

Auch die Vorstellung von Empfindungen ist ein automatisches, spontan ablaufendes Geschehen. Wir lassen uns im Alltag daher nur auf solche Bewegungen und Handlungen ein, die wir uns auch körperlich zumuten können ohne uns zu verletzen. Aber auch dabei können wir irren, deshalb reflektieren wir darüber, ob wir die Handlung ausführen können (vgl. Bauer 2006, S. 42, 43).

Die Nervenzellen für die Vorstellung von Empfindungen verhalten sich wie Spiegelneurone und sind aktiv, wenn wir beobachten, wie eine andere Person handelt und empfindet. Wir können damit also erkennen wie sich eine von uns beobachtete Person fühlt. Dabei sind genau die Nervenzellen für Empfindungen in Aktion, wie wenn wir uns selbst in der Situation befunden hätten. Dies ist ein intuitives und unmittelbares Verstehen der

Empfindungen einer beobachteten Person. Hier ist es auch wieder so, dass auch nur ein Teil einer Handlungssequenz ausreicht, damit eine Vorstellung vom gesamten Ablauf der Handlung erstellt werden kann. Bereits ein kurzer Eindruck reicht aus, und es entsteht ohne willentliche Anstrengung und ohne bewusstes Nachdenken eine intuitive Ahnung wie die körperlichen Empfindungen einer beobachteten Person weiter aussehen werden und wie sich dieser Mensch aller Wahrscheinlichkeit nach gerade fühlt (vgl. Bauer 2006, S. 44, 45).

Diese Fähigkeit hat zur Folge, dass wir zum Teil in der Lage sind, Zustände in uns zu erzeugen, die wir bei anderen Personen wahrnehmen (vgl. Bauer 2006, S. 46)

> „Dies erklärt, warum die Gegenwart eines anderen Menschen, zumal wenn er uns nahe steht, manchmal dazu führen kann, dass wir unterschiedliche, teilweise massive Veränderungen unseres körperlichen Befindens erleben." (Bauer 2006, S. 46)

Ich denke, diese Aussage hat auch Bedeutung für den Umgang mit Behinderten, worauf ich später noch genauer eingehen werde.

Der *Gyrus cinguli* stellt das zentrale Emotionszentrum des Gehirns dar. Die Spiegelneurone in diesem Bereich sind ein Nervenzellsystem für Mitgefühl und Empathie.

> „Der Gyrus cinguli verläuft von vorn nach hinten, beiderseits tief in der Längsfurche des Gehirns. Über Nervenbahnen steht er in einer sehr engen Verbindung zu den Nervenzellen für die Vorstellung von körperlichen Empfindungen in der inferioren parietalen Hirnrinde." (Bauer 2006, S. 47)

Auch in den *Schmerzzentren des Gehirns gibt es Spiegelneuronen*. Mit ihrer Hilfe können wir den *Schmerz eines anderen Menschen direkt nachvollziehen*. Hier gibt es ebenfalls das Phänomen der intuitiven Vorausahnung: Schmerz registrierende Nervenzellen reagieren auch schon auf die Erwartung von Schmerz. Vom Beobachter muss daher nicht unbedingt eingetretener Schmerz wahrgenommen werden. Wenn eine beobachtete Situation Schmerz erwarten lässt, so reicht dies schon aus um entsprechende Reaktionen im eigenen Schmerzempfinden auszulösen (vgl. Bauer 2006, S. 48)

2.4 Die Spiegelneurone

Nun möchte ich noch einmal zum Säugling zurückkehren. Der Säugling kommt mit einem Startset von Spiegelneuronen zur Welt, mit deren Hilfe er die Fähigkeit besitzt wenige Tage nach der Geburt Spiegelungsaktionen mit seinen Bezugspersonen vorzunehmen. Diese *angeborenen Spiegelsysteme* können sich nur entfalten und weiterentwickeln, wenn ein *passendes Beziehungsangebot* vorhanden ist. Die Bezugspersonen haben dabei die intuitive Tendenz den Säugling zu imitieren und spiegeln ihm damit die Signale zurück, die er ausgesendet hat. Diese Spiegelungen sind aber nicht genau identisch, sondern sie enthalten zusätzliche Elemente und der Säugling wird dadurch zu weiteren Resonanzaktionen veranlasst. So entsteht Kommunikation, lange bevor der Säugling über Bewusstsein verfügt. *Diese Spiegelungen führen zu seelischem und körperlichen Glück*, aber wenn sie nicht gelingen kommt es zu massiven Unlustreaktionen und zu emotionalem Rückzug (vgl. Bauer 2006, S. 57-62).

Dies kann bei behinderten Kindern der Fall sein, da die Eltern-Kind-Beziehung sehr häufig durch die Behinderung belastet ist, was später noch beschrieben wird.

Bereits mit zwei Monaten sind die Säuglinge um eine gefühlsmäßige Abstimmung mit der Kontaktperson bemüht. Im dritten Monat hat das Kind ein Gefühl dafür, dass es mit seinen Lebensäußerungen das Verhalten der Bezugsperson beeinflussen kann. Das Kind kann jetzt seine eigene Aufmerksamkeit nach der Aufmerksamkeit der Erwachsenen ausrichten. Ungefähr mit sechs Monaten wird vom Kind der Ablauf und das Ziel von Bewegungssequenzen gespeichert, mit neun Monaten ist die sogenannte Objektkonstanz vorhanden. Sie wissen dann, dass Objekte oder Bezugspersonen auch dann noch existieren, wenn sie nicht unmittelbar zu sehen sind (vgl. Bauer 2006, S. 63, 64).

> „Mit etwa zwölf bis vierzehn Monaten ist das Kind in der Lage, die Ziele und Absichten von Handlungen, die es beobachtet, vorauszusehen und insoweit zu verstehen. Schrittweise erweitern sich damit auch die Möglichkeiten des Spiegelsystems.
>
> Das Kind entwirft sein Bild der Welt als eine Ansammlung von Handlungsmöglichkeiten. Interaktionen, Handeln und Fühlen sind jedoch nicht nur der Stoff, aus dem die äußere Welt konstruiert wird, sondern auch die Basis für Vorstellungen vom eigenen Selbst. Die Erkenntnis, dass es eine Unterscheidung

zwischen Selbst und anderen gibt, bildet sich zwischen dem zwölften und achtzehnten Lebensmonat." (Bauer 2006, S. 65)

Wenn das Kind *achtzehn Monate* alt ist, kann es Handlungen gezielt beobachten und durch Imitation einüben. Seine *Spiegelsysteme sind entwickelt* und es kann sich damit von Modellen alles abschauen (vgl. Bauer 2006, S. 66).

„Die Fähigkeit zur Empathie hängt in hohem Maße davon ab, dass die Spiegelsysteme, die Mitgefühl ermöglichen, durch zwischenmenschliche Erfahrungen ausreichend eingespielt und in Funktion gebracht wurden. Ein Kind, dem die Erfahrung fehlt, dass andere, insbesondere seine Bezugspersonen, auf seine Gefühle eingehen, wird seinerseits nur schwerlich eigene emotionale Resonanz entwickeln können. Bei normaler Entwicklung erwerben Kinder Empathie zwischen dem zweiten und dritten Lebensjahr. Interessanterweise zeigt sich beim Kind kurz *nach* dem Auftreten des Einfühlungsvermögens erstmals die intellektuelle Erkenntnis, dass andere Personen auf Grund eines anderen Betrachterstandpunkts nicht unbedingt das Gleiche sehen können wie sie selbst.

Die Voraussetzung für Resonanz und Empathie ist, dass sich in den ersten zwei bis drei Jahren nach der Geburt die dafür notwendigen Komponenten entwickeln konnten. Nicht nur der *primäre Erwerb* des Einfühlungsvermögens kann gestört sein. Auch eine bereits vorhandene Fähigkeit zur Empathie kann, *sekundär*, schweren Schaden erleiden, und zwar durch Extremerfahrungen von Gefühllosigkeit oder Brutalität." (Bauer 2006, S. 70, 71)

Diese Erkenntnisse sind nach meiner Ansicht von Bedeutung für die Körperbehindertenpädagogik, da wie schon erwähnt, durch die Behinderung des Kindes die Eltern-Kind-Beziehung von Anfang an beeinträchtig sein kann, vor allem bei den Kindern, die von Geburt an behindert sind. Über die Reaktionen der Eltern oder anderer Bezugspersonen werde ich noch berichten.

2.4 Die Spiegelneurone

Nahestehende Menschen rufen in uns Resonanzmuster hervor, die zu einer festen Installation werden. So entsteht in uns eine innere Repräsentation dieser Person. Aber wir haben auch eine Repräsentation über uns selbst in uns. Dieses Wissen stammt nicht nur aus eigenen Quellen, sondern auch aus der jahrelangen Rückmeldung, die uns andere über unsere Person gegeben haben. Diese Repräsentationen sind aber nur die Konstrukte unseres Gehirns und nicht identisch mit tatsächlichen Personen. Die Wahrnehmung ist also nicht objektiv (vgl. Bauer 2006, S. 86, 87).

Unser Gehirn verfügt also über eine Sammlung von inneren Bildern, wie Menschen fühlen und handeln. Auch haben wir Vorstellungen über den eigenen Körper (vgl. Bauer 2006, S. 94).

„Der gemeinsame Pool von körperbezogenen Handlungsvorstellungen ist die Voraussetzung dafür, dass wir uns gegenseitig intuitiv als Menschen unter Menschen erleben und dass wir unsere Handlungen, Ziele und Empfindungen intuitiv, das heißt vor jedem intellektuell-analytischen Nachdenken, verstehen können. Sobald ein anderer Mensch in unsere Wahrnehmung tritt, spielt er in unserem Gehirn auf dieser Klaviatur." (Bauer 2006, S. 94)

Nun möchte ich noch ein weiteres Kapitel ansprechen, das mir in Bezug auf den Umgang mit behinderten Menschen als sehr bedeutsam erscheint, da Behinderte wegen ihrer Beeinträchtigung oft in Gefahr laufen von anderen Menschen ausgegrenzt zu werden.

Die *Ausgrenzung aus einer menschlichen Gemeinschaft* hat nachweislich neurobiologische Effekte. Solche Ausgrenzungen können im Extremfall Krankheiten oder den Tod der ausgegrenzten Person zur Folge haben, besonders dann, wenn die Personen von der Gemeinschaft mit Absicht und auf Dauer ausgegrenzt werden (vgl.Bauer 2006, S. 105).

„Ausgrenzung bedeutet die systematische Verweigerung der spiegelnden Verhaltensweisen im Alltag, mit denen wir uns unwillkürlich gegenseitig anzeigen, dass wir den anderen als zugehörig zum gemeinsamen sozialen Bedeutungsraum betrachten." (Bauer 2006, S. 105)

2 Erkenntnisse der Hirnforschung

Dabei werden die intuitiven Körpersignale und die Verständigungsmöglichkeiten durch den Blick verweigert. Weiter wird nicht mehr darauf eingegangen, worauf der Ausgestoßene seine Aufmerksamkeit richtet oder er die anderen aufmerksam machen will. Das, was der andere anspricht oder als Frage in den Raum stellt, wird übergangen, wie wenn es nie gesagt worden wäre. Auf solche Signale fühlt sich der Ausgegrenzte wie von einer Eiswand umgeben. Sein Gefühl der sozialen Zugehörigkeit und Identität ist damit in Frage gestellt und er fühlt sich wie im luftleeren Raum. Das ist eine psychologische Katastrophensituation, die sich auch körperlich auswirkt. Durch soziale Zuwendung kommt es zur Ausschüttung wichtiger Botenstoffe. *Der Mensch benötigt eine Mindestdosis von verstehender Resonanz.* Ohne das kann er nicht leben. Menschen, die über längere Zeit einem Mangel an Zuwendung ausgesetzt sind, reagieren mit einer Hochregulation und einer dauerhaften Empfindlichkeitserhöhung der Stress-Gene (vgl. Bauer 2006, S. 105-107).

Das sogenannte *Mobbing*, die systematische Verweigerung sozialer Resonanz am Arbeitsplatz, ist ein bedeutsamer Krankheitsfaktor. Schlimmer noch ist es, wenn Menschen von allen spiegelnden Gesten und Verhaltensweisen abgeschnitten sind. Diese alltäglichen Feindseligkeiten gegenüber verfolgten Minderheiten, was auch Behinderte betreffen kann, sind ein zerstörerischer Vorgang. Nicht nur, dass man sich von dem Ausgegrenzten fernhält, die anderen verhalten sich ihm gegenüber aber nicht nur so, als wäre er bereits tot, sondern sie signalisieren ihm, dass sie ihn für einen Gefahrenherd für die Umgebung halten. Die Gesellschaft legt dem unglücklichen Opfer den Tod nahe. Das Opfer ist zum Schluss durch diese Rückmeldung der anderen so weit, dass es diesem unvermeidlichen Los nicht mehr entgehen möchte. So eine Verstoßung hat zur Folge, dass das Opfer ohne weitere äußere Einwirkung tatsächlich innerhalb kurzer Zeit stirbt (vgl. Bauer 2006, S. 109, 110)

Aber auch das Suizidrisiko steigt nach Erlebnissen der sozialen Enttäuschung, Zurückweisung Verachtung und Gewalt an. Warum aber ist das so? Die negativen Erfahrungen, die dabei den Opfern zustoßen, sorgen dafür, dass in ihnen ein Handlungsprogramm aktiviert wird, was durch die Erfahrung nicht zu Ende gebracht wurde, und zwar die Zerstörung der eigenen Person (vgl. Bauer 2006, S. 114).

„Todesfälle nach extremer sozialer Beschämung und Verachtung werden auch in den westlichen Ländern in der wissenschaftlichen Literatur beschrieben." (Bauer 2006, S. 110)

Ursache ist wahrscheinlich eine Alarmreaktion in Form von übersteuernden Aktivierungen des Nervensystems, die als Folge tödliche Entgleisungen der Regulation von Blutzucker, *Stresshormonen*, Herz und Kreislauf haben (vgl. Bauer 2006, S. 111).

„Das System der Spiegelneurone ist ein soziales Orientierungssystem. Es gibt uns, zumindest in Maßen, Sicherheit im sozialen Umfeld. Und nun wird klar, was es bedeutet, wenn das Orientierungssystem ausfällt, dem wir die Vorhersehbarkeit unseres Umfelds verdanken. Eine solche Situation bedeutet Unberechenbarkeit und Gefahr. In jeder Gefahrensituation aktiviert der Körper eine größere Zahl von Abwehrmechanismen, die zusammenfassend als biologische Stressreaktion bezeichnet werden. Systematischer sozialer Ausschluss ist somit chronischer biologischer Stress, und chronischer Stress ist ein Krankheits- und Selbstzerstörungsprogramm." (Bauer 2006, S. 112, 113)

Mit dieser Problematik möchte ich mich im nächsten Kapitel über die Bedeutung der zwischenmenschlichen Beziehungen beschäftigen.

2.5 Die Bedeutung der zwischenmenschlichen Beziehungen

Wie aus der im vorherigen Kapitel angesprochenen Problematik hervorgeht ist der Mensch ein auf soziale Resonanz und Kooperation angelegtes Wesen. Er ist motiviert zwischenmenschliche Anerkennung, Wertschätzung, Zuwendung und Zuneigung bei anderen zu finden oder dieses ihnen zu geben (vgl. Bauer 2008a, S. 23).

Dies hängt mit den *körpereigenen Motivationssystemen* zusammen. Der Kern unseres Motivationssystem sitzt im *Mittelhirn*. Es ist über die Nervenbahnen mit anderen Hirnregionen verbunden, dabei ist die Verbindung zum Emotionszentrum besonders eng (vgl. Bauer 2008a, S. 29, 30) Wenn das Motivationssystem aktiv wird, wird ein Botenstoff namens Dopamin freigesetzt. Dieses *Dopamin* erzeugt ein Gefühl des Wohlbefindens und der Organismus wird dadurch in einen Zustand von Konzentration und Handlungsbereitschaft versetzt. Dopamin hat offensichtlich die Funktion Antrieb und Energie zu erzeugen, damit sich das Lebewesen auf ein Ziel zu bewegt. Dopamin macht Bewegung möglich und ist eine Antriebs- und Motivationsdroge (vgl. Bauer 2008a, S. 31).

Mit dem Botenstoff Dopamin werden zusätzlich weitere Botenstoffe, die körpereigenen *Opioide* freigesetzt. Ihre Wirkung entspricht denen von Opium und Heroin, aber sie sind nicht betäubend und einschläfernd, sie haben einen sanften und wohltuenden Effekt. Diese *Opioide wirken auf das Emotionszentrum des Gehirns* in positiver Weise. Die Schmerzempfindlichkeit wird vermindert und das Immunsystem wird gestärkt (vgl. Bauer 2008a, S. 32, 33)

Mit Hilfe der Opioide versucht sich der Körper gegen Schmerz zu schützen. Zwischenmenschliche Zuwendung und das Versprechen, Hilfe zu leisten, kann das körpereigene Opioidsystem aktivieren und die Beschwerden des Betroffenen subjektiv wahrnehmbar bessern (vgl. Bauer 2008a, S. 59, 60).

Diese Erkenntnis kann auch für die Körperbehindertenpädagogik von Bedeutung sein, da gerade die körperbehinderten Kinder und Jugendlichen viel häufiger mit körperlichen Beschwerden konfrontiert sind im Vergleich zu Nichtbehinderten.

Der dritte Wohlfühlbotenstoff ist das *Oxytozin* (vgl. Bauer 2008a, S. 32, 33).

> „Die Produktionsstätte von Oxytozin liegt abseits der Dopamin-Achse in einer Hirnstruktur namens Hypothalamus, der eine zentrale Rolle für die Regulation des inneren Körpermilieus spielt und im Körper die Konzentrationen verschiedener Hormone einstellt. Angeregt wird die Bildung von Oxytozin durch alle Formen freundlicher Interaktion, ..." (Bauer 2008a, S. 51)

Die Wirkung von *Oxytozin besteht darin, dass es für körperliche und psychische Entspannung sorgt, den Blutdruck senkt, die Angstzentren dämp* *und die biologischen Stresssysteme beruhigt* (Bauer 2008a, S. 52).

> „Personen, die durch ihre Zuwendung, durch ihre Anerkennung oder Liebe unsere Oxytozin-Produktion stimuliert haben, werden *zusammen mit der Erinnerung an die mit ihnen erlebten*

2.5 Die Bedeutung der zwischenmenschlichen Beziehungen

guten Gefühle in den Emotionszentren unseres Gehirns abgespeichert. Dies passiert automatisch und ohne unsere bewusste Kontrolle. Was sich hier abspielt, ist das neurobiologische Substrat eines Phänomens, das wir im Alltag als Vertrauen und in der Psychologie als Bindung bezeichnen." (Bauer 2008a, S. 53)

Menschen, mit denen wir gute Erfahrungen gemacht haben aktivieren daher unsere Motivationssysteme (vgl. Bauer 2008a, S. 53).
Wenn in der Kindheit und Jugend eines Menschen diese guten Beziehungserfahrungen ausbleiben, so hat dies negative Folgen für die spätere Beziehungsfähigkeit des Betroffenen. Eine mangelnde Zuwendung in den ersten Lebensjahren beschädigt das Motivationssystem des Körpers (vgl. Bauer 2008a, S. 55, 56).

„Wer Menschen nachhaltig motivieren will, dies ist die unabweisbare Konsequenz aus den dargestellten neurobiologischen Daten, muss ihnen die Möglichkeiten geben, mit anderen zu kooperieren und Beziehungen zu gestalten." (Bauer 2008a, S. 63)

Wir Menschen sind auf gelingende Beziehungen angelegt, ohne sie gibt es keine dauerhafte Motivation. *Durch den Botenstoff Dopamin können wir uns konzentrieren und erhalten die Energie, die zum Handeln erforderlich ist. Oxytozin und die endogenen Opioide reduzieren Stress und Angst, das Angstzentrum der Mandelkerne (Amygdala) und das oberste Emotionszentrum werden beruhigt* (vgl. Bauer 2008a, S. 63, 64).
Wenn die Ausschüttung dieser Botenstoffe ausbleibt, hat dies eine neurobiologische Erregungsreaktion zur Folge. Im Alltag ist diese Reaktion sinnvoll, um auf Gefahrensituationen angemessen reagieren zu können. Bei dauerhaft gestörten Beziehungen oder dem Verlust tragender Bindungen kann es zu einem Absturz der Motivationssysteme kommen (vgl. Bauer 2008a, S. 64).

„Bleibt bei schweren Krisen auf der Beziehungsebene die beruhigende Wirkung von Oxytozin auf die Mandelkerne (Amygdala) aus, schütten die Nervenzellen der Mandelkerne den erregenden Nervenbotenstoff (Neurotransmitter) Glutamat aus.

> Dieser aktiviert dann zwei in den tieferen Regionen des Gehirns gelegene Alarmzentren: Zum einen werden im Hypothalamus Stressgene angeschaltet (mit der Folge, dass es im Körper zu einer Erhöhung des Stresshormons Cortisol kommt). Zum anderen aktiviert das von den Mandelkernneuronen ausgeschüttete Glutamat Alarmzentren des Hirnstamms, wo es dann unter anderem zur Ausschüttung von Noradrenalin kommen kann. Noradrenalin setzt das gesamte «Panikorchester» des Körpers in Gang, einschließlich Herz, Kreislauf und Psyche." (Bauer 2008a, S. 64)

Die Folgen können depressive Störungen sein. Diese Reaktionen erfolgen unabhängig von der bewussten Kontrolle. Daher sind sie auch schon bei Säuglingen möglich (vgl. Bauer 2008a, S. 65).

Werden Menschen aus einer Gemeinschaft ausgegrenzt oder ausgeschlossen, ohne dass es für sie nachvollziehbar ist, reagieren neurobiologisch mit einer Mobilisierung des emotionalen Schmerzzentrums. Da das Gehirn offensichtlich zwischen seelischem und körperlichem Schmerz nur unscharf trennt, werden in so einer Situation körperliche Schmerzen stärker empfunden, wie wenn mitmenschliche Unterstützung zur Verfügung steht (vgl. Bauer 2008a, S. 66).

> „Frühe Erfahrungen von Einsamkeit oder Verlust können eine lebenslange Empfindlichkeit neurobiologischer Systeme zur Folge haben." (Bauer 2008a, S. 67)

> „Mit heftigen Reaktionen ist vor allem dann zu rechnen, wenn eine Person die Störung oder den Ausfall einer tragenden Verbindung als einen Absturz in die völlige Hilflosigkeit erlebt. In solchen Situationen kommt es zu Angst, Panik und zu einer biologischen Stressreaktion. Belastungen im zwischenmenschlichen Kontakt haben neben einer Dämpfung der Motivationssysteme immer auch eine Aktivierung von Stressgenen zur Folge." (Bierhaus 2003, zit. n. Bauer, 2008a, S. 67)

Da die Kinder und Säuglinge von der sozialen Unterstützung abhängiger sind als Erwachsene neigen sie in einem solchen Fall eher zu Panik

2.5 Die Bedeutung der zwischenmenschlichen Beziehungen

und Stress. Solche Erlebnisse in der Kindheit können wiederum zur Folge haben, dass diese Personen dann als Erwachsene auf Probleme in den zwischenmenschlichen Beziehungen mit ungewöhnlich heftigen Angst- und Stressreaktionen reagieren. Sie geraten als leichter als andere in Überforderungsstress (vgl. Bauer 2008a, S. 67-69).

Ist die Konzentration von Glutamat und Cortisol dauerhaft erhöht, dann kann dies die Nervenzellen und ihre Netzwerke gefährden. Es kommt damit zu einer Schädigung wichtiger Nervenzellstrukturen durch erlittene Traumatisierungen, die von anderen Menschen verursacht wurden (vgl. Bauer 2008a, S. 69).

Da behinderte Kinder und Jugendliche aufgrund ihrer Behinderungen häufiger von Trennungen (längere Krankenhausaufenthalte, dadurch zeitweiser Verlust von Bezugspersonen, usw.) betroffen sind, ist anzunehmen, dass bei ihnen zum Teil die Stresssysteme des Körpers beeinträchtigt sein könnten. Aber nicht nur die Trennungen von den Eltern belasten die Kinder und Jugendlichen. Eines der 5 Handlungsmodelle nach Kobi ist das Medizinische Modell. Es entstand in der Mitte des vorigen Jahrhunderts als Bekämpfungsstrategie gegen Infektionskrankheiten. Danach ist die Ursache jeder Krankheit ein Erreger. Dieser Erreger ist der Feind, den der Arzt ausfindig macht und vernichtet. Im Patienten entscheidet sich über Sieg oder Niederlage des Erregers. Diese Sichtweise hat Auswirkungen auf das Arzt-Patienten-Verhältnis und auf den klinischen Betrieb (vgl. Cloerkes 2001, S. 12).

> „Krankheit verliert ihre soziale und subjektive Dimension, überhaupt jeden Sinn und ist konsequent auszumerzen. Der Patient selbst wird uninteressant, es liegt nur eine betriebswidrige Störung von Organsystemen vor. Das ärztliche Interesse gilt der Krankheit, nicht dem Menschen. Der Arzt ist nicht der Partner, sondern Instanz, und er wahrt Distanz über das Arztgeheimnis, eine «verhüllende Zunftsprache» und «joviale Scheindialoge im Chefarzt-Ton» («Wie geht's uns denn?»)." (Cloerkes 2001, S. 12, 13)

In diesem Zusammenhang möchte ich auf das schon beschriebene System der Spiegelneurone verweisen, dessen Ausfall zu Stressreaktionen führt. Kurzfristige Stressreaktionen haben zwar keine nachteiligen Folgen für den Körper, aber für ständige Konflikte und Isolation ist der Mensch nicht gemacht (vgl. Bauer 2008a, S. 68, 71).

Hüther unterscheidet bezüglich der *Stressreaktionen* zwischen kontrollierbaren Stressreaktionen und unkontrollierbarer Stressreaktionen. Wenn wir etwas wahrnehmen, was unerwartet eintritt, kann es sein, dass wir feststellen, dass dies bedrohliche Ausmaße anzunehmen scheint. Wir sind dann alarmiert und beginnen nach einer Lösung zu suchen. Wir suchen nach einer geeigneten Verhaltensstrategie um das Problem zu lösen und die Situation zu bereinigen. Wenn wir eine solche zur Verfügung haben, ist der Stress schon reduziert. Wenn es sich nun nach der Anwendung der Verhaltensstrategie herausstellt, dass diese richtig war, ist der Alarm in uns beendet. Solch ein Ereignis wird als eine kontrollierbare Stresssituation bezeichnet (vgl. Hüther 2007, S. 33, 34).

> „Zu einer derartigen kontrollierbaren Stressreaktion kommt es immer dann, wenn zwar Verhaltens- (incl. Verdrängungs-) Strategien zur Vermeidung oder Beseitigung des Stressors verfügbar sind, die Effizienz dieser Mechanismen jedoch (noch) nicht ausreicht, um die aufgetretene Anforderung durch eine zur Routine gewordene Reaktion zu bewältigen und die Aktivierung einer Stressreaktion zu verhindern." (Hüther 2007, S. 36)

Es kann aber auch vorkommen, dass so eine bedrohliche Situation noch nie da gewesen ist. Wenn wir dann in dieser Situation keine geeignete Verhaltensstrategie zur Lösung des Problems zur Verfügung haben, dann werden noch weitere Verschaltungen in unserem Gehirn in Erregung versetzt, was zur Folge hat, dass, wie schon beschrieben, die Stresshormone ausgeschüttet werden. Aus Angst wird dann Verzweiflung, Hilflosigkeit und Ohnmacht. Diese Stressreaktion, die dann im Körper abläuft, ist unkontrollierbar geworden (vgl. Hüther 2007, S. 36, 37).

> „Wenn eine Belastung auftritt, die für eine Person keine Möglichkeit einer Lösung durch ihr eigenes Handeln sieht, an der sie mit all ihren bisher erworbenen Reaktionen und Strategien scheitert, so kommt es zu einer sogenannten «unkontrollierbaren Streßreaktion»." (Hüther 2007, S. 37, 38)

2.5 Die Bedeutung der zwischenmenschlichen Beziehungen

Diese unkontrollierbaren Belastungen haben Konsequenzen auf die Verschaltungen im Gehirn, denn das Gehirn ist nicht nur der Ausgangspunkt, sondern auch das Zielorgan der Stressreaktion. Wenn dies wiederholt geschieht, so führt dies zu einem Zustand von erlernter Hilflosigkeit (vgl. Hüther 2007, S. 38, 39).

„Welche dieser Mechanismen im Verlauf einer Streßbelastung aktiviert und welche langfristigen Veränderungen dadurch ausgelöst werden, hängt von der Art der Belastung ab, der sich eine bestimmte Person ausgesetzt sieht, also von der individuellen Bewertung der Kontrollierbarkeit des Stressors." (Hüther 2007, S. 39)

Die Auswirkungen der beiden Stressreaktionen auf Gehirn und Körper sind unterschiedlich. Bei der *kontrollierbaren Stressreaktion* wird aus Bedrohung eine Herausforderung, aus der Angst wird Zuversicht, Mut und Wille. Wenn die Situation bewältigt ist, ist das Vertrauen in die eigenen Fähigkeiten gewachsen. Ganz anders sieht es bei unkontrollierbaren Belastungen aus. Wenn die Gefahr nicht abgewandt werden kann, dann entstehen Gefühle von Wut und Verzweiflung, Ohnmacht und Zweifel. Das Selbstvertrauen schwindet und der Mensch fühlt sich unglücklich (vgl. Hüther 2007, S. 39, 40).

Ob wir eine Situation als kontrollierbar oder unkontrollierbar einschätzen hängt von den Vorerfahrungen ab, die man im Laufe seines Lebens gemacht hat. Allerdings ist der Mensch besonders anfällig für unkontrollierbare Stressreaktionen, da sein gesamter Erfahrungsschatz von Geburt an durch soziale Faktoren geprägt ist. Daher kann jede Veränderung seiner Beziehungen zu anderen Menschen unkontrollierbaren Stress auslösen. Einschneidende Erlebnisse mit anderen Personen werden in seinem Gehirn über sehr lange Zeit gespeichert und diese können dann zu einer laufenden oder immer wieder aufflammenden unkontrollierbaren Belastung werden (vgl. Hüther 2007, S.41).

Auslöser *unkontrollierbarer Stressreaktionen* sind vor allem Veränderungen im sozialen Beziehungsgefüge (Verlust des Partners, Wandel kultureller und sozialer Normen), aber auch die Unerreichbarkeit von vorgestellten Zielen und die Unerfüllbarkeit von Bedürfnissen und Wünschen im gegebenen soziokulturellen Kontext (vgl. Hüther 2007, S. 43).

Dies ist nach meiner Ansicht bei Körperbehinderten wahrscheinlich oft der Fall, vor allem, wenn die Behinderung von außen nicht sichtbar ist. Dann werden von außen Anforderungen an den Behinderten gestellt, die er aufgrund seiner Behinderung aber nicht erfüllen kann. Der Behinderte selbst hat die Vorstellungen seiner Umgebung übernommen und versucht nun diese zu erfüllen, was aber aufgrund seiner Behinderung nicht gelingt. Als Folge kann es zur Verschlechterung seines Gesundheitszustandes und zu Konflikten mit dem Umfeld kommen, was unkontrollierbare Stressreaktionen zu Folge haben kann. Dies ist nach meiner Ansicht nur zu vermeiden, indem der Behinderte lernt seine eigenen Grenzen zu erkennen und zu akzeptieren. Wenn er sich seiner Situation bewusst ist, kann ein Teil der unkontrollierbaren Stressreaktionen vermieden werden.

Aber es gibt auch noch eine weitere Hilfe gegen unkontrollierbaren Stress.

> „Auch das Gefühl, daß man nicht allein ist, daß jemand da ist, den man um Rat fragen kann, der einem zur Seite steht, der zuhört, tröstet und mitfühlt, führt dazu, daß die Angst verschwindet und die Streßreaktion angehalten wird." (Hüther 2007, S. 52)

Zum Abschluss dieses Kapitels möchte ich mich noch mit der Bedeutung der Aggression beschäftigen. Dazu schreibt Bauer:

> *„Aggression steht im Dienste sozialer Beziehungen, sie dient deren Verteidigung. Sie kommt immer dann ins Spiel, wenn Bindungen bedroht sind, wenn sie nicht gelingen oder fehlen. Menschen, die eine für sie wichtige Beziehung gefährdet sehen, denen Vertrauen entzogen wird oder die aus einer Gemeinschaft ausgeschlossen werden, reagieren mit Aggression."* (Bauer 2008a, S. 75)

Aggression entsteht also durch Zurückweisung. Wer von den anderen nicht akzeptiert wird, wenn tragende Beziehungen drohen verloren zu gehen, dann reagieren die Betroffenen meist mit Aggression und Kampf. *Eine weitere Aggressionsursache ist der Schmerz.* Schmerzen sind ein Signal, das dem Körper eine nicht zuträgliche Situation meldet, damit Handlungen eingeleitet werden, die der Verbesserung der Situation und der

2.5 Die Bedeutung der zwischenmenschlichen Beziehungen

Beseitigung der Schmerzen dienen. Wenn keine Lösung zur Beseitigung des Schmerzes gefunden werden kann, dann reagiert der Betroffene mit Aggression. Schmerzen sind die Hauptursache von Aggressionen. Menschen reagieren auf soziale Rückweisung mit Aggression wie auf körperliche Schmerzen. Im Gehirn wird kaum zwischen körperlichen und sozialem Schmerz unterschieden. Deshalb wird die soziale Isolation neurobiologisch als Schmerz erlebt und mit einer Stressreaktion beantwortet. *Beschädigungen von Beziehungen werden, wenn keine anderen Reaktionsweisen zur Verfügung stehen, mit Aggression beantwortet* (vgl. Bauer 2008a, S. 78-82).

Bauer unterscheidet bei der *Entstehung von Aggression fünf Varianten*. Menschen möchten von anderen Menschen akzeptiert werden. Dies ist ein biologisches Grundbedürfnis. Aggression wird daher eingesetzt um *bestehende Beziehungen zu verteidigen*. Bei der zweiten Variante geht es um den *Kampf um Liebe oder Anerkennung*, in der Familie oder im Betrieb (vgl. Bauer 2008a, S. 85, 86).

„Gemeinschaften, welche die Ressourcen Liebe und Anerkennung zu knapp halten, vergeuden einen großen Teil ihrer Energie durch Konflikte dieser Art." (Bauer 2008a, S. 86)

Zu erwähnen ist als nächstes die *Aggression innerhalb von Beziehungen*. Da sich Beziehungen im Verlauf der Zeit verändern, können sich Dysbalancen entwickeln, die die Beziehung gefährden (Bauer 2008a, S. 86).

„Aggression kann hier ein wichtiges Signal sein, um für eine Korrektur zu sorgen mit dem Ziel, die Identität der einzelnen Person gegenüber den anderen zu wahren und dadurch Beziehung zu sichern." (Bauer 2008a, S. 87)

In der vierten Variante geht es um *Aggression, die gemeinschaftlich ausgeübt wird*. Dabei soll Gemeinschaft durch gemeinsamen Kampf hergestellt werden. Es besteht ein Zusammenhang zwischen Kampf und Gemeinschaftserleben. Dies belegt eine jüngere Studie aus Amerika.

Zu nennen ist noch die fünfte Variante der Aggression. Diese *Aggression wird von Menschen ausgeübt, die schwer verwahrlost sind*, keinerlei gute Beziehungserfahrungen gemacht haben, traumatisiert wurden oder im Verlauf ihres Lebens intensive Gewaltausübung erlernt haben (vgl. Bauer 2008a, S. 87, 88).

> *„Aggression steht — ob direkt oder indirekt — immer in funktionalem Zusammenhang mit dem Grundbedürfnis des Menschen nach Beziehung und ist diesem Bedürfnis unter- und nachgeordnet."* (Bauer 2008a, S. 89)

Daraus resultiert, dass Gewalt in den Bereichen Partnerschaft und Familie, wo sich Menschen nun besonders nahe stehen, Beziehungen zueinander entwickeln und damit bestehende Beziehungen auch gefährdet sein können, eine besondere Rolle spielt. Dies soll natürlich keine Rechtfertigung für Gewalt sein (vgl. Bauer 2008a, S. 91)

> „Als die beiden stärksten Aggression und Gewalt begünstigenden Einflussfaktoren erwiesen sich selbst erlittene Gewalt und fehlende menschliche Beziehungen in der Herkunftsfamilie." (Bauer 2008a, S. 92)

Aufgrund der durch die Behinderungen oft beeinträchtigten menschlichen Beziehungen, ist es nicht verwunderlich, dass bei körperbehinderten Kindern zum Teil noch Verhaltensprobleme zu beobachten sind.

2.6 Die Neuroplastizität des Gehirns

Diese Erkenntnis ist in bezug auf das Lernen und die Förderung körperbehinderter Kinder und Jugendlicher sehr wichtig.

Nach Spitzer sind Gehirne als *Regelextraktionsmaschinen* zu betrachten (vgl Spitzer 2002, S. 75).

> „Neuronen sind so aufgebaut, dass sich ihre synaptischen Verbindungen langsam ändern. Immer dann, wenn Lernen stattfindet, ändern sich die Stärken einiger Synapsen ein klein wenig. Daher vergehen die meisten unserer Eindrücke, ohne dass wir uns später wieder an sie erinnern können." (Spitzer 2002, S. 75)

Lernen besteht, neurobiologisch gesehen, in einer Veränderung der Stärke der synaptischen Verbindungen zwischen den Nervenzellen. Das Gehirn ist also äußerst plastisch, es passt sich während des ganzen Lebens an die

Bedingungen und Gegebenheiten der Umgebung an. Durch die Lebenserfahrung eines Menschen wird sein Gehirn sozusagen einzigartig. Diese Anpassungsvorgänge im Zentralnervensystem werden ganz allgemein als *Neuroplastizität* bezeichnet (vgl. Spitzer 2002, S. 94).

Wie funktionieren diese Anpassungsvorgänge in unserem Gehirn, wenn wir einen neuen Sinneseindruck wahrnehmen? Dazu schreibt Hüther:

„Jedes Mal, wenn das passiert, wird ein bereits vorhandenes, früher entstandenes Erregungsmuster durch Überlagerung mit dem neu eintreffenden Muster vorübergehend durcheinander gebracht. Bis das neue Bild in das alte Muster integriert ist, herrscht in den betreffenden Bereichen des Gehirns eine gewisse Unruhe. Diese Unruhe breitet sich auf tiefer liegende, subkortikale Zentren aus, die ihrerseits durch die Ausschüttung bestimmter Botenstoffe in der Lage sind, die Erregbarkeit der höheren, kortikalen Nervenzellen zu verändern. Dadurch stellt sich ein Zustand ein, den man «fokussierte Aufmerksamkeit» nennt. Jetzt ist das Gehirn wach und kann das neue Aktivierungsmuster mit dem bereits vorhandenen, älteren Muster abgleichen und zu einem neuen inneren Bild zusammenfügen. Je häufiger dieses zusammengeflossene Aktivierungsmuster dann anschließend wieder in Erregung versetzt wird, weil derselbe oder ein ähnlicher Sinneseindruck erneut auftritt, desto stärker werden die am Zustandekommen des betreffenden Aktivierungsmusters beteiligten Nervenzellverbindungen gebahnt, gefestigt und stabilisiert." (Hüther 2008, S. 24)

Dies ist aber nur der Fall, wenn eine gewisse Übereinstimmung zwischen den beiden Erregungsmustern vorhanden ist. Sind die Erregungsmuster identisch, dann passiert nichts. Wenn keine Übereinstimmung zwischen ihnen besteht, dann passiert auch nichts. Wie schon erwähnt, interessant wird es nur dann, wenn die beiden Erregungsmuster teilweise übereinstimmen und überlagerbar sind. So werden diese *inneren Repräsentanzen* über die Erscheinungen in der äußeren Welt im Laufe des Lebens ständig erweitert und überformt. Während der Phase der Hirnreifung im Kindes- und Jugendalter ist diese Bereitschaft zur Modifikation besonders groß (vgl. Hüther 2008, S. 76, 77).

2 Erkenntnisse der Hirnforschung

Aufgrund dieser Erkenntnisse ist festzustellen, dass der Frühförderung behinderter Kinder eine besondere Bedeutung zukommt, da in den ersten Lebensjahren nicht nur die visuelle Wahrnehmung und die Verankerung der optischen Eindrücke modifiziert und erweitert werden kann, dies gilt auch für das Tasten und die Herausbildung innerer «Tast- und Körperbilder». Weiter ist das Hören zu nennen und damit auch das einhergehende Verstehen und Verankern der Sprache. Die Signale, die von den Muskeln bei Tonusveränderung zum Gehirn weitergeleitet werden, werden auch zur Anlage von inneren Bewegungs- und Handlungsbildern in bestimmten Bereichen des Gehirns benutzt. Bei Bedarf können sie dann abgerufen werden (vgl. Hüther 2008, S. 77, 78).

Diese Erkenntnisse sind für die Förderdiagnostik und die schon erwähnte Frühförderung von großer Bedeutung. Darauf werde ich noch später eingehen.

3 Behinderung und Körperbehinderung

Da bisher der Versuch unternommen wurde Erkenntnisse der Hirnforschung darzustellen, möchte ich mich nun im folgenden dem Personenkreis der Behinderten zuwenden. Zunächst ist zu klären, was unter den Begriffen der Behinderung, Körperschädigung und der Körperbehinderung zu verstehen ist.
Dabei ist es wichtig zwischen Behinderung und Schädigung zu unterscheiden (vgl. Hedderich 2006, S. 19)

> „Behinderung ist — nach dem Verständnis der ICF - ein Oberbegriff für Schädigungen auf der organischen Ebene (Körperfunktionen und Körperstrukturen), Beeinträchtigungen auf der individuellen Ebene (Aktivitäten) oder auf der gesellschaftlichen Ebene (Teilhabe). Die genannten Ebenen beeinflussen sich wechselseitig und stehen darüber hinaus in Wechselwirkung mit den Kontextfaktoren (Umweltfaktoren, personenbezogene Faktoren)." (Hedderich 2006, S. 21)

Der Begriff der *Körperschädigung* dagegen betrifft die organische Ebene (vgl. Bergeest 2006, S. 18). Unter Körperschädigung ist die Beeinträchtigung einer Körperfunktion oder einer Körperstruktur (Körperstrukturen sind die anatomischen Teile des Körpers, die Organe, Gliedmaßen und die Bestandteile der Gliedmaßen) gemeint. (vgl. Hedderich 2006, S. 20).
Wie auch beim Begriff der Behinderung drei Ebenen unterschieden werden, die Schädigung auf der organischen Ebene, die Beeinträchtigung der Fähigkeiten aufgrund der vorhandenen Schädigung und die daraus resultierende soziale Benachteiligung, so ist dies auch beim Begriff der Körperbehinderung der Fall (vgl. Hedderich 2006, S. 20).

„Körperbehinderung ist ein Beschreibungsmerkmal für einen

3 Behinderung und Körperbehinderung

> Menschen, der infolge einer Schädigung des Stütz- und Bewegungsapparates, einer anderen organischen Schädigung oder einer chronischen Erkrankung in seiner Bewegungsfähigkeit und der Durchführung von Aktivitäten dauerhaft oder überwindbar beeinträchtigt ist, so dass die Teilhabe an Lebensbereichen bzw. —situationen als erschwert erlebt wird." (Hedderich 2006, S. 24)

Dies ist in der Regel mit einer sichtbaren Abweichung des äußeren Erscheinungsbildes im Vergleich mit den Nichtbehinderten verbunden. Diese Abweichung im Erscheinungsbild entspricht nicht den gesellschaftlichen Normen von Gesundheit und körperlicher Unversehrtheit und kann zu negativen Reaktionen führen.(vgl. Hedderich 2006, S. 24)

Menschen, die von der Gruppennorm in irgendeiner Weise abweichen, was bei Körperbehinderten der Fall ist, werden leicht zur Zielscheibe von Aggressionen der Gruppenmitglieder. Diese normerhaltende Aggression bewirkt die Angleichung des Abweichenden, (was der Körperbehinderte nicht leisten kann), oder seine Ausstoßung (vgl. Eibl-Eibesfeldt 2004, S. 411, 412). Ausstoßungsreaktionen sind Verspottung, Klatsch über die betreffende Person und Ausschluss aus der Gemeinschaft. Diese Ausstoßungsreaktionen sind dann besonders schlimm, wenn die betreffende Person nichts für die Abweichung kann (vgl. Ebl-Eibesfeldt 2004, S. 448, 449).

> „Die Merkmale, die einen Menschen zum Außenseiter machen, sind einerseits verschiedene Abnormitäten des Verhaltens und Aussehens, welche man in jeder Kultur als abweichend empfinden würde; ferner bewußter oder unbewußter Verstoß gegen die Konventionen und Umgangsformen einer bestimmten Kultur. Körperliche Mängel führen dann zur Stigmatisierung, wenn sie die Person entstellen." (Eibl-Eibesfeldt 2004, S. 450)

Besitzt eine Person ein Merkmal, das sich der Aufmerksamkeit der anderen aufdrängt und bewirkt, dass sich die anderen Personen von ihr abwenden, so hat sie ein *Stigma*. Sie entspricht nicht den normativen Erwartungen ihrer Umwelt. Eine Behinderung stellt in der Regel ein Stigma dar. Die Folgen von *Stigmatisierung* sind Kontaktverlust, Isolation, Interaktionsprobleme und Identitätsstörungen (vgl. Bleidick 2001, S. 218, 219).

Eine Körperbehinderung kann zur Stigmatisierung des Betroffenen führen, denn das äußere Erscheinungsbild eines Menschen ist eine bedeutsame Determinante in der sozialen Interaktion. Die physische Attraktivität hat einen starken Einfluss auf die Einstellungen und das Verhalten anderer Personen. Sie beeinflusst auch das Bild, das sich die anderen von dieser Person machen. Attraktiven Menschen werden sozial erwünschte Eigenschaften zugeschrieben, körperlich unattraktive Menschen werden eher negativ beurteilt. Dies gilt auch für längerfristige soziale Beziehungen (vgl. Tröster 1990, S. 35, 36).

Betroffen sind Menschen mit Behinderungen, die mit einer ästhetischen Beeinträchtigung einhergehen, was bei körperbehinderten Menschen oft der Fall ist. Bei der ersten Begegnung versetzt das durch die Behinderung abweichende Erscheinungsbild die Nichtbehinderten in einen Zustand unangenehmer Erregung und des Erschreckens. Es kommt zu affektiven Reaktionen wie Angst, Ekel, Abscheu und Abwehrreaktionen, die durch den Anblick des behinderten Menschen hervorgerufen werden, der Entstellungen aufweist. Diese Reaktionen sind nur wenig beeinflussbar, der Ausdruck kann allenfalls unterdrückt oder kaschiert werden (vgl. Tröster 1990, S. 37,38).

Die Betroffenen werden immer wieder mit solchen Reaktionen konfrontiert und nach der *Stigma-Identitäts-These* führt dies zu einer Gefährdung bzw. Veränderung der Identität (vgl. Bleidick 2001, S. 219).

> „Das Selbstkonzept sehr vieler Kinder mit Körperbehinderung wird geprägt von der Erfahrung der Etikettierung durch die Mitwelt. Entscheidend sind Unterstützungsbedarf, Fremdbestimmtheit und Abhängigkeit. Biographische Zeugnisse weisen darauf hin, dass nicht primär die Behinderung ein tiefgreifendes Minderwertigkeitsgefühl hervorruft, sondern die Reaktionen des sozialen Umfeldes." (Knop 1998 zit. n. Hedderich 2006, S. 26)

Wie ich aus der Praxis weiß, sind diese Reaktionen auch unter körperbehinderten Schülern zu beobachten. Leichter behinderte Schüler haben schwerbehinderte Schüler stigmatisiert. Abwertende Äußerungen wurde von mir im Unterricht aufgegriffen und besprochen, um eine verantwortungsvolle Einstellung bei den Schülern zu entwickeln, was auch gelungen ist.

3.1 Belastung und Reaktionen der Eltern

Da die Eltern in der Regel die ersten Bezugspersonen des Kindes sind, möchte ich im folgenden ihre Belastungen und Reaktionen beschreiben. Wird die Diagnose einer Behinderung den Eltern mitgeteilt, so löst das fast in jedem Fall eine akute Krise aus. Dies kann nach der Geburt, nach einer Erkrankung oder nach einem Unfall gegeben sein (vgl. Krause 2002, S. 19).

Die Eltern erleben das akute Krisenereignis dann, wenn mit oder ohne Geburtskomplikation die Behinderung des Kindes eindeutig feststeht, oder wenn sie zu einem späteren Zeitpunkt vollkommen unerwartet erkannt wird. Bei vielen Behinderungen dauert es aber oft Jahre, bis eine Diagnose gestellt werden kann. Die Eltern sind in dieser Zeit immer mehr verunsichert in der Einschätzung des Kindes. Das Krisenereignis besteht dann aus einer Ansammlung von Wahrnehmungen, Mitteilungen und Beobachtungen, die nach und nach immer bedrohlicher erscheinen. Nach der Diagnose beginnt oft ein in die Länge gezogenes Krisenereignis, in dem immer wieder aufs Neue bedrohliche und leidauslösende Situationen entstehen (vgl. Krause 2002, S. 19).

Alle Eltern durchleben, wenn sie die Behinderungsdiagnose erhalten, akute Belastungsreaktionen, die einer traumatischen Krisensituation entsprechen (vgl. Krause 2002, S. 41).

Einige davon entwickeln *posttraumatische Belastungsstörungen* (vgl. Krause 2002, S. 48).

> „Als «Trauma» wird das Erlebnis einer extremen, durch Bedrohung, Gewalt oder Lebensgefahr charakterisierten Gefahrensituation bezeichnet, bei der keinerlei Möglichkeit bestand, zu entrinnen oder irgendetwas zu tun, um die Situation zu beeinflussen." (Bauer 2008b, S. 175)

Die meistern Traumaursachen sind die Gewaltsituationen in den zwischenmenschlichen Beziehungen. Das Traumaerlebnis hat eine extreme Aktivierung der Alarmsysteme im Gehirn zur Folge (siehe Kapitel 2.5). Dadurch entstehen Veränderungen in den neurobiologischen Strukturen des Gehirns (vgl. Bauer 2008b, S. 176).

Die posttraumatische Belastungsstörung ist eine Gesundheitsstörung. Symptome dieser Störung sind Schlafstörungen mit Albträumen, emotionale Irritierbarkeit, Angst- oder Panikzustände, Schreckensbilder, die tagsüber in der Vorstellung auftauchen, Konzentrationsstörungen, Schreckhaftigkeit, Erinnerungsprobleme und ängstliches Vermeidungsverhalten oder Interessenverlust. Ein weiteres Symptom ist die Dissoziation, das ist ein Abwehrmechanismus, mit Hilfe dessen ein Organismus versucht aus einer Situation herauszukommen, die er emotional nicht mehr aushält (vgl. Bauer 2008b, S. 165-167).

Dabei entfernt man sich seelisch gesehen aus dem eigenen Befinden und nimmt Abstand zur eigenen Identität. Die *Dissoziation* wird durch Signale ausgelöst, die angstbesetzt sind und sie kann, wenn sie einmal aufgetreten ist auch ohne ein weiteres Traumaerlebnis immer wieder auftreten (vgl. Bauer 2008b, S. 180-182).

Die Eltern körperbehinderter Kinder sind also einem schicksalhaften Ereignis gegenübergestellt (die Behinderung ihres Kindes), das überwiegend schuldlos erlitten wird. Sie haben damit auch nicht die Möglichkeit, durch Einsicht in eigene Fehler, Änderung ihres Verhaltens und Entschuldigung etwas wieder gutzumachen. Trauerarbeit bedeutet in diesem Fall von Erwartungen und Idealvorstellungen loszulassen und Lebenspläne zu ändern (vgl. Krause 2002, S. 59).

Wenn sich die Eltern Selbstvorwürfe wegen der Behinderung des Kindes machen, kann die Trauer nicht abgeschlossen werden. Schuld und Trauer blockieren sich dann gegenseitig und die Person befindet sich dann in einem Zustand von Erschöpfung und Ausweglosigkeit (vgl. Krause 2002, S. 62).

> „Bei manchen Eltern behinderter Kinder entsteht im Bewältigungsprozess allgegenwärtige, permanente Trauer. Oft geht die bedrückte Stimmung mit negativem Selbstbild, übertriebener Selbstkritik, Selbstvorwürfen oder Minderwertigkeitsgefühlen einher. Mit der unlösbaren, tiefen Trauer kann sich der Trauernde immer wertloser empfinden, ..." (Krause 2002, S. 67)

Wieder andere Eltern zeigen eine enorme Selbstbeherrschung, mit der sie ihre Gefühle im Zaum halten. Sie möchten angepasst und unbeschwert wirken. Oft wird dabei auch die Tatsache der Behinderung negiert. Diese Eltern sind von der Suche nach wirksamen Behandlungsmethoden völlig ausgefüllt. Sie sind erschöpft, weil zeitaufwändige Therapien in den Tagesablauf integriert werden müssen oder die Verhaltensstörungen des Kindes nehmen sie ganz in Beschlag. Diese Eltern weichen im Gespräch bestimmten Themen aus, die sie belasten. Wird über die Behinderung des Kindes gesprochen, wird diese abgestritten oder bagatellisiert. Inhalte werden so besprochen, als wären sie emotional nicht berührt. Die Leistungen des Kindes werden oft idealisiert, aufgewertet, beschönigt oder übertrieben positiv gedeutet. Es gibt aber auch Eltern, die alle Hinweise als Behinderungszeichen ansehen, wobei sie immer wieder Abklärungen verlangen (vgl. Krause 2002, S. 70, 72).

Ein Teil der Eltern reagiert mit Ablehnung auf das behinderte Kind. Dies kann sich in Missachtung und Gewalt in psychischer oder physischer Vernachlässigung, Misshandlung oder Missbrauch äußern. Werden die Ablehnungsgefühle schuldhaft erlebt, können sie kompensatorisch zu verwöhnendem oder *überprotektivem Erziehungsverhalten* führen. Kontinuierliches Klagen über Verhaltensstörungen kann auch durch ablehnende Gefühle ausgelöst sein. Die Unfolgsamkeit des Kindes wird als unkontrollierbar und provozierend wahrgenommen, die Elternperson empfindet dadurch aggressive Impulse, die sie als kaum beherrschbar erlebt und die Ablehnung des Kindes erscheint ihr dadurch begründet. Aufsteigende Reizbarkeit führt zu heftigen Selbstzweifeln, zu Scham und Schuldgefühlen (vgl. Krause 2002, S. 79).

> „Die mit zusätzlichen Belastungen einhergehende Behinderung überfordert oft durch finanzielle Notlagen, soziale Isolation, Stress oder niedriges Selbstgefühl gefährdete Familien, ihre Gewaltbereitschaft zu kontrollieren." (Krause 2002, S. 80)

Die Folge ist Misshandlung des Kindes. Solche Fälle sind mir aus der Praxis auch bekannt. Dazu eine Erkenntnis aus der Hirnforschung:

> „Menschen, die einem länger dauernden Mangel an Zuwendung ausgesetzt werden, reagieren nicht nur mit einer massiven Hochregulation, sondern auch mit einer dauerhaften Empfindlichkeitserhöhung ihrer Stress-Gene." (Bauer 2006, S. 107)

Die Familien sind auch oft mit offener *Diskriminierung* und Unsicherheit von Freunden und Verwandten konfrontiert. Durch die soziale Isolierung ziehen sich die Eltern auch selbst aus Beziehungen zurück, wenn sie merken, dass das Verhalten des Kindes auf Unverständnis stößt (vgl. Krause 2002, S. 88).

Eine weitere Belastung sind Auseinandersetzungen mit Behörden und Krankenkassen, weil sie sich dort mit ihren Wünschen bezüglich finanzieller Kostenübernahmen behaupten müssen. Manche Eltern sprechen hauptsächlich über dieses Thema um andere Gefühle und Themen abzuwehren (vgl. Krause 2002, S. 90, 91).

Es gibt Eltern, die ihr Leben ausschließlich um das behinderte Kind organisieren. Es steht im Zentrum der familiären Aufmerksamkeit. Diese Familien verweigern oft jede Veränderung. Selbstbezogene Bedürfnisse werden abgelehnt, weil sie als egoistisch erscheinen. Das Aufopferungsideal zielt oft auch auf ein Ungeschehenmachen der Behinderung.(vgl. Krause 2002, S. 91).

Familiäre Beziehungsstörungen und Partnerschaftskonflikte können als Belastungsfolge in der Auseinandersetzung mit der Behinderung und der dadurch veränderten Lebenssituation auftreten. Viele Eltern werden auch von Zukunftsängsten bezüglich des behinderten Kindes geplagt. Sie machen sich Sorgen darüber was ihr Kind noch lernen kann, wie selbständig es wird und wie lange es in der Familie bleiben kann. Auch haben sie Befürchtungen, wie sich das Kind in der Pubertät entwickeln wird (vgl. Krause 2002, S. 97-108). Über diese hier aufgeführten Probleme haben sich Eltern mir gegenüber von sich aus oft am Elternsprechtag geäußert. Mitarbeiter einer Behinderteneinrichtung sollten daher die besondere Problematik von Eltern körperbehinderter Kinder informiert sein, damit sie angemessen und verständnisvoll darauf reagieren können.

3.2 Belastung durch Behinderung und Krankheit aus der Sicht des Betroffenen

Hier stellt sich nun die Frage, inwieweit der Behinderte durch seine Behinderung oder chronische Krankheit belastet ist. Dabei möchte ich zuerst nochmals auf den Begriff der Behinderung eingehen. Seifert (1977) definiert Behinderung folgendermaßen:

> „Eine Behinderung liegt dann vor, wenn ein durch Erkrankung oder eine angeborene oder erworbene Schädigung bedingter —

voraussichtlich nicht nur kurzfristig oder vorübergehender — Zustand der Beeinträchtigung der individuellen Leistungsfähigkeit gegeben ist." (Seifert 1977, S. 629 zit. n. Tröster 1990, S. 20)

Es handelt sich hier wie bei Krankheit um eine Funktionseinschränkung. Gewalt ist in ihrem Ursprung nicht auf menschliche Gewalt begrenzt. Auch Bedrohungen wie Naturkatastrophen, Krieg, Krankheit und Tod sind eine Form der Gewalt. Diese Formen von Gewalt entziehen sich der zivilisatorischen Zähmung (vgl. Grefe 2002, S. 429).
Früher wurde Krankheit als Schicksal angesehen, als göttliche Fügung oder Strafe. Heute muss sie bekämpft werden, damit sie nicht mehr erscheint. Unser Körper soll ständig verfügbar, unbegrenzt einsatzfähig und unzerstörbar sein (vgl. Grefe 2002, S. 429, 431). Stellen wir fest, dass das wegen Krankheit nicht der Fall ist, so geraten wir in Selbstzweifel, Enttäuschung und Wut, die Vorstellung eingeschränkter Funktion und der Minderung von Befriedigungsmöglichkeiten vermittelt uns eine Vorstellung von bevorstehendem Leiden (vgl. Grefe 2002, S. 431).

„Krankheit konfrontiert ungefragt und unabweisbar — darin schon gewalttätig — mit dem Verlust, der Zerstörung von körperlicher Integrität und Funktion, mit dem Verlust von Freiheitsgraden, Optionen im Leben; der Krankheit ist der Kranke (in unterschiedlichem Ausmaß) ausgeliefert, sie kommt über ihn und bestimmt seine Alltagsgestaltung — und wenn der Kranke nicht mitmacht, drohen böse Folgen." (Grefe 2002, S. 435)

„Der Kranke kann sich seiner Krankheit nicht entziehen, er ist ihr ausgeliefert, ihr Gefangener. Er steht unter ihrer Kontrolle solange sie andauert, und kann ihr nicht entfliehen. Der Kranke ist gezwungen sich den Bedingungen des Krankseins (und dem Gesundheitssystem einschließlich der Behandler) zu unterwerfen. Sein Dasein wird von den Wächtern über seine Gesundheit (äußere und / oder internalisierte Regeln) bestimmt, seine Krankheit und sein kranker Körper werden seine wesentlichen Gegenüber. Jegliche Scham ist gegebenenfalls gefährlich

3.2 Belastung durch Behinderung und Krankheit aus der Sicht des Betroffenen

und muss überwunden werden. Alle anderen Ziele und Wünsche müssen zurücktreten hinter die Notwendigkeiten, die die Krankheit mit sich bringt." (Grefe 2002, S. 437)

Es scheint so, dass mehr Gewalt hinter alltäglicher Krankheit steckt, als angenommen wird (vgl. Grefe 2002, S. 437)
In der heutigen Zivilisation weiß man mehr über Krankheiten und kann sie günstig beeinflussen. Dies hat ein gesellschaftliches Ideal von Gesundheit, Jugend und körperlicher Fitness zur Folge, das den Charakter einer Norm oder Verpflichtung erhalten hat (vgl. Grefe 2002, S. 440).

„Eine Einwirkung von Gewalt war Krankheit, Tod, Verletzung schon immer, aber erkennbar erst heute, denn erst heute bestehen Bedingungen, die der Angst vor dieser zerstörerischen Gewalt etwas entgegensetzen können und damit den Blick auf die Gewalt erlauben." (Grefe 2002, S. 440)

Diese Problematik betrifft die meisten der körperbehinderten Kinder. Einige meiner ehemaligen Schüler waren behindert, chronisch krank und sind inzwischen verstorben.

Wie oben schon in dem Zitat erwähnt, hat sich der Kranke den Bedingungen des Gesundheitssystems und denen des Behandlers zu unterwerfen. Der Kranke und Behinderte wird daher aufgrund seiner gesundheitlichen Probleme mehr Kontakte mit Ärzten haben im Vergleich zum Gesunden. Dies betrifft auch die körperbehinderten Kinder und Jugendlichen, deren Lebenserfahrungen oft geprägt sind von Krankenhausaufenthalten und belastenden medizinischen Eingriffen. Deshalb möchte ich im folgenden noch auf die Beziehungen zwischen Arzt und Patient eingehen und auf die Auswirkungen von Schmerzen, denn diese frühen Erfahrungen beeinflussen das Selbstwertgefühl und damit die Persönlichkeit des Behinderten.

Der Einfluss der Spiegelungsvorgänge auf den Heilungsprozess wird allgemein unterschätzt. Bei der Begegnung zwischen Arzt und Patient begegnen sich zwei Personen. Ihre Einstellungen und Erwartungen führen zu intuitiven Wahrnehmungs- und Spiegelungsabläufen und diese haben einen starken Einfluss auf den Behandlungserfolg (vgl. Bauer 2006, S. 129).

> „Die inneren Einstellungen des Arztes lösen bei Patienten eine Resonanz aus und umgekehrt die des Patienten beim Arzt." (Bauer 2006, S. 130)

Diese Einstellungen können recht unterschiedlich sein.

> „Jeder Arzt hat innere Vorstellungen von zu erwartenden Abläufen, zum Beispiel davon, was für ihn wichtig ist und was nicht, von seiner Art der Behandlung, vom Behandlungsverlauf, von den Kriterien, nach denen er beurteilt, was als Behandlungserfolg anzusehen ist. Welche Einstellungen auch immer er hat, er wird sie — auch bei größtem Bemühen um äußere Höflichkeit und Korrektheit — nicht verbergen können." (Bauer 2006, S. 130, 131)

Diese Signale werden vom Patient intuitiv aufgenommen. Das führt beim Patienten zu einer *inneren Resonanz*. Es werden dann intuitiv *korrespondierende Einstellungen*, Stimmungen und Erwartungen geweckt, die meist der des Arztes entsprechen. Es werden also Vorstellungen, Konzepte und Erwartungen von der einen Seite auf die andere übertragen. Wenn der Patient sich angenommen fühlt, dann wird dies bei ihm den Stress reduzieren, sein Vertrauen und sein Selbstwertgefühl stärken. Fühlt er sich nicht angenommen, so hat dies auch Folgen für den weiteren Ablauf (vgl. Bauer 2006, S. 131, 132).

Aber auch die Gedanken und Gefühle des Patienten haben Einfluss auf den weiteren Ablauf. Der Patient teilt dem Arzt über zahlreiche Signale mit, welche Haltungen, Einstellungen und Erwartungen er mitbringt. Dies löst beim Arzt eine *intuitive Resonanz* aus, auch wenn der Patient versucht seine inneren Wünsche und Befürchtungen zu verbergen. Dies wiederum beeinflusst den Behandlungsverlauf (vgl. Bauer 2006, S. 133).

Dass dies Konsequenzen hat im Behandlungsverlauf bei chronisch Kranken und Behinderten, die durch ihre bisherigen belastenden Lebenserfahrungen geprägt sind, ist vorstellbar.

Im Rahmen von ärztlichen oder zahnärztlichen Eingriffe (wie zum Beispiel Operationen) können Schmerzen auftreten (vgl. Bauer 2008b, S. 153).

3.2 Belastung durch Behinderung und Krankheit aus der Sicht des Betroffenen

Körperbehinderte Kinder und Jugendliche haben aufgrund ihrer Behinderung häufiger körperliche Beschwerden (Schmerzen). Deshalb möchte ich kurz noch diese Problematik schildern.

In der Hirnforschung wurde herausgefunden, dass unser Körper über ein sogenanntes „Schmerzgedächtnis" verfügt.

> „Intensive, wiederholte oder länger dauernde Schmerzen verändern — wie alle anderen Lebenserfahrungen auch — in Nervenzellen des Gehirns die Aktivität von Genen, sodass es zu Veränderungen von Verschaltungen (Synapsen) und zum Umbau von Nervenzell-Netzwerken kommt. Schmerzerfahrungen werden also in der Seele beziehungsweise im Gehirn gespeichert, sie hinterlassen im Körper eine «Inschrift» (in der neurobiologischen Fachsprache spricht man von einem «Engramm»)." (Bauer 2008b, S. 148)

Diese *Engramme* von den erlebten Schmerzen können lange Zeit keine Beschwerden machen. Gerät der Betroffene jedoch in eine Stress- oder Belastungssituation, so kann dies eine Wiederaktivierung des Schmerzgedächtnisses zur Folge haben und die gespeicherten Schmerzsymptome treten wieder auf (vgl. Bauer 2008b, S. 148, 149).

> „Personen, denen in ihrer Vorgeschichte intensive oder länger dauernde körperliche Schmerzen zugefügt wurden, haben ein signifikant erhöhtes Risiko, im späteren Leben an einer chronischen Schmerzkrankheit zu erkranken. Wie sich bei erst in den letzten Jahren durchgeführten Untersuchungen zeigte, spielen schmerzhafte Gewalterfahrungen eine bislang überhaupt nicht erkannte, immense Rolle bei der Verursachung chronischer Schmerzkrankheiten." (Bauer 2008b, S. 152)

Daher sollte bei der Kindererziehung körperliche Züchtigung und Misshandlung vermieden werden (vgl. Bauer 2008b, S. 153).

Aber auch Schmerzen, die durch chirurgische und zahnärztliche Eingriffe verursacht sind, sind oft die Ursache von Schmerzerkrankungen. Nicht nur das Gehirn verfügt über ein Schmerzgedächtnis, sondern die Schmerzen hinterlassen auch im Rückenmark eine Inschrift. Eine Vollnarkose während einer großen Operation reicht daher nicht aus. Wird das

Rückenmark nicht betäubt, dann können die eintreffenden Schmerzsignale später zu chronischen Schmerzen führen (vgl. Bauer 2008b, S. 153, 154).

Diese Erkenntnisse sind von Bedeutung für den Umgang mit körperbehinderten Kindern und Jugendlichen, da bei vielen wahrscheinlich aufgrund ihrer Erfahrungen eine erhöhte Stressempfindlichkeit vorliegt, aber auch die Gefahr besteht, dass sie in späteren Jahren sich eine chronische Schmerzerkrankung zuziehen, besonders dann, wenn die familiäre Situation sehr belastet ist. Körperliche Misshandlungen des Kindes und häufige oder mehrmalige chirurgische Eingriffe erhöhen dann die Wahrscheinlichkeit des Auftretens einer chronischen Schmerzerkrankung.

3.3 Probleme in der sozialen Dienstleistung

Soziale Dienstleistung, wie sie auch an Körperbehindertenschulen erbracht wird, richtet sich immer auf zwei Dimensionen: zum einen auf die Dimension des Klienten, in diesem Fall die behinderten Schüler, und aber auch auf gesellschaftliche Ordnungswerte, es soll ein Normalzustand hergestellt werden. Klinische und soziale Institutionen sollen dazu beitragen, dass gesellschaftliche Räume befriedet werden. Kriminalität, Verwahrlosung, Krankheit, Leiden und Tod sollen aus dem öffentlichen Raum verschwinden. Deshalb erfolgt eine Aussonderung in (sozial-)pädagogischen und klinischen Institutionen, damit die Gesellschaft nicht dadurch zerstört wird (vgl. Gröning 2006, S. 97)

> „Kranke, Alte, Sterbende, Verrückte und Behinderte sind Angstquellen für die Gesunden. Sie werden vermieden, nicht zuletzt, weil in der Begegnung mit ihnen, den Alten, Sterbenden, unheilbar Kranken Urvertrauen erschüttert wird." (Gröning 2006, S. 97)

Lange Zeit wurde Krankheit mit Schuld verknüpft. Heilung bedeutete auch Vergebung. Krankheit und Tod sind heute zwar rational geworden, aber die traditionelle Angst, die in der Verknüpfung von Krankheit mit Schuld liegt, ist auch weiterhin bedeutend für Berufe, die sich damit auseinandersetzen müssen (vgl. Gröning 2006, S. 98).

Sie sind denselben affektiven Reaktionen ausgesetzt, die wie am Anfang des Kapitels schon erwähnt, wenig beeinflussbar und deshalb immer

3.3 Probleme in der sozialen Dienstleistung

wieder belastend sind. Die Angehörigen dieser sozialen und pflegenden Berufe neigen dazu unter diesen traumatisierenden Belastungen auszubrennen oder auszukühlen. Der Umgang mit den eigenen Gefühlen und den Gefühlen der Klienten wird ihnen durch den Habitus der Professionalität erschwert. Diese Belastungen können nur durch gute Bindungen ausgehalten werden, denn sie reduzieren nach den Erkenntnissen der Hirnforschung den Stress. Professionelle, die ihre Klienten „sachlich" sehen, erleben die Beziehungsdynamik zwischen sich und ihren Klienten als Übergriff auf ihre persönliche Autonomie und reagieren darauf mit Stressgefühlen. Meistens werden diese Stressgefühle durch das Rauchen bewältigt (vgl. Gröning 2006, S. 98).

„Die Zigarette betäubt die Wut, die durch den Druck der Abläufe, der Bedürfnisvielfalt, und nicht zuletzt durch das Anklammern entsteht. Gleichwohl sind Zigaretten, wie auch Wut regressive Antworten auf einen Affekt. Man fühlt sich überfordert, unfrei und ist aggressiv und an der Wiederherstellung und Versicherung seiner eigenen Autonomie interessiert." (Gröning 2006, S. 98)

Je größer eine Institution ist, also im Kern mehr zweckrational, desto mehr geht die kulturelle Funktion der Angstbindung verloren. Die „Rituale der guten Bindungen" werden von der Leitung dann oft als Faulheit angesehen. So wächst das strukturelle Gewaltpotential und es kommt zu Stressreaktionen wie Grobheiten, Strenge, Fehlleistungen und zu emotionaler Unberührbarkeit. Die Beschäftigen geben sich dem Ideal der Sachlichkeit hin. Dadurch ist die Lage ihrer Klienten für sie oft nicht verstehbar und einfühlbar. Die Gewalt, die hier entsteht, äußert sich in Entehrung in alltäglichen kleinen Zeichen der Verunreinigung, der Zerstörung der Identitätsausrüstungen und in sozialer Distanzlosigkeit. Dies geschieht oft ohne bewusste aggressive Absicht. Die Klienten verändern dadurch ihre Identität, sie werden schamlos. Im Kontext dieses zweckrationalen Handelns ist der andere immer Objekt, Mittel zum Zweck, das kalkuliert und berechnet werden muss, weil man es benutzen will. Gewalt erscheint hier als Sachzwang, sachlich begründet, als Versachlichung (vgl. Gröning 2006, S.98-100).

„Habermas Befürchtung war es, dass Kommunikation und Beziehung zunehmend aus den menschlichen Beziehungen verschwinden, dass sie in ihrer expressiven, ästhetischen und sittlichen Verankerungen beraubt werden und ausschließlich dem zweckrationalen Kalkül unterzogen werden. Zweckfreie Kommunikation, die auf Verständigung, nicht aber auf Erfolg abzielt, verschwindet zunehmend aus dem sozialen Raum." (Gröning 2006, S. 100)

Dadurch besteht ohne Absicht die Gefahr, dass den Klienten Stress und Kränkungen zugemutet werden, die darin begründet liegen, dass sie wie eine Sache behandelt werden (vgl. Gröning 2006, S. 101).

Im folgenden eine persönliche Stellungnahme zur Situation in den privaten Heimsonderschulen, in denen körperbehinderte Schüler ihre Schulpflicht erfüllen und für die das Privatschulgesetz gilt:

Auf der einen Seite sollen in der Heimsonderschule in freier Trägerschaft zum Wohl der behinderten Schüler die pädagogischen Ziele im Vordergrund stehen. Die Schule soll den Bedürfnissen der körperbehinderten Kinder und Jugendlichen gerecht werden, wobei die aufgeführten besonderen Belastungen, die Behinderung für alle Beteiligten darstellt, berücksichtigt werden müssen. Nur auf der Basis dieser Erkenntnisse können die anstehenden Probleme bewältigt werden. Auf der anderen Seite ist die Schule in freier Trägerschaft ein Unternehmen auf dem Bildungsmarkt, das in Konkurrenz zu anderen Einrichtungen steht und für die das Gesetz für Schulen in freier Trägerschaft mit seinen besonderen Regelungen gültig ist. Die Bemühungen um Vergrößerung des Unternehmens um konkurrenzfähig zu sein können im Widerspruch zu den pädagogischen Zielen stehen.

Die Schule hat das Recht auf freie Auswahl der Schüler (vgl. Vogel 1997, S. 25). Sollte nun der Schwerpunkt auf der Vergrößerung der Einrichtung liegen, so sehe ich die Gefahr, dass behinderte Schüler gemeinsam beschult werden, die besser in verschiedenen Einrichtungen gefördert werden sollten.

Ein weiterer kritischer Punkt solcher Einrichtungen betrifft die Mitarbeiterschaft (Lehrer). Diese Schulen haben ein Recht auf freie Auswahl der Lehrer (vgl. Vogel 1997, S. 24). Die Auswahl geeigneter, qualifizierter Mitarbeiter mit ausreichender Erfahrung ist zentral. Nicht ausreichend qualifizierte Mitarbeiter sind bei dieser Arbeit besonders belastet, da sie nicht über genügend fachliche Kenntnisse bezüglich der Situation des einzelnen Schülers verfügen und ihnen auch die bereits aufgeführten behinderungsbedingten Belastungen nicht bewusst sind. Es sind nach meiner Erfahrung zum Teil auch Mitarbeiter, die im Staatsdienst keine Anstellung erhalten haben, und deshalb sozusagen gezwungenermaßen an diesen Einrichtungen arbeiten. Dies wird von Schule zu Schule unterschiedlich sein. Besonders wichtig sind hier, wie schon erwähnt, die Rituale der guten Bindungen innerhalb der Belegschaft, denn sie reduzieren den vorhandenen Stress.

Die Führung einer solchen privaten Heimsonderschule erfordert viel Menschenkenntnis, Fachwissen und Kompetenz. Auf der einen Seite sind, wie schon erwähnt, Ziele einer modernen Unternehmensführung zu verfolgen, auf der anderen Seite ist den Bedürfnissen der behinderten Kinder und Jugendlichen gerecht zu werden. Das unternehmerische Interesse die Einrichtung zu vergrößern, um konkurrenzfähig zu bleiben, wirft bezüglich der Führung Probleme auf.

Größere Gruppen (der Mitarbeiterschaft) sind eher intransparent und daher sind die *informellen Normen* und *informellen Machtzentren* von der Führungskraft nur schwer zu ermitteln (vgl. Stopp 2006, S. 89).

> „Während die *formelle Macht auf Kompetenzen und Befugnisse* zurückzuführen ist, die einer Führungskraft von der Unternehmensleitung offiziell zugestanden wurden (z.B. Entscheidungskompetenz über Einstellungen und Entlassungen, Entscheidungskompetenz über die Vergabe oder Nichtvergabe betriebsinterner Darlehen), gründet sich *informelle Macht auf Verbindungen, Beziehungen* und bestimmte *Schlüsselstellungen* im Betrieb, die einen Positionsinhaber in die Lage versetzen, anderen Mitarbeitern über seinen formellen Machtbereich hinaus unter Umständen zum eigenen Vorteil zu schaden oder zu nützen." (Stopp 2006, S. 26)

Bei größeren Gruppen besteht eine größere Gefahr der Gruppenspaltung in informelle Teilgruppen und Cliquen. Auch ist die Gefahr der Selbstisolierung von Gruppenmitgliedern höher. Mit steigender Gruppengröße sinkt die Wahrscheinlichkeit, dass sich ein leistungsförderndes Gruppenbewusstsein ausbildet (Wir-Gefühl), das alle Gruppenmitglieder in bezug auf die zu erbringende Leistung positiv prägt (vgl. Stopp 2006, S. 89).

3 Behinderung und Körperbehinderung

Diese Faktoren erschweren die Leitung und verändern den Führungsstil, die Verhaltensweise der Führungskraft (vgl. Stopp 2006, S. 121).

Die Anwendung des Gesetzes der Schulen in freier Trägerschaft und die bestehenden Rechtsverhältnisse an diesen Bildungseinrichtungen sollten im Blickwinkel auf die zu erhaltenden „Rituale der guten Bindungen" gesehen werden. Abmahnungen und Entlassungen mögen zwar manche Probleme regeln, aber sie sind auch immer im Blick auf das Betriebsklima zu sehen. Da die Mitarbeiter in Behinderteneinrichtungen durch die aufgeführte Problematik schon belastet sind, besteht die Gefahr, dass der steigende Druck durch die Angst vor Kündigung die Problematik vergrößert, was sich auf die Arbeit mit den behinderten Schülern auswirkt. Wichtig erscheint es mir, die Probleme schon im Vorfeld zu erkennen und zu regeln.

Auf der anderen Seite beinhaltet das Gesetz der Schulen in freier Trägerschaft auch eine Chance für den pädagogischen Bereich, gerade bei Behinderten. Wenn Lehrpläne, Stundentafeln, Lehrmethoden und Stellenkegel selbst gestaltet werden können, so beinhaltet dies die Möglichkeit, noch besser auf die Bedürfnisse der behinderten Kinder und Jugendlichen einzugehen und dabei gegebenenfalls auch neue Wege zu beschreiten. Zusätzliche private Mittel aus Spenden können gerade im Bereich der Körperbehindertenschule eine verbesserte modernen Einrichtung in bezug auf Hilfsmittel ermöglichen, was den schwerbehinderten Kindern und Jugendlichen besonders zugute kommt. Dies ist meine Erfahrung in den vielen Jahren meiner Tätigkeit.

Generell müssen sich die Ziele einer modernen Unternehmensführung und die pädagogischen Zielsetzungen nicht widersprechen. Wichtig ist, dass jeder dieser Gesichtspunkte entsprechend gesehen und beachtet wird, was sicher nicht einfach ist.

3.4 Reaktionen der Gesellschaft

Die Wurzeln der gegenüber körperbehinderten und chronisch kranken Menschen bestehenden Vorurteile lassen sich durch die Jahrtausende bis in die Neuzeit verfolgen. Im Umgang mit Behinderten gibt es daher schon lange gewissen Konstanten (vgl. Bergeest 2006, S. 48, 49).

„Die soziale Stellungnahme und mögliche Sanktion war davon

abhängig, ob eine Körperbehinderung z. B. von Geburt an sichtbar war, sich erst in späteren Lebensjahren manifestierte oder etwa durch Unfall oder in kriegerischer Auseinandersetzung (ehrenvoll) eintrat. Die Gruppe der von Geburt körperbehinderten Menschen war in besonderem Maße von Sanktionen (bis hin zur Tötung) betroffen. (v. Pavel 1984, 47); die Gruppe der Kriegsversehrten hatte immer eine Sonderstellung inne, die von großem Bemühen um Rehabilitation gekennzeichnet war (von der auch immer andere Gruppen körperbehinderter Menschen profitierten)." (Bergeest 2006, S. 49)

Ob Behinderte in einer Gemeinschaft aufgenommen oder ausgeschlossen wurden, dabei spielten ökonomische Gründe eine bedeutende Rolle. In Kulturen, in denen der Körper unter dem Aspekt der Nützlichkeit und Verwertbarkeit gesehen wurde, war die ablehnende Einstellung gegenüber Körperbehinderten aggressiver und vernichtender Natur. Wenn die Behinderung oder Krankheit erklärt und mit den Sinnen erfasst werden konnte, wie bei Unfallfolgen und Kriegsverletzungen, so wurde sie eher akzeptiert und es erfolgten Maßnahmen zur *Rehabilitation*. Gab es keine Erklärung für die Behinderung, dann kam es immer zu Reaktionen auf das Unbegreifliche, Unfassbare, Bedrohliche, auf die Tabuverletzung. Daraus resultierte eine Angstbewältigungsstrategie, indem der Auslöser eliminiert wurde. So wurden in allen Epochen in Schriften und Gesetzestexten abwertende Begriffe für körperbehinderte Menschen benutzt (vgl. Bergeest 2006, S. 49, 50).
Körperbehinderte Menschen und chronisch Erkrankungen gab es, seit es Menschen gibt. In Babylon hatte der Vater das Recht, das missgebildete Neugeborene zu töten oder auszusetzen. In Ägypten ging man überwiegend rücksichtsvoll mit körperlich geschädigten Menschen um. Aber es waren auch Tendenzen vorhanden sie mit Hohn und Spott zu bedenken. Aus Indien sind keine Tötungen oder Aussetzungen missgebildeter Kinder überliefert. Im antiken Griechenland dagegen wurde ein körperlich geschädigtes Neugeborenes getötet oder ausgesetzt. In Rom war es ähnlich wie in Griechenland, später wurde das Tötungsrecht allerdings eingeschränkt. Die Juden sahen Körperbehinderung und Krankheit als Strafgericht und Zuchtmittel Gottes an, mit dem Ziel der Läuterung. Aber es gab auch das Gebot der Nächstenliebe und Barmherzigkeit und die Einstellung gegen-

3 Behinderung und Körperbehinderung

über körperbehinderten Menschen war daher von der Spannung zwischen Ablehnung und Zuwendung geprägt (vgl. Bergeest 2006, S. 51).

Im Mittelalter wurden körperbehinderte Kinder durch die Taufe in die christliche Gemeinschaft aufgenommen und hatten damit ausdrücklich eine Existenzberechtigung, aber in der Praxis wurden sie ausgegrenzt. Zu Beginn der Neuzeit gewinnt der Mensch durch *humanistisch-reformatorisch Gedankengut* eine veränderte Einstellung zu seinem Körper. Durch dieses neue Schönheitsideal wurden die körperbehinderten Menschen erneut in die Defensive gedrängt. Zur Zeit der Aufklärung und des Industriezeitalters kam es durch das Gedankengut der Aufklärung und durch die starke Zunahme von Körperschäden durch die industrielle Kinderarbeit europaweit zur Gründung von Heimen für körperbehinderte Menschen. Diese Heime dienten der Unterbringung, der *medizinischen Rehabilitation* und der pädagogischen Förderung (vgl. Bergeest 2006, S. 51,52).

Im 19. Jahrhundert lebte der Naturforscher Charles Darwin, der die Abstammungslehre begründete. Er erweiterte seine Theorie um eine Reihe von Annahmen. Diese definierte er als Prinzipien des Naturgeschehens. Nach seiner Annahme ist das Verhältnis zwischen Individuen und zwischen den Arten von einem gegenseitigen Kampf ums Überleben geleitet (vgl. Bauer 2008a, S. 98-100).

Dies gelte auch für den Menschen. Darwin war der Ansicht, dass die menschlichen Rassen von unterschiedlicher Wertigkeit seien und deren gegenseitige Vernichtung war für ihn ein normaler Ablauf (vgl. Bauer 2008a, S. 101).

Er schrieb unter anderem:

> „Wir bauen Zufluchtsstätten für die Schwachsinnigen, für die Krüppel und die Kranken; wir erlassen Armengesetze, und unsere Ärzte strengen sich an, das Leben eines jeden bis zum letzten Moment zu erhalten. Es ist Grund vorhanden anzunehmen, daß die Impfung Tausende erhalten hat, welche in Folge ihrer schwachen Konstitution früher den Pocken erlegen wären... Niemand ... wird daran zweifeln, daß dies für die Rasse des Menschen in höchstem Maße schädlich sein muß» (Darwin, 1871, Teil I, S. 148)." (Bauer 2008a, S. 102)

Diese Ideen fanden in Deutschland in der bildungsbürgerlichen Schicht eine weitgehende Zustimmung. So kam der Gedanke der *Euthanasie* von

3.4 Reaktionen der Gesellschaft

nicht gesunden Neugeborenen auf (vgl. Bauer 2008a, S. 109, 110).
Es entstand eine neue Ethik, nach der alles zur Verbesserung des Erbgutes der eigenen Rasse zu unternehmen war (vgl. Bauer 2008a, S. 120).

„Nach dieser neuen «Ethik» war es gut, wenn epidemische Infektionen (zum Beispiel eine Grippewelle) in regelmäßigen Abständen die schwächsten dahinraffte oder wenn Behinderte ihrem Schicksal und damit dem Untergang überlassen wurden. Unethisch war jetzt dagegen, und dies wurde offen ausgesprochen und geschrieben, geschwächten Menschen, die scheinbar keinen nützlichen Beitrag zur Erhaltung der «Rasse» leisten konnten, zu helfen." (Bauer 2008a, S. 120)

Dieser Kampf ums Dasein würde die Mißgebildeten, die Schwachen und Minderwertigen beseitigen. Behinderte waren nach der Ansicht des Medizinprofessors Max von Gruber eine Last und eine Gefahr für die Gesunden. Auch der Psychiatrieprofessor August Forel war der Einstellung, dass es eine überkommene Moral sei, Behinderte am Leben zu erhalten (vgl. Bauer 2008a, S. 121).
In bezug auf die Rassenlehre wurde von Professor Lenz gefordert, dass der Einzelne sein Tun dem Wohle der Rasse unterzuordnen habe, und er befürwortete die Tötung behinderte Kinder. Mit diesen Gedanken, die sich auf Darwin bezogen, wurden die wesentlichen ethischen Grundlagen unseres Zusammenlebens auf den Kopf gestellt und dies war die Voraussetzung für die Euthanasie in der Zeit des Nationalsozialismus (vgl. Bauer 2008a, S. 123)
Der Irrtum, in der Evolution seien Konkurrenz, Kampf und Selektion wesentlich für die lebenden Systeme, hat sich bis heute gehalten (vgl. Bauer 2008a, S. 125).
In der ersten Hälfte des zwanzigsten Jahrhunderts wurden die ersten „ambulanten Krüppelschulen" gegründet. Ab 1920 gab es ein *„Krüppelfürsorgegesetz"* und es wurden Vereine für körperbehinderte Menschen gegründet (vgl. Bergeest 2006, S. 52).

„Angesichts der rassenpolitischen Ideologie der Nationalsozialisten ging es für körperbehinderte Menschen und ihre Angehörigen um einen Kampf gegen Entwürdigung und ums Überleben. 1933 wurde das „Gesetz zur Verhütung erbkranken Nachwuchses" verabschiedet, das zu Zwangssterilisation auch vieler körperbehinderter Menschen führte (Klee 1991, 36ff; Kulenkampf 1988, 170). Die sogenannte „Euthanasie" als Tötungsaktion auch körperbehinderter Menschen begann 1939 und wurde nach Protesten von Kirchenvertretern offiziell 1941 beendet, jedoch inoffiziell durch Medikamentengabe, Mangelernährung und in Konzentrationslagern fortgesetzt (Klee 1991, 345f). Insgesamt fielen der Euthanasieaktion schätzungsweise 100 000- 200 000 behinderte Menschen zum Opfer (Kobi 1975, 114)." (Bergeest 2006, S. 53)

Nach dem Zweiten Weltkrieg wurde die Vereinigung für Krüppelfürsorge neu gegründet. Schwer körperbehinderte Kinder wurden in Heimen beschult, später gab es auch Tagesschulen. Ab 1960 wurden verstärkt Sonderschulen für Körperbehinderte gegründet und es erfolgte der Ausbau der wissenschaftlichen Körperbehindertenpädagogik. 1973 wurden durch die „Sonderpädagogischen Empfehlungen des Deutschen Bildungsrats" die Weichen zur integrativen vorschulischen und schulischen Bildung körperbehinderter Kinder gestellt. Auch medizinisch und therapeutisch kam es zu einer dramatischen Weiterentwicklung von spezialisierten Behandlungsformen für körperbehinderte und chronisch kranke Kinder. Durch neue Gesetze wurde die Gleichstellung körperbehinderter Menschen gefördert. Seit 2001 gibt es mit dem SGB IX ein umfangreiches Gesetzeswerk, das die „Gleichstellung" der Betroffenen betont und sie nicht mehr als Objekt der Fürsorge betrachtet. Sie sollen bei der selbständigen Lebensgestaltung unterstützt werden (vgl. Bergeest 2006, S. 53, 54).

Medizinische Weiterentwicklung, Gesetze und Verordnungen (Gesetz zur Gleichstellung behinderter Menschen, Grundgesetz, Sozialgesetzbuch, Menschenrechte, dazu Hinweise im Literaturverzeichnis) sollen den Körperbehinderten die Integration in die Gesellschaft ermöglichen. Leider gibt es aber auch soziale Normen, die sich für sie sehr ungünstig in der heutigen Zeit auswirken. Damit möchte ich den Körperkult in dieser Gesellschaft ansprechen. Diese Normierung eines „perfekten Körpers" reicht bis in die Antike zurück. Schon im alten Griechenland wurde körperliche Kraft, Geschicklichkeit und Schönheit mit einem hohen sozialen Status verbunden. Diese soziale Bedeutung des Körpers ist bis heute ungebrochen. Es wird

3.4 Reaktionen der Gesellschaft

sozial vermittelt, dass das Bild des jugendlichen, perfekten Körpers bis ins hohe Alter zu erhalten sei. Gerade Jugendliche in der Phase der Identitätsbildung sind sehr anfällig für solche Normen und schließen daraus, dass sie nur etwas sind, wenn sie den richtigen Körper besitzen. Es wird ein Menschenbild vermittelt, das die Menschen nach Körpermaßen und Markenkleidung klassifiziert. Dieses Menschenbild ist von Entindividualisierung geprägt. Das widerspricht der Einzigartigkeit jedes Menschen auch in seiner körperlichen Gestalt (vgl. Kostka 2005, S. 60, 61).

„Denn der Körperkult ist von einer Reduzierung der Leiblichkeit des Menschen auf eine reine Körperlichkeit geprägt. Er reduziert den Menschen auf Perfektionsgrößen, die es zu erfüllen gilt. Ein auf das Körperbild reduziertes Menschenbild lässt die durch die Leiblichkeit erfahrene Individualität und Identität des Menschen und somit das Personsein des Menschen aus dem Blick." (Kostka 2005, S. 63)

Ein unperfekter Körper wird in dieser Gesellschaft als Störung der Ordnung empfunden. Diese empfundenen Abweichungen können zu starken sozialen Diskriminierungen führen (vgl. Kostka 2005, S. 58).

Gerade die Schule und besonders die Körperbehindertenschule hat hier eine wichtige pädagogische Funktion. Diese Problematik sollte Gegenstand im Unterricht sein, damit die Kinder lernen diese Normen kritisch zu hinterfragen. Von zentraler Bedeutung sind Wertschätzung und Zuwendung, denn mit einem gestärkten Selbstbewusstsein fällt die Auseinandersetzung mit körperlichen Normen leichter (Kostka 2005, S. 61, 62).

Die in den Industriegesellschaften wie der unseren verbreitete Vorstellung von einer Leistungsordnung, in der Rechte und Privilegien jedes Individuums an dem bemessen werden, was sein Beitrag zum gesellschaftlichen Gesamtprodukt gilt, wirkt sich für die Körperbehinderten sehr negativ aus (vgl. Hillmann 2007, S. 493).

Wenn ich ehemalige Schüler treffe, so erzählen sie mir oft, dass sie keinen Arbeitsplatz finden, obwohl sie eine Berufsausbildung in einer Behinderteneinrichtung abgeschlossen haben. Mein persönlicher Eindruck ist es daher, dass Behinderte in dieser Gesellschaft auch heute noch ausgegrenzt werden, obwohl ihnen gesetzliche Regelungen die Eingliederung in die Berufswelt erleichtern sollen.

Aber die Zukunft der Leistungsgesellschaft

„hängt davon ab, dass sich ein Gleichgewicht zwischen tatsächlicher Chancengleichheit, Leistungsprinzip, Partizipationsmöglichkeiten und solidarischer Mitmenschlichkeit ergibt." (Hillmann 2007, S. 493)

Leider werden heute immer noch neoliberale Modelle realisiert, die als Ergebnis einen destruktiven Prozess zur Folge haben. Diese Strategien berufen sich auf Darwins Gedankengut (vgl. Bauer 2008a, S. 203, 204).

3.5 Sozialisationsbedingungen

„In ihrer Wirkung nicht zu unterschätzen ist auch die strukturierende Kraft der sozialen Beziehungen, in die Menschen hineinwachsen und die sie miteinander eingehen, weil sie in diesen Gemeinschaften Sicherheit und Geborgenheit, Halt und Orientierung finden. Um all das nicht zu verlieren, sind Menschen bisweilen allzu leicht bereit, ihr Denken, Fühlen und Handeln an die oft genug sehr einseitigen Vorstellungen, Erwartungen und Forderungen derjenigen Menschen anzupassen, denen sie sich zugehörig, in deren Nähe sie sich sicher fühlen. Zwangsläufig bilden sich dann in ihrem Gehirn die gleichen Autobahnen heraus, die bereits all jene besitzen, an deren einseitigen Vorstellungen und Zielen sie sich orientieren." (Hüther 2008, S. 115)

Dieser Anpassungsprozess wird noch unterstützt, indem gruppenkonforme Verhaltensweisen belohnt und alle Verhaltensweisen, die die Gruppe gefährden, bestraft werden. Je größer die Belohnung und je furchtbarer die angedrohten Strafen in der Vorstellung der betreffenden Person erscheinen, desto effektiver ist die Wirkung der erzwungenen Dressurleistung. Dementsprechend werden dann die Nervenverschaltungen unter emotionaler Aktivierung gebahnt, gefestigt und ausgebaut. Dies gilt für den Erwerb aller Fähigkeiten und Fertigkeiten, die man benötigt um zu einer Gruppe zu gehören, um Anerkennung zu finden und sich in dieser Gruppe wohl zu fühlen, aber auch für das erforderliche Wissen, das man benötigt, um sich

3.5 Sozialisationsbedingungen

mit den Mitgliedern der Gruppe austauschen und verständigen zu können. Auf diese Art und Weise werden auch die Überzeugungen, die Menschen-Feind- und Weltbilder und auch die von der Gruppe verfolgten Ziele und Visionen übernommen (vgl. Hüther 2008, S. 115, 116).

„Diejenigen, die sich am wenigsten gegen derartige soziale Strukturierungsprozesse und die damit einhergehende Kanalisierung und Bahnung bestimmter neuronale Verschaltungsmuster in ihrem Gehirn wehren können, sind die in die jeweiligen sozialen Gemeinschaften, in eine Familie, eine Sippe, eine dörfliche oder städtische Lebens- und Kulturgemeinschaft hineinwachsenden Kinder. Die in den höheren, assoziativen Bereichen ihres Gehirn erst nach der Geburt ausreifenden Verschaltungen sind in fast beliebiger Weise durch die jeweils von Eltern, Verwandten, Freunden vorgelebten oder vorgeschriebenen, durch Belohnung und Bestrafung bekräftigten Reaktionsmuster formbar." (Hüther 2008, S. 116)

Das menschliche Gehirn ist während seiner Entwicklung immens formbar. Dadurch ist die Weitergabe von Fähigkeiten und Fertigkeiten, von Kenntnissen und Überzeugungen, und von Vorstellungen und Ideen an die nächste Generation möglich (vgl. Hüther 2008, S. 116).

„Ohne diese Formbarkeit gäbe es keine Erziehung und Sozialisation, keine Bildung und keine Kultur." (Hüther 2008, S. 116)

Soweit die Erkenntnisse aus der Hirnforschung.
Und nun die soziologische Sichtweise:

„Der Mensch stellt einerseits ein kleines Stück Gesellschaft dar, während die Gesellschaft andererseits aus Individuen besteht, die in ihr wirken und sie teils bewahren, teils verändern. So gibt es ebenso wenig ein Individuum ohne Gesellschaft wie eine Gesellschaft ohne Individuen." (Henecka 2006, S. 68,69)

Nahezu alle menschlichen Verhaltensweisen sind nach soziologischer Auffassung die Ergebnisse von Erfahrungen und Lernprozessen, die das

Individuum mit seinem genetischen Potential im Wechselspiel mit seiner Umwelt erwerben muss (vgl. Henecka 2006, S. 73).

> „Der Mensch muss seine Lebensform, die er in der Kultur der ihn umgebenden Gesellschaft vorfindet, erst in komplexen und vielschichtigen Prozessen erlernen." (Henecka 2006, S. 73, 74)

Dieser Prozess wird auch als zweite, sozial-kulturelle Geburt verstanden (vgl. Henecka 2006, S. 74).

In diesem Prozess werden die Regeln zwischenmenschlichen Verhaltens gelernt. In bestimmten sozialen Situationen bestehen bestimmte Erwartungen, an denen die Menschen ihr Verhalten orientieren. Diese Erwartungen werden *Normen* genannt. Entspricht man den Erwartungen nicht, so muss man mit negativen Sanktionen (Bestrafungen) rechnen, die in Klatsch, Verachtung, Hohn oder Spott bis hin zu unmittelbarem physischen Druck reichen können. Die Befolgung von Normen hat positive Sanktionen (Belohnungen) zur Folge (Ansehen, Prestige, usw.). Die Normen werden in einem Normensystem verankert, dem Recht. Viele gesellschaftliche Sitten sind juristisch abgesichert. Diese *sozialen Normen* sind Leitbilder oder Vorstellungen, was in der Mehrheit einer Gesellschaft als richtig und erstrebenswert angesehen wird. Sie werden als Werte bezeichnet (vgl. Henecka 2006, S. 80, 81).

In organisierten Institutionen wie Ehe, Familie, Schule werden fundamentale Bedürfnisse jeder Gesellschaft und Kultur befriedigt. Normen, Werte und Institutionen sind an einen bestimmten gesellschaftlichen Zusammenhang gebunden. Sie variieren sehr stark hinsichtlich Zeit und Ort (vgl. Henecka 2006, S. 82-85).

Die Vermittlung sozialer Normen und Werte erfolgt in einem Prozess, der als *Sozialisation* bezeichnet wird. Die Sozialisation schließt den Vorgang der Erziehung mit ein und umfasst aber auch die ungeplanten, persönlichkeitsprägenden Lernvorgänge, die der Mensch machen kann. Es handelt sich dabei um unspezifische Lernvorgänge, die nicht als explizite Einwirkungen auszumachen sind (Henecka 2006, S. 86, 87).

Sozialisation ist ein weit gefasster Begriff

> „der *alle* sozialen Geschehensverläufe abbildet, durch die das Individuum, das mit rudimentären Instinkten, aber mit dispositionell großer Plastizität und Lernfähigkeit, also «mit einer

enormen Variationsbreite von Verhaltensmöglichkeiten geboren wird, zur Ausbildung seines faktischen, weit enger begrenzten Verhaltens geführt wird — wobei die Grenzen des üblichen und akzeptablen Verhaltens durch die Normen der Gruppe, der es angehört, bestimmt werden»" (Child 1959, 665 zit.n. Henecka 2006, S. 87)

Die erste und elementare Sozialisation in der frühen Kindheit wird als *primäre Sozialisation* bezeichnet. Sie erfolgt in der Regel *in der Familie* und es werden die Grunderfahrungen sozialen Lebens vermittelt. Kognitive, sprachliche, motivationale und affektiv-emotionale Persönlichkeitsmerkmale werden elementar ausgeformt (vgl. Henecka 2006, S. 92, 93).

„Das Hineinwachsen des körperbehinderten Kindes in die soziale Welt erfolgt in einem dynamischen Prozess von Wechselwirkungen in beständiger Auseinandersetzung mit dem Umfeld." (Bergeest 2006, S. 148)

Sozio-kulturelle Werte und Normen der Gesellschaft werden verinnerlicht.

„Die spezifische Sozialisation körperbehinderter Menschen vollzieht sich unter den Bedingungen individueller Merkmale der Behinderung (Schädigung) und der daraus resultierenden Stellungnahme, Etikettierung und Rollenzuweisung durch die Gesellschaft mit entsprechenden Maßnahmen der (Re)Habilitation und dem Bemühen um soziale „Gleichstellung"." (Bergeest 2006, S. 148)

Ein körperbehindertes Kind verschärft nach familiensoziologischen Forschungen die ohnehin vorhandenen Strukturprobleme der Institution Familie (vgl. Bergeest 2006, S. 152).

Die *sekundäre Sozialisation* verläuft im *außerfamiliären Raum* (Kindergarten, Schule, Freunde, berufliche Ausbildung, Freizeit) (vgl. Henecka 2006, S. 93).

Die Rehabilitation verlangt von körperbehinderten Menschen aus ökonomischen Gründen große Mobilität. Wegen vereinheitlichter rigider Kommunikations- und Leistungsnormen ist der Übergang für schwerbehinderte Jugendliche auf weiterführende Schulen und Hochschulen erschwert. Durch das Leistungsdiktat des freien Arbeitsmarktes haben körperbehinderte Menschen generell weniger Chancen bei der beruflichen Rehabilitation. Gesetzliche Regelungen haben zu Veränderungen der gesellschaftlichen Sozialisationsbedingungen körperbehinderter Menschen geführt, aber tiefgreifende Einstellungs- und Verhaltensänderungen auf gesellschaftlicher Ebene sind noch erforderlich (vgl. Bergeest 2006, S. 154-156).

Jeder Mensch in der Gesellschaft hat seinen „sozialen Ort", den er in der Gesellschaft im Verhältnis zu anderen einnimmt. Dadurch weiß man auch, wie er sich verhalten wird und wie man ihm begegnen muss. Dieser soziale Ort wird als *soziale Position* bezeichnet. Auf der Verhaltensebene *entsprechen der sozialen Position ganz bestimmte soziale Rollen* (vgl. Henecka 2006, S. 100, 101).

Bei den sozialen Positionen unterscheidet man zwischen zugewiesenen oder zugeschriebenen Positionen und erworbenen Positionen. Die *zugewiesenen Positionen* werden ohne eigenes Zutun erlangt. Mit diesen Positionen werden auch soziale Wertschätzungen verbunden (vgl. Henecka 2006, S. 102). An die sozialen Positionen sind typische Bündel von *Verhaltenserwartungen* geknüpft, die *Rollennormen* genannt werden. Die Rollennormen sind Ausdruck gesellschaftlicher Wertstrukturen. Vom Rollenträger wird regelhaftes Handeln und Verhalten erwartet (vgl. Henecka 2006, S. 104).

Körperbehinderung ist sozial unerwünscht und löst negative Reaktionen aus (vgl. Bergeest 2006, S. 156).

> „Den betroffenen Personen werden aufgrund von *Etikettierung* soziale Rollen zugewiesen (auch von Fachleuten), die den Menschen weitgehend über seine Schädigung definieren. Rollenzuschreibungen für körperbehinderte Menschen (z.B. ein Zwang zur „Normalisierung" oder „Unauffälligkeit") entstehen durch Einstellungen der Bevölkerung." (Bergeest 2006, S. 156)

> „Eine besondere Form der Etikettierung ist die *Stigmatisierung* als starre negative Einstellung." (Bergeest 2006, S. 156)

Das abweichende Verhalten ist in diesem theoretischen Erklärungsversuch her nicht so sehr das Ergebnis bestimmter Persönlichkeitsstrukturen, sondern ein Produkt der sozialen Definitionskraft und der durchgesetzten

Zuschreibungsmacht von sozialen Gruppen und Institutionen (vgl. Henecka 2006, S. 116).

„Die Makroebene des gesellschaftlichen Umgangs mit körperbehinderten Menschen ist gekennzeichnet durch die *sozialpolitische Organisation* des Nachteilsausgleichs. Im Grundgesetz (Art. 3, Abs. 3) ist ein Benachteiligungsverbot für behinderte Menschen festgeschrieben. Im Sozialgesetzbuch (SGB) sind der Rechtsanspruch auf die Sicherung eines menschenwürdigen Daseins verankert und die Netze der sozialen Sicherung definiert." (Bergeest 2006, S. 155)

4 Körperbehindertenpädagogik - Wissenschaft und Personengruppe

4.1 Körperbehindertenpädagogik als Wissenschaft

Die Körperbehindertenpädagogik ist eine wissenschaftliche Disziplin. Ihre Erkenntnisse gewinnt sie aus der geisteswissenschaftlichen wie auch aus der empirischen Erziehungswissenschaft. Sie ist eine pädagogische Disziplin, die in enger Beziehung zur allgemeinen Erziehungswissenschaft steht. Für Prozesse der Theoriebildung in der Körperbehindertenpädagogik sind auch Verbindungen zu anderen angrenzenden Fachgebieten bedeutsam (vgl. Hedderich 2006, S. 149).

Die Körperbehindertenpädagogik stand lange vorrangig unter geisteswissenschaftlichem Einfluss.

> „In Beantwortung der Frage nach den wissenschaftlichen Methoden (Verfahren, Regeln usw.), die zur Erkenntnisgewinnung angewandt werden, wurde von Dilthey die *Hermeneutik* („Auslegung, Erklärung") als spezifisch geisteswissenschaftliche Forschungsmethode entwickelt. Sie arbeitet nicht mit Erklärungen von kausalen Zusammenhängen wie die Naturwissenschaften, sondern sucht das Verstehen von ganzheitlichen Sinnzusammenhängen (vgl. Kron 1999, 213ff). Die Hermeneutik ist unverzichtbarer Bestandteil der Methodik wissenschaftlich begründeter Körperbehindertenpädagogik. Ziel des hermeneutischen Vorgehens ist nicht eine (fragwürdige) objektive Erkenntnis, sondern ein individuelles Verstehen von Mitteilungen des anderen Menschen. Ging es bei Dilthey ursprünglich um das Verstehen von Texten, so geht es in der Pädagogik

um jeglichen menschlichen Ausdruck. Dieses Verstehen ist ein Annäherungsprozess, bei dem „bis zu einem gewissen Grad Intuition als wissenschaftliches Verfahren zugelassen werden" muss (Haeberlin 1996, 184)." (Bergeest 2006, S. 35, 36)

Ein Perspektivenwechsel hin zu *empirischer Forschung* erfolgte in den 70er Jahren des 20. Jahrhunderts. Zahlreiche empirische Untersuchungen wurden durchgeführt, die heute das Basiswissen der Körperbehindertenpädagogik begründen. Grenzen der Erkenntnisgewinnung in diesen Verfahren ergeben sich aus der eingeschränkten Quantifizierbarkeit der Komplexität menschlicher Lebenswirklichkeiten. Die Lebenswelt von Menschen mit einer Körperbehinderung ist nur sehr unzureichend mit Hilfe von quantitativen Verfahren zu erforschen (vgl. Hedderich 2006, S. 158, 159).

Die bedeutsamste wissenschaftstheoretische Dimension für die Theoriebildung und Forschung sind die *systemisch-ökologisch-konstruktivistischen Denkmodelle*. Diese Ansätze sind besonders geeignet wertvolle Beiträge zu der notwendigen Überwindung der Defizitorientierung in der Körperbehindertenpädagogik zu liefern. Hier wird betont, dass jeder Mensch ein autonomes, strukturdeterminiertes Wesen ist. Der Mensch folgt primär seinen inneren Strukturen. Sie befähigen ihn mit der Umwelt in Kontakt zu treten. Das Entwicklungspotential eines jeden Menschen, auch eines Menschen mit einem geschädigten Organismus wird betont. Auch der körperbehinderte Mensch verfügt über die Fähigkeit zur Selbstorganisation. Die *ökosystemische Betrachtungsweise* sieht den Menschen als Subjekt eingebunden in ein System von sozialen, materiellen und natürlichen Bezügen. Dieses Bezugssystem nimmt Einfluss auf das Subjekt und das Subjekt beeinflusst das Bezugssystem. Behinderung ist daher nicht nur die Eigenschaft einer Person, sondern eine Zuschreibung von äußeren Systemen (vgl. Hedderich 2006, S. 159, 160).

„Behinderung entsteht, wenn ein Mensch auf Grund einer Schädigung oder Leistungsminderung ungenügend in das Mensch-Umwelt-System integriert ist. Diese Denkmodelle respektieren Menschen mit Körperbehinderung in ihrem „Sosein" und verweisen auf die ökologischen Lebensbedingungen, die bei gesellschaftlicher Integration dieses Personenkreises zu berücksichtigen sind." (Hedderich 2006, S. 160)

4.2 Personengruppe

Die Zusammensetzung der Personengruppe, die als körperbehindert bezeichnet wird, hat sich mehrfach gewandelt (vgl. Bergeest 2006, S. 56). In der folgenden Darstellung möchte ich diese beschreiben.

4.2.1 Kinder mit cerebralen Bewegungsstörungen

Sie stellen in der Körperbehindertenpädagogik die größte Gruppe dar. Die *infantile cerebrale Bewegungsstörung* ist eine sensomotorische Störung als *Folge einer frühkindlichen Hirnschädigung* im Zeitraum vom Beginn der pränatalen Hirnentwicklung bis zum 4. Lebensjahr. Kennzeichen der Hirnschädigung ist ein im Wesentlichen konstanter Defekt. Beeinträchtigt sind dabei obligatorische Zusammenhänge zwischen Sensorik und Motorik im Prozess der Aufnahme, Verarbeitung und Abgabe von Reizen an die Muskelzellen durch die propriozeptiven Systeme. Die Ursachen der Schädigung sind Infektionen während der Schwangerschaft, Sauerstoffmangel während der Geburt und entzündliche Erkrankungen des Gehirns im Säuglingsalter (vgl. Bergeest 2006, S. 60, 61). Merkmale einer cerebralen Bewegungsstörung sind abnorme Muskelspannung mit Störungen der Bewegungskoodination. Die speziellen Merkmale bilden sich erst nach dem 1. Lebensjahr heraus (vgl. Bergeest 2006, S. 61).

Wie ich aus der Praxis weiß, wird die Behinderung manchmal zufällig entdeckt. So hatte ich eine Schülerin, die mir erzählte, dass in ihrer Nachbarschaft ein Arzt wohnte, der sie als Kind im Garten beobachtet hatte und die Eltern darauf hinwies, dass sie eine Behinderung hat. Die Eltern selbst hatten es nicht bemerkt.

Bei den cerebralen Bewegungsstörungen unterscheidet man 3 Hauptformen:

a) Die *Spastik* als die häufigste Form, bei der eine ständig erhöhte Muskelanspannung vorhanden ist. Das führt zu veränderten Bewegungsmustern.

b) Bei der *Athetose* ist der Muskeltonus schwankend. Es kommt zu asymmetrischen Bewegungen und unkontrollierter Mimik.

c) Bei der *Ataxie* besteht ein Hypotonus (verringerte Muskelspannung). Gleichgewichtsstörungen und mangelnde Bewegungssteuerung sind die Kennzeichen dieser Behinderung (vgl. Hedderich 2006, S. 30).

4 Körperbehindertenpädagogik - Wissenschaft und Personengruppe

Nach der *Betroffenheit der Extremitäten* kann die cerebrale Bewegungsstörung in die Tetraplegie, die Diplegie und die Hemiplegie eingeteilt werden. Bei der *Tetraplegie* ist der gesamte Körper betroffen, bei der *Diplegie* sind alle vier Extremitäten betroffen, aber die Beine stärker als die Arme. Bei der *Hemiplegie* ist eine Körperhälfte betroffen. Häufig sind Mischformen vorhanden, auch als Mehrfachbehinderung. Hauptbegleitstörungen sind Sprechstörungen, Anfallsleiden, Wahrnehmungsstörungen und Hörstörungen (vgl. Hedderich 2006, S. 30),

Gefördert werden muss bei diesen Kindern die Akzeptanz der möglichen Erschwernisse ihrer umfassenden personalen Lebensqualität. Das pathologische motorische Verhalten muss durch entwicklungslogisches Verhalten ersetzt werden, damit das Kind Anpassungsmöglichkeiten findet, die den Regeln der Selbstregulation entsprechen (vgl. Bergeest 2006, S. 65).

Bei allen betroffenen Kindern besteht die Lernfähigkeit für Willkürmotorik, Kontrolle der Körperhaltung, Wahrnehmungsintegration, Kommunikationsgestaltung, Wahrnehmung und Durchsetzung eigener Bedürfnisse oder der Kompensation und für funktionelle Ersatzstrategien. Mit Hilfe von physiotherapeutischen Maßnahmen sollen unwillkürliche Bewegungsmuster abgebaut werden und willentliche Bewegung soll angebahnt werden. Im Rahmen von Ergotherapie soll die Feinmotorik gefördert werden. Dieses Training hilft auch für alltägliche Verrichtungen und dient als Grundlage für die feinmotorische Geschicklichkeit, die zum Erwerb der Kulturtechniken erforderlich ist (vgl. Bergeest 2006, S. 65-67).

Bei cerebral bewegungsgestörten Kindern führen Entwicklungsbesonderheiten oft zu *veränderten kommunikativen Leistungen*. 60-80% der Kinder weisen *Sprechstörungen* auf, meist in Form einer *Dysarthrie* (Störung in der Lautbildung, die durch die pathologische motorische Entwicklung verursacht ist), bei einigen der Kinder liegt eine *Anarthrie* (Unfähigkeit zur Lautbildung) vor. Sprachentwicklungsverzögerungen ergeben sich im Zusammenhang mit den genannten Sprechstörungen, sie sind zum Teil auch als eigenständiges Phänomen zu beobachten. Die Fördermaßnahmen in diesem Bereich beziehen sich auf Sprachheilbehandlung, sensorische Integration, Bewegung, Spiel und Rhythmik.(vgl. Bergeest 2006, S. 68,69).

Eine genauere Beschreibung der Sprachbehinderungen findet sich in Kapitel 4.3.4.

Die Förderung cerebral bewegungsgestörter Kinder hat zunächst zum Ziel die pathologischen Bewegungsabläufe zu hemmen, um eine harmonische motorische Auseinandersetzung mit dem eigenen Körper und der Umwelt zu ermöglichen und ihnen damit in den ersten Lebensjahren ein größeres Erfahrungsspektrum zur Verfügung zu stellen (vgl. Bergeest 2006, S. 69).

„Die Vermittlung der Kulturtechniken auf höherem Niveau (im Schulalter) orientiert sich unter Einbeziehung der alltäglichen Erfahrungswelt an Prinzipien vorschulischen, konkreten Lernens auf dem Weg in die Abstraktion. Dem natürlichen Bedürfnis der Kinder nach ästhetischem Ausdruck und Symbolisierung wird man in der Förderung durch Bereitstellung geeigneter Mittel und ggf. orthopädischer Hilfen gerecht." (Bergeest 2006, S. 69)

Die *emotionale Integrität* der Kinder ist aufgrund der Behinderung durch die *Erfahrung früher massiver Fremdbestimmung* geprägt. Spezifische Fördermaßnahmen sollen die Familie stabilisieren und daneben sind Möglichkeiten des kreativen Ausdrucks von Emotionen und Bedürfnissen für die Kinder bedeutsam (vgl. Bergeest 2006, S. 69).

Die bei diesen Kindern vorhandenen Sprech- und Bewegungsstörungen sind für sie belastend und können zu massiven Fehleinschätzungen durch die Umwelt führen. So erinnere ich mich an einen Schüler, der Gehprobleme und eine schwere Sprachstörung hatte. Als er in jugendlichem Alter unterwegs war, wurde er auf der Straße einmal für betrunken gehalten, was entsprechende Konsequenzen für ihn hatte. Natürlich hat es sich dann herausgestellt, dass dieses Erscheinungsbild durch die Behinderung verursacht war und nicht durch Alkoholgenuss. Aber es ist nicht so einfach die Situation zu erklären, wenn man von der Polizei akustisch nicht verstanden wird und auch noch Probleme bei der schriftlichen Darstellung hat.

4.2.2 Kinder mit Spina bifida

Als *Spina bifida* wird eine *Hemmungsfehlbildung des Neuralrohrs*, eine *Verschlussstörung*, die sich in der 3. bis 4. Schwangerschaftswoche manifestiert, bezeichnet. Sie führt bei fortlaufender körperlicher Entwicklung des Fötus zu *Fehlbildungen im Zentralnervensystem. Gehirn, Rückenmark* und die Rückenmarkshäute können davon betroffen sein. An der Stelle des unvollständigen Verschlusses sind die Fehlbildungen als Ausstülpung sichtbar. Folgen sind neurologische Symptome, partielle sensible und motorische Lähmungen mit eingeschränkter Gehfähigkeit. Es gibt auch vollständige Lähmungen mit Rollstuhlabhängigkeit. Die Ursachen sind weitgehend ungeklärt, es werden Ursachenkomplexe angenommen (vgl. Bergeest 2006, S. 70).

Als *Erscheinungsformen* sind zu nennen: *Myelomeningocele* (ausgestülpter Rückenmarkssack, umgeben von Rückenmarkshüllen), *Myelocele* (Rückenmarkssack ohne schützende Hüllen) und *Meningocele* (Hautsack gefüllt mit Liquor, das Rückenmark ist weitgehend intakt).Unter *Spina bifida occulta (verborgene Spina bifida)* versteht man einen unvollständigen Verschluss von Wirbelkörpern, der zu keinerlei Auffälligkeiten führt und oft nur zufällig diagnostiziert wird. Bei den ersten beiden Erscheinungsformen tritt gleichzeitig oft ein *Hydocephalus (Wasserkopf)* auf (vgl. Bergeest 2006, S. 71).

Weitere *Komplikationen* kann es bei der körperlichen Entwicklung dieser Kinder geben. Epileptische Anfälle sind häufig parallel zum Hydrocephalus vorhanden. Krankengymnastische Maßnahmen sind erforderlich, da sich die Lähmungen auf die gesamte Körperstatik von Haltung und Bewegung auswirken. Auch kann es durch die eingeschränkte Beweglichkeit zu Fehlstellungen der Gelenke, Deformationen und Kontrakturen kommen. Durch die Sensibilitätsstörungen werden nicht gespürte Körperpartien häufig von den Kindern zu wenig beachtet. Sehr belastend sind die Störungen der ableitenden Harnwege und des Mastdarms. Dies kann zu Schädigung von Nieren und Blase führen. Die Kinder sollten daher lernen sich selbst zu katheterisieren.(vgl. Bergeest 2006, S. 72, 73).

Von *pädagogischer Bedeutung* sind die Erkenntnisse über die *erschwerte entwicklungslogische Aneignung von Ordnungen der Welt*. Das hat Auswirkungen auf den Erwerb der Kulturtechniken und die Entfaltung der Kreativität. Auffälligkeiten des Körperschemas haben Auswirkungen auf die Wahrnehmung prägnanter Gestalten. Die Kinder haben Schwierigkeiten bei der Differenzierung von Grundgestalten, Schwierigkeiten bei der Erfassung von Rhythmus, eine verminderte Erfassungsspanne bei komplexen Aufgaben, Schwierigkeiten Sequenzen zu erfassen, Konstanzprobleme und Probleme mit der räumliche Orientierung (vgl. Bergeest 2006, S. 77).

Da die Eroberung des Raumes erschwert ist, ergeben sich besondere

Förderbedürfnisse, vor allem in der Frühförderung. Pädagogische Angebote zur Eroberung des Raumes, zur Unterstützung von Bewegungsimpulsen sind nötig, damit die Kinder eine räumliche und rhythmische Vorstellung bekommen. Dazu empfehlen sich feinmotorische Angebote zur Entwicklung von Kreativität und manuellen Fähigkeiten. Auch ist genügend Raum für freies nicht zweckgebundenes Spiel von Bedeutung. Die Kinder sollen damit eine Möglichkeit erhalten die *frühkindliche Fremdbestimmung* zu überwinden. Beim Erlernen der Kulturtechniken steht das praktisch-anschauliche Lernen im Vordergrund. Bei feinmotorischen Problemen bieten sich technische Hilfsmittel an. Diese Kinder benötigen in der Schule für die Arbeiten mehr Zeit als die anderen Schüler. Sie müssen auch mehr Anstrengung und Konzentration bei der Schularbeit aufbringen (vgl. Bergeest 2006, S. 78, 79).

Dazu noch eine persönliche Stellungnahme: Die Probleme der Kinder sind oft so gravierend, dass der Eindruck entsteht, eine Förderung wäre nicht erfolgversprechend. Meine Erfahrung ist, das das nicht zutrifft und die Kinder freuen sich sehr über jeden noch so kleinen Fortschritt.

4.2.3 Epilepsiekranke Kinder

Als *Epilepsie* wird eine *Anfallskrankheit* bezeichnet, die das *Ergebnis einer Störung elektrisch-chemischer Vorgänge in den Nervenzellen des Gehirns* ist. Epileptische Anfälle sind immer abnorme Hirnstromentladungen, die im EEG sichtbar gemacht werden können (vgl. Bergeest 2006, S. 79).

Die Entstehungsbedingungen solcher Anfälle sind häufig unbekannt, aber die Auslöser für den einzelnen Anfall sind durch Verhaltensanalyse meist feststellbar. Die Anfälle sind nicht immer zu vermeiden, oft wirken mehrere Faktoren zusammen (vgl. Bergeest 2006, S. 80).

Dazu kurz ein Beispiel aus meiner Praxis: Ein Schüler, der über ein Jahr anfallsfrei war, hatte an einem Tag in der Schule sehr viel Kaffee konsumiert, was dann am Nachmittag einen Anfall aus gelöst hat.

Zu den *Symptomen eines Anfalls* sind *Zuckungen, Krämpfe, ziellose Bewegungen, Bewusstseinsverlust, Verwirrtheit und unkontrollierte sprachliche Äußerungen* zu nennen. Die Kinder verlieren dabei häufig das Bewusstsein oder sind nur teilweise bei Bewusstsein. Prodomi und Auren sind vor dem Anfall auftretende Symptome. Die Epilepsieerkrankung ist eine der häufigsten chronischen Erkrankungen und gehört zu den Erkran-

kungen, die *sozial stigmatisiert* werden (vgl. Bergeest 2006, S. 80).
Die meisten Epilepsien (75%) beginnen im Kindes- und Jugendalter.
Es werden generalisierte Anfälle und fokale Anfälle unterschieden.
Bei den *generalisierten Anfälle* sind *beide Hirnhemisphären betroffen*.
Zu unterscheiden sind die folgenden Arten:
Absencen: Mit abruptem Beginn und Ende ist das Bewusstsein gestört. Die momentane Aktivität wird unterbrochen, der Blick wird starr, eventuell werden die Augen nach oben bewegt. Der Anfall dauert nur wenige Sekunden und es besteht Amnesie (vgl. Bergeest 2006, S. 80, 81).

Wieder eine Bemerkung aus meiner praktischen Erfahrung: Solche Anfälle sind oft sehr unauffällig. Sind in Deutschdiktaten „Ausfälle" zu erkennen, empfiehlt sich nach meiner Meinung eine medizinische Diagnostik, wenn diese noch nicht erfolgt ist.

Myklonische Anfälle: Isolierte kurze Zuckungen, die generalisiert oder beschränkt auf einzelnen Muskeln oder Muskelgruppen sind.

Tonische Anfälle: Sie beginnen plötzlich oder zunehmend intensiver. Es kommt zu einer Muskelversteifung am ganzen Körper oder am Oberkörper. Der Anfall dauert nur wenige Sekunden bis eine Minute und ein Sturz ist möglich.

Klonische Anfälle: Rhythmische und symmetrische Zuckungen am ganzen Körper oder an Körperteilen mit abnehmender Frequenz, die sich wiederholen.

Atonische Anfälle: Abrupter Tonusverlust aller Muskeln oder einzelner Muskeln. Dabei kommt es zum Sturz.

Tonisch-klonische Anfälle: *(primär generalisiertes Grand mal)* Zu Beginn ist ein Schreien, Stöhnen oder Seufzen zu vernehmen, dann folgt der Sturz und die Muskelkontraktion. Die Augen sind aufgerissen oder halb geschlossen, die Pupillen starr und weit, das Gesicht ist verzerrt und die Atmung stockt. Dies dauert 10-30 Sekunden. Dann sind rhythmische, symmetrische Zuckungen der Arme und Beine, auch der Gesichtsmuskeln zu beobachten. Es kommt zu Speichelfluss oder Schaumauspressung durch die Zähne und Spasmen der Schließmuskeln. Dies dauert bis zu 2 Minuten. Nach dem Anfall schlafen die Kinder oft mehrere Stunden (vgl. Bergeest 2006, S. 81).

Ich hatte Schüler, die in jeder Mathematikstunde bei mir einer solchen Anfall bekamen. Diese Anfälle können, wie ich in der Praxis erlebt habe, auf die Mitschüler, wenn sie dies noch nie gesehen haben, sehr schockierend wirken. Während ich mich noch um eine Schülerin kümmerte, die einen solchen Anfall hatte, wurde es allen Klassenkameraden so schlecht, dass sie die Befürchtung äußerten, sie müssten demnächst auch umfallen. Das ist dann glücklicherweise nicht passiert.

Bei den *fokalen Anfällen* sind *einzelne Hirnareale betroffen*. Aber bei allen Anfallsarten gilt, dass mehrere Variationen möglich sind. Folgen die Anfälle rasch hintereinander oder ununterbrochen, so wird das als *status epilepticus* bezeichnet. Dann ist eine rechtzeitige Beendigung der Anfälle durch Medikamente erforderlich, es kommt sonst zu Hirnschäden durch Sauerstoffmangel (vgl. Bergeest 2006, S. 82).

Die Anfälle sind zu beobachten und die Anfallsdauer ist zu beachten. Verletzungsgefahren sind zu beseitigen. Der Anfallsverlauf mit Zeitpunkt und Dauer muss dokumentiert werden und die Unterlagen sind dem behandelnden Arzt zur Verfügung zu stellen (vgl. Bergeest 2006, S. 82).

Es gibt auch sehr schwere Fälle, bei denen die großen Anfälle, die mehrfach täglich auftreten, nicht kontrollierbar sind. Dies ist für die betroffenen Familien, aber auch für die Kinder eine große Belastung, bei der sie Hilfen benötigen. Die Kinder erleben ihren Körper als nicht beherrschbar, müssen einen Helm tragen und werden wegen der Anfälle oft sozial isoliert (vgl. Bergeest 2006, S. 84).

Während meiner dienstlichen Tätigkeit habe ich einige dieser Kinder unterrichtet. Sie haben, so hatte ich den Eindruck, sehr unter den Anfällen gelitten.

Auch die Behandlung mit Epileptika ist belastend. Folgen davon sind eine erhöhte Reizbarkeit und Unruhe, verlangsamtes Lernen, Konzentrationsschwäche Leistungsschwankungen und Gedächtnisprobleme (vgl. Bergeest 2006, S. 85).

Und noch eine Erfahrung aus meiner Praxis: da die Anfälle jederzeit auftreten können, sind die Kinder von vielen Aktivitäten ausgeschlossen. So kann das Schwimmen im See zur lebensgefährlichen Angelegenheit werden. Eine ehemalige Schülerin von mir ist bei einem Anfall im See ertrunken.

Die Lernanforderungen dürfen bei diesen Kindern nicht zur Überforderung führen. Auch sollte die Krankheit zum Unterrichtsgegenstand gemacht werden, damit das Kind selbst und die Klasse mit der Problematik umgehen kann. Eine weitere Aufgabe betrifft die Selbstkontrolle der Anfälle. Anfallsauslöser sollten dabei identifiziert werden. Durch die Anfallskontrolle der Betroffenen selbst können die Anfälle zum Teil verhindert werden. Es ist für die Patienten von großer Bedeutung, wenn sie wissen, dass sie den Anfällen nicht mehr ganz hilflos ausgeliefert sind (vgl. Bergeest 2006, S. 86, 87).

4.2.4 Chronisch kranke Kinder

In der Körperbehindertenschule werden auch Kinder mit chronischen Krankheiten beschult. Diese Kinder leiden oft permanent an Schmerzen, Juckreiz, Atemnot und körperlicher Schwächung. Chronische Krankheiten vermitteln den Eindruck die körperliche Autonomie verloren zu haben und körperliche Bedürfnisse können nicht mehr selbstverständlich befriedigt werden. Sie erschweren die altersgemäße kognitive Entwicklung und Erkundung der Welt. Das emotionale Erleben des Kindes ist geprägt durch die Auseinandersetzung mit existentiellen Ängsten, die in Zusammenhang mit der Krankheit stehen (vgl. Bergeest 2006, S. 87-89).

Für den Lehrer ist es sehr wichtig Kenntnisse über die Krankheit und die Therapiemaßnahmen zu haben (vgl. Bergeest 2006, S. 90).

Bei den chronischen Krankheiten handelt es sich um Asthma, Neurodermitis/Allergien, Rheuma, Diabetes, Herzkrankheiten, Hämophilie, Niereninsuffizienz und Zöliakie.

Unter *Asthma* wird eine vorwiegend *auftretende Einengung der Atemwege* verstanden, die mit anhaltender oder wiederkehrender *Atemnot* einhergeht. Es ist eine *Überempfindlichkeit des Bronchialsystems*, die ererbt oder erworben ist. Asthma ist die häufigste chronische Erkrankung im Kindesalter. In der Schule ist ein besonders achtsamer Umgang mit diesen Kindern erforderlich. Gesundheitsbedingte Leistungsschwankungen, Konzentrationsstörungen, mangelnde Ausdauer und Vergesslichkeit sind auf die Erkrankung zurückzuführen. Auch führen die durch die Erkrankung ausgelösten Angstzustände zu Traurigkeit, Stimmungsschwankungen und Wahrnehmungsverzerrungen. Für die Betroffenen gibt es Lernprogramme, die den Umgang mit der Erkrankung erleichtern sollen (vgl. Bergeest 2006, S. 91, 92).

Unter *Neurodermitis* wird eine *entzündliche Erkrankung der Haut* verstanden. Ursache ist eine *angeborene Veranlagung* wobei das Erscheinungsbild wechselt und es viele verschiedene Auslöser gibt. Neurodermitis wird den Allergien zugerechnet und etwa 30% der betroffenen Kinder leiden noch unter anderen allergischen Erkrankungen. Die meisten Kinder erkranken vor dem 10. Lebensjahr. Diese Erkrankung ist sehr unangenehm und belastend. Sie äußert sich in *schubweise auftretenden quälenden Juckreiz* auf der Haut. Die unterschiedlichsten Körperstellen sind betroffen. Diese Erkrankung kann nicht geheilt werden (vg. Bergeest 2006, S. 92, 93).

Durch die erschwerte Sinnes- und Körpererfahrung entstehen pädagogische Förderbedürfnisse, weil die Kinder Berührung und Spiel vermeiden. In der Schule und im Kindergarten *ist vor allem Stressvermeidung notwendig*. Um den Betroffenen den Umgang mit dem Juckreiz zu erleichtern, besteht die pädagogische Aufgabe in der gezielten Übung und Anwendung von Entspannungstechniken. Es gibt auch Schulungsprogramme, die den Umgang mit der Erkrankung erleichtern sollen und im Unterricht Verwendung finden können (vgl. Bergeest 2006, S. 93, 94).

Kennzeichen von *Rheuma* sind *ziehende Schmerzen, die den Stütz- und Bewegungsapparat des Körpers betreffen*. Diese Erkrankungen können in jedem Lebensalter auftreten und unterschiedlich verlaufen. Veranlagung, Entzündungsprozesse und/oder Verschleißerscheinungen spielen eine Rolle, die Ursachen sind nur teilweise bekannt. Im Kindesalter tritt die *juvenile chronische Arthritis* häufig auf. Gelenkschwellungen führen zu Bewegungseinschränkungen und schmerzinduzierten Schonhaltungen. Kollagenosen sind Entzündungen der Gelenke und der Muskeln. Im Vordergrund stehen dabei die Entzündungen des mitbetroffenen Gefäßsystems, es kommt aber auch zu Krampfanfällen. Durch die therapeutischen Maßnahmen kommt die Erkrankung bei den meisten Kindern im Laufe von Jahren zur Ruhe. Krankengymnastische Maßnahmen sind hier dringend erforderlich (vgl. Bergeest 2006, S. 94).

Wegen der sehr *belastenden Symptomatik der Erkrankung* ergeben sich pädagogische Förderbedürfnisse. Die schubweisen Verläufe der Krankheit stellen eine zusätzliche emotionale Belastung der Erkrankung dar. Im Unterricht sollte eine Aufklärung über das Krankheitsbild erfolgen, denn fehlende Informationen führen oft bei Mitschülern und Lehrern zu Unverständnis (vgl. Bergeest 2006, S. 94,95).

Eine vergleichsweise häufige Stoffwechselstörung ist *Diabetes*. Bei der Diabetes wird der *normale Blutzuckerspiegel nicht aufrecht erhalten*. Durch die Zerstörung von Beta-Zellen in der Bauchspeicheldrüse wird *zu wenig Insulin produziert* oder die Körperzellen können den Zucker nicht aufnehmen. Da der Zuckergehalt im Blut ansteigt, haben die Kinder starken *Durst* und vermehrten *Harndrang*. Es kann zu *Über- oder Unterzuckerung* kommen, was bis zur *Bewusstlosigkeit* führen kann. Eine lebenslange Behandlung dieser Erkrankung ist erforderlich, um Langzeitschäden hinauszuschieben. Im Unterricht sollen die Kinder an die lebensnotwendige Stoffwechselkontrolle und eine disziplinierte Lebensgestaltung herangeführt werden. Die krankheitsbedingten Erschwernisse dieser Kinder sind im Unterricht in das pädagogische Konzept mit einzubeziehen (vgl. Bergeest 2006, S. 95, 96).

Eine chronische *Niereninsuffizienz* ist die Folge einer *dauerhaften Schädigung von Nierengewebe*. Es werden Prozesse ausgelöst, die rasch fortschreiten und eine Nierenersatztherapie notwendig machen. *Ursachen* sind oft *angeborene Fehlbildungen und Harnwegsinfekte* oder *schwere Nierenerkrankungen* mit Veränderungen des Nierengewebes. Die Kinder leiden aufgrund der Erkrankung unter Ängsten, Abnahme der körperlichen und geistigen Leistungsfähigkeit und verzögerter schulische Entwicklung. Sie fehlen im Unterricht wegen der Dialyse sehr oft und ihr Allgemeinbefinden ist schlecht. Wichtig ist die Heranführung an einen angemessenen Lebens- und Therapieverlauf und die Förderung von Selbständigkeit durch die Betonung der Verantwortung. Die Krankheit sollte auch im Unterricht thematisiert werden (vgl. Bergeest 2006, S. 97, 98).

Hämophilie ist eine *angeborene, erbliche Blutgerinnungsstörung*. Lebenslang besteht ein *Mangel oder Defekt eines gerinnungsfördernden Blutesweißbestandteils*. Der pädagogische Förderbedarf ergibt sich aus den Belastungen durch die Krankheit: Substitutionsbehandlung, die Furcht vor den Behandlungsmaßnahmen, Schmerzen durch die Blutungskomplikationen, Mobilitätseinschränkungen, usw. Wichtig ist die Vermittlung einer realistischen Einschätzung der eigenen Krankheit und die Förderung von Eigenverantwortlichkeit (vgl. Bergeest 2006, S. 98, 99).

Zöliakie ist eine *genetisch bedingte Dünndarmerkrankung*. Es kommt dabei zu einer Schädigung und Zerstörung der Dünndarmzotten durch die *lebenslange Unverträglichkeit der Kleberproteine aus den Getreidesorten*. Die pädagogische Förderung soll zum Einhalten der Diät hinführen. Den Kindern ist zu zeigen wie man glutenfreie Gerichte einkauft und zubereitet (vgl. Bergeest 2006, S. 99, 100).

Die häufigste menschliche Fehlbildung ist der angeborene *Herzfehler*. Neben einer Reihe von im frühen Kindesalter erworbenen Herzkrankheiten gibt es mehr als 40 verschiedene Herzfehler. Die Kinder sind durch die Erkrankung erheblich belastet, ihre körperliche Entwicklung und Leistungsfähigkeit ist beeinträchtigt. Es besteht auch oft unmittelbare Lebensbedrohung (vgl. Bergeest 2006, S. 100, 101).

Dazu möchte ich aus meiner Praxis den Fall einer herzkranken Schülerin erwähnen, die durch ihre Erkrankung schwer belastet war. Sie musste dann zu einer Herzoperation, vor der sie sich, wie sie mir erzählte, sehr fürchtete. Leider ist sie dann bei dieser Operation verstorben.

Schon im Vorschulalter sind die Kinder in ihrem Spielverhalten und in ihrer motorischen Entwicklung beeinträchtigt. In der Schule ergeben sich durch die Krankheit Konzentrationsschwächen und Lernschwierigkeiten. Die Dauerbelastungen durch die Krankheit führen zu Enttäuschungen und Resignation. Das soziale Umfeld reagiert auf die Krankheit oft mit Hilflosigkeit. Wichtig in der pädagogischen Förderung ist es daher die kreativen Möglichkeiten der Kinder zu fördern, ihre individuellen Begabungen aufzuspüren und zu fördern, damit sie ohne körperliche Überanstrengung Selbstbestätigung und Anerkennung erfahren können. Die Klasse sollte über die Erkrankung informiert werden, damit eine „soziale Verantwortung" entstehen kann (vgl. Bergeest 2006, S. 101).

4.2.5 Progredient kranke Kinder

Es handelt sich hier um *unheilbare Krankheiten, die sich laufend verschlimmern und zum Tod führen.* Dies sind vor allem progressive Muskelerkrankungen, Mukoviszidose, onkologische Erkrankungen, HIV-Infektionen und selten Multiple Sklerose. Diese Kinder benötigen spezielle pädagogische Hilfen und diese Problematik ist auch für viele Pädagogen nicht ganz einfach. Die Begegnung mit dem Tod ist eine der schmerzlichen Erfahrungen an der Schule für Körperbehinderte (vgl. Bergeest 2006, S. 102, 103).

Dies ist auch meine Erfahrung. Leider habe ich mehrmals Schüler verloren und es waren dann oft Kinder, zu denen ich eine besondere Zuneigung empfand.

Die pädagogischen Arbeit orientiert sich an den Belastungen durch die Erkrankung. Das Wohlbefinden der Kinder ist erheblich beeinträchtigt und die Einschränkung der Handlungsspielräume durch die Erkrankung führt zu Veränderungen des Selbstkonzepts. Die Kinder wissen um ihren Zustand und geraten dadurch in Not. Es kommt zur Krise, wenn die Erkrankung nicht mehr ignoriert werden kann. Der Weg aus der Krise ist die Begleitung, also die Beziehungsgestaltung. Der Pädagoge darf sich den Signalen der Kinder nicht verschließen. Hier handelt es sich um pädagogische Grenzsituationen, wobei der Pädagoge Kenntnisse über die Verarbeitungsprozesse der Kinder und ihre altersabhängigen Vorstellungen vom Tod und vom Sterben haben sollte (vgl. Bergeest 2006, S. 103, 104).

Bei den neuromuskulären Erkrankungen ist die *progessive Muskeldystrophie vom Typ Duchenne* zu nennen. Sie wird von den Müttern an die Knaben vererbt. Mädchen sind sehr selten betroffen. Ein Gendefekt bewirkt das Fehlen des Proteins Dystrophin. Es ist für die Stabilität der Muskeln verantwortlich. Die Zellwände verändern sich und das *Muskelgewebe wird fortschreitend durch Bindegewebe ersetzt*. Bei der *Muskelatrophie* werden die *motorischen Nervenimpulse fehlerhaft auf das Muskelgewebe übertragen*. Eine Heilung dieser Erkrankungen gibt es nicht. Auch der progressive Verlauf lässt sich nicht aufhalten. Die Symptombehandlung hat das Ziel die Patienten in einer möglichst guten Verfassung zu halten. Der Verlauf der Erkrankung ist bis zum 3./4. Lebensjahr unauffällig. Dann treten die ersten Symptome auf und nach Jahren besteht Bettlägrigkeit und die Kinder haben Probleme beim Sprechen und Atmen. Viele sterben bereits vor dem 20. Lebensjahr (vgl. Bergeest 2006, S. 105, 106).

Die Förderbedürfnisse ergeben sich zunächst aus der Bewegungseinschränkung. Hilfsmittel werden eingesetzt, um den Verlust der motorischen Fähigkeiten zu kompensieren und das Selbstbewusstsein zu stärken. Mit ungefähr 9-11 Jahren ist ein Rollstuhl erforderlich. Das Verhalten der Kinder ist wegen der Belastungen durch die Krankheit oft sehr schwierig. Fragen der Kinder über die Krankheit sind alters- und wahrheitsgemäß zu beantworten. Oft sind die schulischen Leistungen sehr gut und die Kinder können das Gymnasium besuchen (vgl. Bergeest 2006, S. 107).

Die *Mukoviszidose* ist eine *Funktionsstörung der schleim- oder schweißproduzierenden Drüsen*. Bei dieser vererbten Erkrankung fehlt die Information für die Bildung einer bestimmten Aminosäure auf dem Chromosom Nr. 7. Die Folge ist eine Flüssigkeitsverarmung des Sekrets aller schleimbildenden Drüsen der inneren Sekretion. Bei Mukoviszidose liegt das *Sekret wie ein zäher Film auf der Schleimhaut*, kann nur mit Mühe abgehustet werden und ist ein Nährboden für Krankheitserreger. Daher kommt es zu Entzündungen. Eine ursächliche Behandlung dieser Erkrankung gibt es nicht. Die Behandlung ist eine Symptombehandlung und die Lebenserwartung ist unterschiedlich. Die Belastung der Betroffenen ist immens (vgl. Bergeest 2006, S. 108).

Die pädagogische Förderung besteht in einer liebevollen Begleitung und in einer Hinführung zu disziplinierter Selbstbehandlung. Die schulischen Leistungen der Kinder erhöhen oft ihr Selbstwertgefühl. Die Förderung dieser Kinder erfolgt oft in Regelschulen oder in integrativen Schulen. Wenn die Kinder es wollen, dann sollten sie so lange wie möglich die Schule besuchen können (vgl. Bergeest 2006, S. 108).

Der *Krebs* im Kindesalter ist durch schwere Verläufe gekennzeichnet. Die medizinische Behandlung in Form von Operation und Chemotherapie ist in der Regel für die Kinder sehr belastend. Dies sollte bei der pädagogischen Arbeit berücksichtigt werden, die therapiebegleitend erfolgt. Durch die Krankheit ist der Aktionsradius eingeschränkt und die Kinder sind oft in Verhalten und Lernen verlangsamt. Wichtig ist der Aufbau einer vertrauensvollen Beziehung, Aufklärung und Vorbereitung im Hinblick auf die Krankheit und Begleitung und Unterstützung durch Gespräche. Dies gilt auch für die Eltern, die durch die Diagnose schwer belastet sind (vgl. Bergeest 2006, S. 109, 110).

HIV-Infektionen können zum Ausbruch der *AIDS-Erkrankung* führen. Diese Erkrankung hat bei Kindern unterschiedliche Ursachen: pränatale bzw. transplazentale Übertragung bei Neugeborenen und Blutransfusionen. Eine Übertragung kann durch Kontakt mit dem Blut der Infizierten geschehen, aber in Kindergarten und Schule wird eine Ansteckungsgefahr praktisch ausgeschlossen. Bei der pädagogischen Arbeit hat die Elternarbeit hier einen besonderen Stellenwert. Die AIDS-Erkrankung ist nicht meldepflichtig. Aber es besteht Aufklärungsbedarf über die Risiken um Ängste und Vorurteile gegenüber den betroffenen Kindern abzubauen. Infizierte Kinder sollen die Körperbehindertenschule besuchen, da diese ein Schonraum für die geschwächten Kinder darstellt. Durch die Ganztagsbeschulung werden auch infizierte Mütter entlastet. Die sozialpädagogische Betreuung erstreckt sich darauf die Familie emotional und organisatorisch zu unterstützen (vgl. Bergeest 2006, S. 110, 111).

Multiple Sklerose ist ursächlich nicht geklärt. Sie ist eine unterschiedlich verlaufende „Entmarkungskrankheit" des Zentralnervensystems. Da die Erkrankung selten schon in jungen Jahren einsetzt, ist sie im Arbeits-

4 Körperbehindertenpädagogik - Wissenschaft und Personengruppe

feld der Körperbehindertenpädagogik selten zu finden. Die pädagogische Arbeit gilt in erster Linie den immensen psychischen Belastungen, die die Erkrankung mit sich bringt. Die Betroffenen müssen lernen mit ihren Kräften ökonomisch umzugehen. Im Rahmen der Betreuung muss der Pädagoge mit den Ärzten und den örtlichen Selbsthilfegruppen zusammenarbeiten (vgl. Bergeest 2006, S. 111, 112).

4.2.6 Kinder mit körperlichen Fehlbildungen

Dies sind Kinder mit Kleinwuchs, Gliedmaßenfehlbildungen, Fehlbildungen des Gesichts und Glasknochenerkrankung. Durch die offensichtliche körperliche Fehlbildung besteht bei ihnen ein besonderes Risiko für sozial-emotionale Entwicklungsstörungen. Die Fehlbildungen können genetisch bedingt sein, durch Umweltfaktoren während der Schwangerschaft entstehen oder es besteht ein Zusammenwirken beider Faktoren. Diese Menschen sollten auf ihr Leben als Außenseiter vorbereitet werden. Dabei ist die Selbstakzeptierung zu fördern, das Selbstbewusstsein zu stärken und die soziale Selbstbehauptung muss erlernt werden. Dies ist notwendig, um die Stellungnahme des Umfeldes auszuhalten ohne sich zurückzuziehen. Die Kinder müssen lernen sich durchzusetzen, um nicht ständig in sozialer Defensive zu leben. Weiter ist dazu die Aufklärung und Hilfe bei der Wahrnehmung rechtlich gesicherter Interessen erforderlich (vgl. Bergeest 2006, S. 112, 113).

Kleinwuchs beruht oft auf einer *krankhaften Veränderung des Wachstums*. Ursachen und Erscheinung sind vielfältig. Die spezifischen Förderbedürfnisse beziehen sich auf die körperliche Beweglichkeit, Selbstbehauptung und das Selbstwertgefühl. Auch die Loslösung von den Eltern ist oft nicht unproblematisch. Im Erwachsenenalter haben die Menschen oft Probleme, da die Umgebung für große Menschen eingerichtet ist (vgl. Bergeest 2006, S. 113, 114).

Wachstumsstörungen an Armen und Beinen, die vorgeburtlich oder nachgeburtlich entstanden sind, werden als *Gliedmaßenfehlbildungen* bezeichnet. *Ursachen* sind *genetische Dispositionen* oder *Schädigungen im Mutterleib*. *Nachgeburtliche Gliedmaßenfehlbildungen* entstehen durch *Lähmungen, Durchblutungsstörungen, Infektionen und Tumore.* Die Behandlung erfolgt durch Operationen und prothetische Versorgung. Geschicklichk und Selbständigkeitstraining wird im Rahmen der Ergotherapie durchgeführt. Eine Gliedmaßenfehlbildung ist immer eine verminderte motorische Ausrüstung des Körpers, die Auswirkungen auf die Gesamtentwicklung haben kann. Folgen sind eine verzögerte motorische Entwicklung und größerer Zeitbedarf bei den Schularbeiten. Das Leistungsniveau unterscheidet sich wenig von dem der nicht betroffenen Kinder. Die Stärkung des Selbstbewusstseins ist eine Aufgabe der pädagogischen Förderung (vgl. Bergeest 2006, S. 114, 115).

Zu Beginn meiner Tätigkeit an der Schule wurden zu dieser Zeit die Contergan-Kinder beschult. Diese Kinder, die ich dort kennen gelernt habe, zeigten überwiegend gute Schulleistungen, aber eine Gliedmaßenfehlbildung ist eine schwere Beeinträchtigung. Oft war die Hilfe der betreuenden Personen bei alltäglichen Verrichtungen nötig. Manche der Schüler schrieben mit den Füßen, weil sie keine Hände hatten, mit denen sie es hätten durchführen können. Das offensichtlich abweichende Aussehen kann gravierende Auswirkungen auf das Selbstbewusstsein der Betroffenen haben, vor allem in der Pubertät. Besonders beeinträchtigt waren die Kinder, bei denen alle vier Gliedmaßen betroffen waren. Ich fand es geradezu bewundernswert wie sie ihre Situation meisterten.

Kinder mit *Fehlbildungen des Gesichts* begegnet man vor allem im Bereich der Schwerstbehindertenförderung. Diese Fehlbildungen sind *meist genetisch* bedingt. Behandelt wird dies durch Operation, wobei bei der Gesichtschirurgie in den letzten Jahren Fortschritte eingetreten sind. Ein Schwerpunkt der pädagogischen Förderung ist die Frühförderung der Betroffenen, da ein hohes sozial-emotionales Risiko besteht. Im Schulalter ergeben sich die folgenden Ziele: Förderung der eigenen Stärke und eines realistischen Selbstverständnisses, die Förderung des sprachlichen Ausdrucksvermögens und ein Verhaltenstraining der Betroffenen ist zur Durchsetzung der Ziele empfehlenswert (vgl. Bergeest 2006, S. 115, 116).

Glasknochenerkrankungen sind *angeborene Erkrankungen* mit den Merkmalen *erhöhter Knochenbrüchigkeit und einer Neigung zu Skelettverbiegungen*. Es sind *Erbkrankheiten*. Das Ausmaß der Knochenbrüchigkeit ist unterschiedlich. *Begleitende körperliche Auffälligkeiten sind eine gestörte Zahnentwicklung, angeborene Herzerkrankungen, die Unfähigkeit zu laufen, eingeschränkte Atemfunktion und vermindertes Körperwachstum.* Die Erkrankung ist ursächlich nicht behandelbar. Zur Spielförderung kommen bei diesen Kindern leichte Spielsachen mit wenig Verletzungsgefahr in Betracht. Zur Steigerung der Mobilität erhalten die schwerer Betroffenen frühzeitig einen Rollstuhl. Die geistige Entwicklung dieser Kinder ist meist unauffällig. Das schulische Lernen ist auch eher unproblematisch, es kann aber durch Fehlzeiten aufgrund der Erkrankung zu Lernverzögerungen kommen (vgl. Bergeest 2006, S. 116, 117).

4.2.7 Traumatisierte Kinder

Als ein *Trauma* wird eine *körperliche oder seelische Verletzung als Folge einer Gewalteinwirkung bezeichnet*. Es handelt sich hier um schwere, länger anhaltende oder dauerhafte Folgen von *Unfällen, Misshandlungen oder Vernachlässigung*. Am häufigsten sind Schädel-Hirn-Traumen, Querschnittslähmung, Frakturen, Verbrennungen oder Verbrühungen oder Schäden durch Misshandlungen. Ein Trauma führt zu einem Zusammenbruch des Wirklichkeitsmodells des Menschen, seinen Verlust existentieller Balance und den Verlust von Autonomie und Selbstregulation. Für den Betroffenen entsteht eine Situation der Hilflosigkeit und Ausweglosigkeit. Altersabhängig finden dadurch bei den Kindern Regressionsprozesse statt, die den körperlichen, kognitiven, emotionalen und sozial-kommunikativen Bereich betreffen. Die psychischen Auswirkungen körperlicher Gewalt sind besonders schwerwiegend. Es kann dabei ein posttraumatisches Belastungssyndrom entstehen (vgl. Bergeest 2006, S. 117, 118). Ich erinnere mich an eine Schülerin, deren Mutter durch einen Stromunfall in der Badewanne gestorben war. Sie war dem Unfall knapp entronnen, da sie auch in der Badewanne gewesen war und aber noch rechtzeitig herauskam. Als ich nichtsahnend im Unterricht die Gefährlichkeit von Strom ansprach, verlor sie die Selbstkontrolle.

Psychische Traumen sind Trennungstraumata im Kleinkindalter. Je länger die Trennungen von der Bezugsperson andauern, desto schwerwiegender sind die Folgen für das Kind. Die pädagogische Hilfe besteht in der Gewährleistung sozialer Sicherheit zur Wiedererlangung emotionaler Stabilität. Pädagogische Aufgaben bestehen in der Förderung von Konzentration und Gedächtnis, Raumsinn, Körperschema, Handlungsplanung und motorischer Umsetzung, Sprach- und Spielförderung (vgl. Bergeest 2006, S. 118, 119).

Unfälle sind die häufigste „Krankheit" im Kindesalter und stellen auch die Hälfte aller Todesursachen. Unter *Schädel-Hirn-Trauma* wird die *Auswirkung einer Kopfverletzung* bezeichnet. *Ursachen sind Sturz, Schlag,*

Entzündungen, Blutungen, Hirntumoren, Stoffwechselstörungen, Stromschlag und Sauerstoffmangel durch Badeunfälle. Dies führt zu Bewusstlosigkeit unterschiedlicher Dauer. Die Behandlung der betroffenen Kinder und Jugendlichen erfolgt nach differenzierten Konzepten der Sensorischen Integrationstherapie und Physiotherapie. Schulpädagogische Aufgaben der Förderdiagnostik sind auch Anbahnung von Konzentration, Wahrnehmung und Wiedererlangung von Kulturtechniken (vgl. Bergeest 2006, S. 119, 120).

Einer meiner Schüler hatte ein Schädel-Hirn-Trauma als Folge einer Kopfverletzung durch einen schweren Unfall. Er war seit dem Unfall sehr aggressiv und hatte massive Verhaltensprobleme. Auch war seine Wahrnehmung dadurch beeinflusst. Am Elternsprechtag kam seine Mutter in die Schule und wollte mit mir sprechen. Er hatte zuhause von der „schrecklichen Lehrerin" erzählt und seine Mutter war sehr erstaunt, als sie mich kennen lernte, da seine Schilderungen wohl nicht ganz der Wirklichkeit entsprachen.

Eine durch einen Unfall erworbene *Querschnittslähmung* ist eine *traumatische Schädigung des Rückenmarks*. Besonders bei Sportunfällen ist den Anteil der Kinder und Jugendlichen hoch. Die Schädigungen des Rückenmarks sind nicht behandelbar. Entscheidend für das Ausmaß der Lähmung ist der Ort der Schädigung im Verlauf des Rückenmarks. Unterhalb der Läsion kommt es zu motorischen Störungen, Sensibilitätsstörungen und vegetativen Störungen. Die Betroffenen erleben nach dem Unfall einen schweren Schock. Die Qualität der Beziehung ist daher zunächst am wichtigsten in der sonderpädagogischen Förderung (vgl. Bergeest 2006, S. 121, 122).

Dabei erinnere ich mich an einen Schüler, der im Alter von 10 Jahren auf dem Bauernhof seiner Eltern in eine landwirtschaftliche Maschine geraten war und von diesem Zeitpunkt ab war er querschnittsgelähmt. Er ist inzwischen verstorben.

Das Kleinkindalter ist das typische Alter für schwere Hautschäden durch Verbrühungsunfälle. Die Folge sind *Verbrennungen*. Hochgradige Verbrennungen führen häufig zu Einschränkungen in der Gelenkbeweglichkeit. Es können auch cerebrale Schäden entstehen, die die geistige Leistungsfähigkeit beeinträchtigen, die Folgen sind dann Konzentrations- und Gedächtnisstörungen. Die Behandlung der Verbrennungen ist sehr aufwendig. Schwer betroffene Kinder haben einen umfassenden sonderpädagogischen Förderbedarf, der in Zusammenarbeit mit Physiotherapeuten und Ergotherapeuten durchgeführt werden sollte (vgl. Bergeest 2006, S. 122). In der Schule habe ich solche Kinder auch gesehen. Verbrennungen können nach meiner Erfahrung schwere Entstellungen zur Folge haben.

Wenn Kinder nach *Misshandlung / Missbrauch* überleben, dann besteht das klinische Erscheinungsbild eines körperlich schwer verletzten Kindes. Bei extremer Vernachlässigung erscheint es als unterentwickeltes Kind mit Gedeih- und Wachstumsstörungen. Die psychischen Folgeschäden bestehen in Verhaltensauffälligkeiten und psychosomatischen Auffälligkeiten. Auffälligkeiten in der kognitiven Entwicklung bestehen in einer gestörten Sprachentwicklung und verminderten Leistungen in den Kulturtechniken. Wichtig ist hier, im pädagogischen Bereich das Neugierverhalten der Kinder aufzugreifen, Wünsche zu unterstützen, Erfahrungen zu bieten und eine warmherzige und verlässliche soziale Basis zur Verfügung zu stellen (vgl. Bergeest 2006, S. 122, 123).

4.2.8 Schwerstbehinderte Kinder

Es handelt sich hier um *extrem schwere cerebrale Schädigungen* und diese Kinder *benötigen für alle Lebensverrichtungen Hilfestellung*. Fortschreitende neurodegenerative Erkrankungen, Chromsomenanomalien, Fehlbildu Retardierungssyndrome durch exogene Noxen, pränatale Mangelversorgung und Komplikationen in Verbindung mit Frühgeburten sind diesem Bereich zuzurechnen. Die Pädagogik betont bei der Förderung ihre Bedürfnisse: Körperliche Nähe, um Menschen wahrnehmen zu können, die Umwelt auf einfachste Weise nahe bringen, Ermöglichung von Fortbewegung und Lageveränderung, Verständnis ohne Sprache und kommunikative Angebote und zuverlässige Versorgung und Pflege. Aufgrund der verbesserten medizinischen Versorgung nimmt die Zahl der schwerstbehinderten Menschen zu. Häufig werden die Mitarbeiter mit dem Tod der betroffenen Kinder konfrontiert. Pädagogisch geht es hier um eine besondere Beziehungsgestaltung. Die Welt wird sozusagen an sie herangetragen. Die pädagogischen Entwicklungsförderung besteht in Förderpflege, basaler Kommunikation, basaler Stimulation, Musiktherapie, Bewegungskommunikation, Training von funktioneller Motorik und Beobachtung und Sicherung von Haltung und Bewegung. Ziel der schulischen Förderung ist es, die Teilhabe und Mitgestaltung am Schulleben zu ermöglichen. Dazu gehört eine feste soziale Basis. Schwerstbehinderte Kinder nehmen auf der Ebene konkreter Erfahrungen und konkreten Lernens am Unterricht in den Kulturtechniken und am Sachunterricht teil. Als Förderort wird, wo es möglich ist, auch die Regelschule empfohlen. Die schulische Förderung dieser Kinder orientiert sich an den individuellen Voraussetzungen und an den Einzelzielen für das jeweilige Kind (vgl. Bergeest 2006, S. 123-128).

4.2.9 Kinder mit Minimaler Cerebraler Dysfunktion (MCD)

Unter dem Begriff *Minimale Cerebrale Dysfunktion* werden Erschwernisse der sensorischen Integration und kognitiven Entwicklung verstanden. Neben der Bezeichnung MCD gibt es für dieselben Auffälligkeiten noch eine Vielzahl anderer Bezeichnungen: Psychoorganisches Syndrom, neurogene Lernstörung, leichte frühkindliche Hirnschädigung, Hyperaktivität, *Aufmerksamkeits-Defizits-Syndrom* (ADS, ADHS), Teilleistungsstörung, usw. (vgl. Bergeest 2006, S. 128, 129).

Diese Entwicklungsauffälligkeiten sind in Zusammenhang mit unvollständig durchlaufenen Phasen der sensorischen Integration zu sehen. In Folge davon kommt es zu Besonderheiten des Leistungsverhaltens. *Typische Erscheinungsbilder sind Störungen des Gleichgewichtssystems* (Muskeltonus, Haltung und Bewegung, Raumvorstellung), Dyspraxie (Störung der Bewegungsplanung und —kontrolle), *taktile Abwehr, spezifische Störungen der visuellen Wahrnehmung, des Hörens und der Sprache, und Störung der Lateralität* (Hemisphärenspezialisierung). Erschwernisse in der frühkindlichen Entwicklung und Mangel an wichtigen Erfahrungen im Vorschulalter werden hier offenbar. Das wirkt sich auf das Sozialverhalten und auf das Erlernen der Kulturtechniken aus. Im Schulalter spricht man dann von *Lese-Rechtschreibschwäche, Rechenschwäche, Konzentrationsstörung und Verhaltensstörung*. Ein grundlegendes Kennzeichen von MCD ist die *mangelnde Balance von Stabilität und Instabilität*. Diese Balance entwickelt sich in Selbstorganisation. Dies kann nicht von außen trainiert werden. Es ist aber möglich, dem Kind Angebote zur Entwicklung des Körperschemas, zur Integration von Reizeindrücken, zur Motorik, zur Lateralität, zur frühen Sprachentwicklung, zur Intelligenzentwicklung und zur psychischen Entwicklung zu machen. Dies soll kein einseitiges Training sein. Das dialogische Prinzip beinhaltet, dass der Pädagoge sich

auf das Kind einstellt (vgl. Bergeest 2006, S. 130-133).
Dazu die Erkenntnisse der Hirnforschung zum Thema ADHS:

> „Kern dieser Störung ist die Schwierigkeit der betroffenen Kinder, ihre Aufmerksamkeit auf *einen* Gegenstand zu lenken und dann für eine gewisse Zeit auch bei dieser einen Sache zu bleiben. Nur bei einem Teil der Kinder mit Aufmerksamkeitsdefizit besteht zusätzlich auch eine andauernde und kaum steuerbare Unruhe und «Zappeligkeit», die als «hypermotorisches» Verhalten (oder *«hyperactivity»*) bezeichnet wird." (Bauer 2008b, S. 140, 141)

Das ADHS-Syndrom lässt sich durch das Medikament Methylphenidat beziehungsweise Ritalin®, bessern. Ritalin®ist eingetragene Marke von Ciba und Novartis AG. Bei einem Teil der Kinder und bis zu einem gewissen Grad wird die hypermotorische Unruhe und der Aufmerksamkeitsmangel verbessert. Ihre Kontaktstörungen und die Auffälligkeiten im Sozialverhalten bessern sich aber nicht. Erhebliche Nebenwirkungen wie Schlafstörungen, Magenbeschwerden und das Auftreten von Ticks können die Folge sein. Trotz alledem ist der Verbrauch von Ritalin®stark angestiegen. Es könnte auch nach der Einnahme dieses Medikaments das Risiko erhöht sein in späteren Jahren an Parkinson zu erkranken (vgl. Bauer 2008b, S. 141, 142).

Über die Problematik in der Schule werde ich in Kapitel 7.4.1 berichten.

4.3 Kinder mit mehrfachen Behinderungen

Viele körperbehinderten Kinder sind mehrfachbehindert. Im folgenden möchte ich diese Behinderungen beschreiben.

4.3.1 Körperbehinderte Kinder mit autistischen Störungen

> „Autistische Störungen sind vielschichtige Phänomene. Die ICD-10 beschreibt solche Verhaltensbeeinträchtigungen innerhalb des Komplexes der *tiefgreifenden Entwicklungsstörungen (TE)*. Der Begriff „tiefgreifend" fasst eine Gruppe von Störungen zusammen (ICD-10, F84), die höchstwahrscheinlich biologische

4.3 Kinder mit mehrfachen Behinderungen

Ursachen haben, von Geburt an vorliegen oder in den ersten Lebensjahren auftreten und persistieren. Die Störungen betreffen viele Verhaltensbereiche und sind Folge einer devianten, nicht nur verzögerten Entwicklung. Alle unter diesem Konzept klassifizierten Störungen zeigen phänotypisch Überlappungen mit frühkindlichem Autismus, da sie Verzögerungen und Auffälligkeiten der sozialen, verbalen/non-verbalen kommunikativen Fähigkeiten oder stereotypes Verhalten einschließen." (Poustka u. a. 2004, S. 8)

Autistische Kinder können auch eine Regelschule besuchen. Allerdings sind etwa drei Viertel dieser Kinder als geistig behindert einzustufen, 10 % sind durchschnittlich begabt (vgl. Klicpera 2002, S. 34).

Autistische Kinder können auch eine Körperbehindertenschule besuchen.

Es werden verschiedene Ausprägungen autistischen Verhaltens unterschieden, von den ich hier fünf hier beschreiben will:

1. *Asperger-Syndrom*

Geringe Anteilnahme an der Umwelt und eine scheinbar geringe Bindung an Bezugspersonen fällt bei diesen Kindern auf, die sich wie Einzelgänger verhalten und am liebsten allein bleiben. Sie möchten nicht an Gruppenaktivitäten und den Spielen anderer Kinder teilnehmen und scheinen in ihrer eigenen Welt versunken. In der Schule verweigern sie oft die Teilnahme am Unterricht. Sie haben wenig Verständnis für die Regeln sozialer Interaktion und wissen nicht was sozial angemessen ist. Sie wirken daher nicht zutraulich, frei und gelöst. Es fehlt ihnen das Gefühl, was andere erwarten und wie sie empfinden und sie finden daher nur schwer Freunde und haben wenig Kontakt. Die Kommunikation der Kinder erscheint auffällig da sie wenig Mimik zeigen. Auch ihre Stimme ist der Gesprächssituation nicht angemessen. Dies wird durch das Blickverhalten noch verstärkt, da sie nicht in der Lage sind dem Gesprächspartner den Eindruck zu vermitteln, dass sie einen Kontakt herstellen wollen.

Diese Kinder sind im allgemeinen gut begabt, auch ihre Sprachentwicklung erfolgt meist wie bei normalen Kindern. Sie sprechen frühzeitig wie Erwachsene, können sich aber nur schlecht auf die Interessen ihres Gesprächspartners einstellen. Die Kinder haben häufig Spezialinteressen und verfügen in diesen Bereichen über ein großes Wissen, haben aber oft Schwierigkeiten abstraktere Ideen zu verstehen. Sie sind oft originell und kreativ, können aber nicht von anderen lernen und haben daher in der Schule Probleme bei der Aneignung von Unterrichtsstoff.

Auffällig ist die motorische Ungeschicklichkeit der Kinder, die zu einem motorischen Entwicklungsrückstand führt. Das erschwert den Erwerb praktischer Fertigkeiten und hat Schwierigkeiten im Kontakt mit Gleichaltrigen zur Folge (vgl. Klicpera/Innerhofer 2002, S. 229, 230).

Langfristig ist der Verlauf dieser Störung günstiger als beim frühkindlichen Autismus. Im Erwachsenenalter gelingt beruflich meist eine gute Anpassung. Lebenslang erhalten bleiben aber die Schwierigkeiten beim Sozialkontakt, das rigide Denken und die erhöhte Empfindlichkeit (vgl. Klicpera/Innerhofer 2002, S. 233).

2. *Frühkindlicher Autismus*

Der Zeitpunkt des Auftretens ist vor dem 30. Lebensmonat zu datieren. Das klinische Vollbild entwickelt sich zwischen dem vierten und fünften Lebensjahr. Die meisten der Symptome sind zu dieser Zeit auch am schwersten. Die Kinder haben ein grundlegendes Defizit im Sozialverhalten und in ihrem Spielverhalten. Es mangelt an Verständnis, an der Äußerung von Gefühlen und an der Ansprechbarkeit. Gesellschaftliche Konventionen und Erwartungen von Mitmenschen verstehen sie schlecht. Ihr Interesse an den Mitmenschen ist begrenzt, sie bauen kaum Freundschaften auf. Da Mimik und Gestik häufig verarmt sind, ist Emotionalität und Empathie im Hinblick auf andere Personen nur schwer zu erkennen. Die Kinder vermeiden den Blickkontakt und verwenden ihn nicht zur Steuerung der Kommunikation. Kinder mit frühkindlichem Autismus beginnen spät zu sprechen und viele von ihnen bleiben ihr Leben lang stumm und kompensieren dieses Defizit auch nicht durch non-verbale Kommunikation. Zu beobachten ist ein eigentümlicher Gebrauch der Sprache und es zeigen sich Auffälligkeiten wie Echolallie. Diese Kinder haben ein Bedürfnis nach Gleichförmigkeit der Umwelt und nach gewohnten Tagesabläufen. Eingeschränkte und ungewöhnliche Interessen und Aktivitäten sind häufig. Sie entwickeln starke Bindungen an unbelebte Objekte und motorische Manierismen (vgl. Poustka u.a. 2004, S. 9.10).

3. *Rett-Syndrom*

Das Rett-Syndrom tritt nach 6-8 Monaten normaler Entwicklung (ausschließlich bei Mädchen) auf, es kommt zu einer zunehmenden Entwicklungsverzögerung. Frühwarnzeichen sind im ersten Lebensjahr häufige Handbewegungen und unwillkürliches Spreizen und Schließen der Finger. Im Alter von drei Jahren ist eine deutliche Verschlechterung des Verhaltens und Desinteresse an der Umgebung und an sozialen Kontakten zu beobachten. Die bisher erworbene Sprachfähigkeit geht verloren, auch das unwillkürliche Greifen und die willentlichen Handbewegungen. Ein charakteristisches Symptom ist das stereotype Wringen und ineinander Klatschen der Hände und das Bewegen der Hände zum Mund. Der Blickkontakt der Kinder bleibt erhalten, ist manchmal sehr intensiv. Die Mädchen sind reizbar, es kommt zu Schrei- und Wutanfällen. Auch ihre Atmung kann gestört sein. Die Verschlechterung tritt innerhalb eines Jahres ein, in dieser Zeit nimmt das Kopfwachstum ab und ungelenke Bewegungen der Gliedmaßen, des Rumpfes und ein steifer, breitbeiniger Gang sind typische Kennzeichen. In der mittleren Kindheit verbessert sich das Verhalten leicht und es kommt zu keiner weiteren Verschlechterung. Im weiteren Verlauf treten epileptische Anfälle auf und die Beeinträchtigung der Motorik (zunehmende Spastizität der Muskulatur und dadurch apraktische Bewegungen) kann zu einer Verkrümmung der Wirbelsäule führen. Die Ursache ist noch weitgehend ungeklärt, aber ein genetischer Zusammenhang wird vermutet (vgl. Klicpera/Innerhofer 2002, S. 251,252).

Das Rett-Syndrom ist eine schwere geistige Behinderung mit Beeinträchtigung aller intellektuellen Faktoren.

4. *Heller'sche Demenz*

Die desintegrative Psychose oder auch Heller'sche Demenz genannt tritt zwischen dem dritten und sechsten Lebensjahr auf. Nach zunächst normaler Entwicklung kommt es über Monate oder über Jahre zu einem zunehmenden Verlust der Kontaktfähigkeit und zu Sprachabbau. Schwere Affektstörungen (starke Ängstlichkeit), Desinteresse an der Umgebung und Verhaltensstörungen sind zu beobachten. Rückschritte in der kognitiven Entwicklung, aber nicht bei allen Fähigkeiten, sind typisch. So sind die motorischen Leistungen und die Sauberkeitsentwicklung weniger betroffen. Im weiteren Verlauf dieser Störung ist kein Fortschreiten des Abbaus zu beobachten, sondern eine konstante schwere Behinderung.

Häufig ist eine Hirnerkrankung nachweisbar, unter Umständen erst nach Jahren (vgl. Klicpera/Innerhofer 2002, S. 249, 250).

5. *Atypischer Autismus*

Die diagnostischen Kriterien für den atypischen Autismus entsprechen den Richtlinien des frühkindlichen Autismus, allerdings ist das Manifestationsalter verspätet und es fehlen die notwendigen Symptome aus einem der drei kritischen Störungsbereiche sozialer Interaktion, Kommunikation, repititiv-stereotyper Verhaltensweisen (vgl. Poustka u.a. 2004, S. 16).

Soweit eine kurze Beschreibung aus der Fachliteratur. Wie wird diese Problematik nun in der *Hirnforschung* gesehen?

Die bereits in Kapitel 2.4 beschriebenen Fähigkeiten zu intuitivem Verständnis und emotionaler Resonanz können individuell durch die unterschiedlichen Beziehungserfahrungen sehr verschieden entwickelt sein. Dabei gibt es auch Menschen, die in diesen Bereichen ausgeprägte Defizite aufweisen. Der Kontakt oder die Kommunikation mit anderen Menschen ist dann massiv erschwert oder gar nicht möglich. Diese Personen haben Schwierigkeiten bei sich oder anderen Gefühle wahrzunehmen und diese zu spiegeln. Solche schweren Störungen werden, wenn sie krankhafte Züge annehmen, als Autismus bezeichnet (vgl. Bauer 2009, S. 72, 73).

Solche klinischen, autistischen Gesundheitsstörungen sind

„Beeinträchtigungen des sozialen Aufeinander-Eingehens, Auffälligkeiten der Kommunikation oder der Sprache und ein vermindertes, häufig auf wenige Standardschemata eingeschränktes Verhaltensrepertoire." (Bauer 2006, S. 73)

4.3 Kinder mit mehrfachen Behinderungen

Untersuchungen zeigen, dass es sich bei Autismus um eine Störung der Spiegelsysteme handelt. Bereits im Alter von zwei Jahren haben autistischen Kinder Probleme spontane Gesichtsausdrücke oder Gesten anderer zu imitieren. Auch die Tendenz, ihre Aufmerksamkeit einer Bezugsperson zuzuwenden, ist massiv vermindert (vgl. Bauer 2006, S. 73)

Ich kann mich noch gut an eine Begegnung mit einem ungefähr drei Jahre alten autistischen Jungen erinnern, der zu mir keinerlei Blickkontakt herstellte, was aber normalerweise sonst in dieser Situation stattgefunden hätte.

Autistische Kinder sind nur schwer in der Lage, sich in die Sichtweise anderer zu versetzen und sie können nicht über deren Perspektive nachdenken. Sie haben auch Probleme die Gefühle ihrer Mitmenschen zu erkennen und zu berücksichtigen. Sie sind kaum in der Lage eine «Theory of Mind» zu entwerfen (vgl. Bauer 2006, S. 73).

„Das Vermögen, intuitive Vorstellungen und vertrauensbildende Gewissheiten über die Gefühle und Absichten eines anderen Menschen zu gewinnen, bezeichnen Fachleute heute als die Fähigkeit zur «Theory of Mind (TOM)»." (Bauer 2006, S. 16)

Diese Kinder sind daher nur schwer in der Lage intuitive, emotional bedeutsame Bindungen zu anderen Menschen herzustellen. Es besteht oft eine Differenz zwischen ihrer Interaktionsfähigkeit und der rationalen Intelligenz. Deshalb kompensieren sie ihre Defizite, indem sie zum Teil eine hochkomplexe analytische Intelligenz ausbilden, mit deren Hilfe sie zeitverzögert erfassen, was anderen spontan möglich ist. Es wird auch vermutet, dass die autistische Störung eine Funktionseinschränkung der verschiedenen Spiegelneuronensysteme ist. Dabei ist nicht klar, ob die Ursache im Bereich der biologischen Grundausstattung liegt oder durch die Umwelterfahrungen bedingt ist. Es kann auch beides der Fall sein (vgl. Bauer 2006, S. 73, 74)

„Minimale Defizite in den biologischen Anlagen können es den Bezugspersonen erschweren, spiegelnden Kontakt zu ihrem Säugling zu finden, und umgekehrt erleiden die angeborenen Spiegelsysteme einen entscheidenden frühen Trainingsausfall, wenn sie nicht in Funktion treten können. Genetische Aktivität, neurobiologische Struktur und Umwelterfahrungen unterliegen einem ständigen, wechselseitigen Einfluss. Dies gilt wahrscheinlich auch für die autistische Störung." (Bauer 2006, S. 74)

4.3.2 Körperbehinderte Kinder mit Sehbehinderungen

Da viele Körperbehinderte auch noch beim Sehen, Hören und Sprechen beeinträchtigt sind, möchte ich mich noch besonders diesen Bereichen zuwenden. Zuerst der Bereich des Sehens:

Wer blind ist, ist beeinträchtigt. Zwischen Blindheit und Sicht gibt es Bereiche, die offensichtlich nicht vermittelbar sind. Dies gilt für alle internen Prozesse der Wahrnehmung und Empfindung. Die Blinden- und Sehbehindertenpädagogik beschäftigt sich mit Themen der Wahrnehmung und mit Menschen, denen die visuelle Wahrnehmung nicht zur Verfügung steht (vgl. Walthes 2005, S. 13-15).

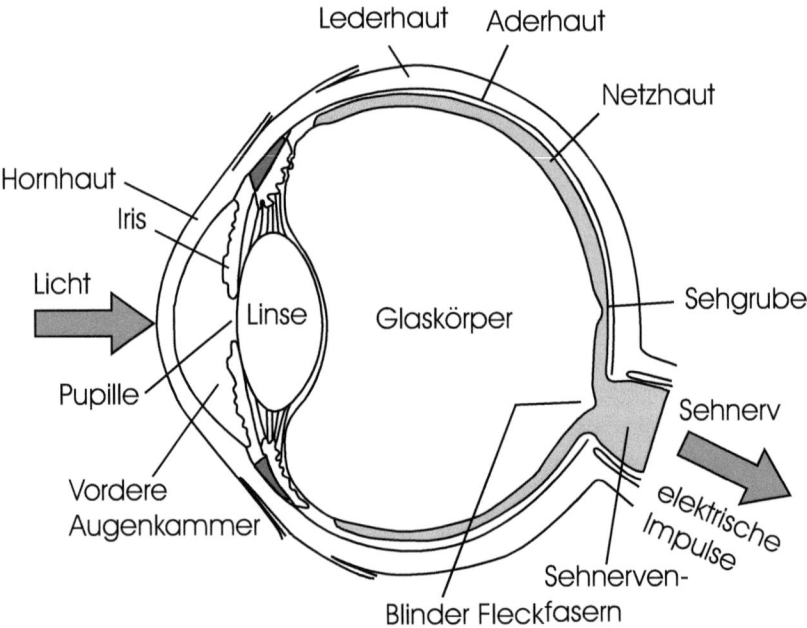

Abbildung 4.1: Das Auge (vgl. Becker-Carus 2004, S. 101)

Sehen wird als die zentrale, wichtigste Wahrnehmungsweise begriffen.

4.3 Kinder mit mehrfachen Behinderungen

Der größte Teil der Information wird über das Auge aufgenommen (siehe Abbildung 4.1). Das Licht wird von 125 Millionen Rezeptoren der *Netzhaut* jeden Auges gebündelt. Die Rezeptoren geben *elektrische Signale* ab, wenn das Licht auf sie trifft. Diese Signale werden in Netzhaut und Gehirn interpretiert. Dabei werden die nützlichen Informationen herausgefiltert. Das Sehen ist im Zeitalter der Informationsgesellschaft die zentrale Wahrnehmungsweise. Gleichzeitig nehmen aber Wahrnehmungs- und Aufmerksamkeitsstörungen enorm zu. Inwieweit dies eine Indiz für die Überforderung des visuellen Systems ist, ist wahrscheinlich noch nicht untersucht worden (vgl. Walthes 2005, S. 22).

Autoren der Blinden- und Sehbehindertenpädagogik sind der Ansicht, dass die Sinne isoliert sind und in keinem Zusammenhang zueinander stehen. Was man getastet hat kann man nicht automatisch visuell erkennen und umgekehrt. Menschen nach Augenoperationen hatten große Schwierigkeiten das Sehen zu lernen. Zum Teil verzichteten sie darauf (vgl. Walthes 2005, S. 27).

Dazu Ergebnisse aus der Hirnforschung:

> „Beim gesunden normalsichtigen Menschen gibt es keine Faserverbindungen zwischen den anderen sensorischen Modalitäten und der primären Sehrinde. Von Geburt an blinde Personen weisen bekanntermaßen besondere Fähigkeiten im Bereich des Gehörs und des Tastsinns auf, von denen bisher mit Recht immer angenommen wurde, dass es sich um eine Kompensation des nicht vorhandenen Sehsinns handelt." (Spitzer 2002, S. 114)

Bei Untersuchungen wurde nachgewiesen, dass bei blinden Versuchspersonen durch das Lesen von Blindenschrift der visuelle Kortex aktiviert wird. Auch bei Tastaufgaben wurde der visuelle Kortex aktiviert (vgl. Spitzer 2002, S. 115).

> „Der visuelle Kortex wird offensichtlich bei erblindeten Menschen nur dann für das Tasten rekrutiert, wenn es um mehr geht als das bloße Registrieren von Berührung, also beispielsweise um das Erledigen einer komplexen Tastaufgabe. In der gleichen Untersuchung konnte man weiterhin zeigen, dass —

ganz im Gegensatz zu blinden Menschen — der visuelle Kortex von sehenden Personen bei der Durchführung einer Tastaufgabe deaktiviert wird." (Spitzer 2002, S. 115)

Dies deutet auf eine weitreichend kortikale Plastizität hin.

Das Gehirn unterliegt einer beständigen erfahrungsabhängigen Umorganisation. Dies wird als *Neuroplastizität* bezeichnet, was in Kapitel 2.6 schon beschrieben wurde. Die Nervenzellen knüpfen untereinander beständig Verbindungen und entknüpfen bestehende Verbindungen. Durch diese beständige Umformung von Verbindungen werden die Informationen gespeichert. Wenn ein Mensch zum Beispiel die Blindenschrift lernt, muss der rechte Zeigefinger beim Lesen Millionen von kleinen Erhebungen ertasten. Dadurch vergrößert sich im Gehirn das kortikale Areal, das für die Fingerkuppe des rechten Zeigefingers zuständig ist. Dies ist über die sogenannten stillen Verbindungen möglich. Es sind schwache oder gar nicht funktionierende Verbindungen, die aktiviert werden können, wenn viel Input von einer ganz bestimmten Körperstelle (in diesem Fall der Zeigefinger) analysiert werden muss. Wenn die sogenannten stillen Verbindungen wieder aktiv werden und durch den Input mehr Nervenzellen aktiviert werden, dann werden die bestehenden Verbindungen stärker und die Repräsentationen im Kortex ändern sich (vgl. Spitzer 2002, S. 105-107).

Diese Erkenntnisse der Hirnforschung sind für die Förderung von Behinderten sehr wichtig, da sie Möglichkeiten aufzeigen, wie Behinderte bestimmte Defizite kompensieren können.

Die Ergebnisse der Hirnforschung liefern weiter empirische Belege für die Annahme phänomenologischer (von Merleau-Ponty) und konstruktivistischer Theorien. Danach ist keine Realität nachweisbar unabhängig vom Beobachter. Alles was man über Wahrnehmung, Gehirntätigkeit, Erkennen, Sehen und Bewusstsein sagen kann, wird von Beobachtern gesagt, deren Wahrnehmung und Erkenntnis Bedingung der Beobachtung ist. Dies ist ein zirkulärer, auf sich selbst zurückweisender, selbstreferentieller Prozess. Die Aussagen über Realität sind Aussagen von Beobachtern. Alle Handlungen basieren auf Beobachtung und Unterscheidung. Zusammenfassend kann daher festgestellt werden: Jede Wahrnehmung ist subjektiv. Sie ist in sich vollständig und selbstbezüglich. Wahrnehmung ist als konstruktiver Prozess zu deuten. Da die Erzeugung von Bedeutungen Erfahrungen benötigt, ist Wahrnehmung abhängig von Erfahrung. Wahr-

4.3 Kinder mit mehrfachen Behinderungen

nehmung ist aber auch abhängig von Kontext und kulturellem Hintergrund. Wahrnehmung und Sehen ist kulturspezifische, kontextabhängige Erzeugung von Bedeutung (vgl. Walthes 2005, S. 30, 31).

Soweit zur neueren Wahrnehmungsforschung.

Die Reizaufnahme über Auge und Ohr wird nach diesen Wahrnehmungstheorien als die Basis für die Wahrnehmung gesehen. Bewegung ist nicht die Folge von Wahrnehmung sondern ihre Bedingung. Durch die selbst ausgeführte Bewegung wird die Wahrnehmung strukturiert. Nicht das Auge garantiert die Wahrnehmung der Welt, sondern die Koordination von Handlung und Sehen, Bewegung und Wahrnehmung (vgl. Walthes 2005, S. 41, 42).

Blinde Kinder und Jugendliche sind nicht oder nur in sehr geringem Maße in der Lage auf der Grundlage visueller Eindrücke zu lernen. Informationen aus der Umwelt werden über das Gehör, den Tastsinn und die Sinne der Haut, des Geruchs und des Geschmacks aufgenommen. Beim Vorliegen einer Sehbehinderung können sie ihr eingeschränktes Sehvermögen nutzen, aber sie sind in vielen Situationen auf spezielle Hilfe angewiesen (vgl. Walthes 2005, S. 51, 52).

Im Folgenden möchte ich die Probleme bei Sehschädigungen beschreiben, die Teil einer komplexen Schädigung sind, wie das bei körperbehinderten Kindern häufig der Fall ist. Die Schädigungen des Zentralnervensystems können visuelle Beeinträchtigungen zur Folge haben. Außer der visuellen Beeinträchtigung sind auch oft motorische, sprachliche und kognitive Funktionen beeinträchtigt. Ursachen dieser Mehrfachschädigungen sind häufig perinatale Hirnschädigungen. Wird eine solche Sehschädigung übersehen, so hat dies gravierende Folgen. Bei vielen weiteren Krankheiten wie Diabetes, Multiple Sklerose, Aids, Infektionen oder neuronalen Muskeldystrophien können Beeinträchtigungen und Schädigungen der visuellen Wahrnehmungen entstehen (vgl. Walthes 2005, S. 71, 73).

Die motorische Entwicklung blinder Kinder ist durch einen Mangel an Gelegenheit zur Fortbewegung beeinträchtigt. Dabei ist die Erschließung des Raumes jenseits des Greifraumes ein großes Problem. Schädigungen des visuellen Systems, bei denen von Geburt an eine Beeinträchtigung in der Entwicklung der Sehfunktionen vorhanden ist, haben Auswirkungen auf die kindliche Entwicklung. Sehbehinderungen betreffen weniger die motorische Entwicklung, hier ist vor allem die feinmotorische Entwicklung beeinträchtigt (vgl. Walthes 2005, S. 77-79).

Bei zerebralen Schädigungen ist sehr häufig das Seh- und Wahrnehmungssystem betroffen. Dies betrifft auch höhere Wahrnehmungsfunktionen z. B. die Form-, Bewegungs- und Farbwahrnehmung, Gesichtererkennung, und die Figur-Grund-Wahrnehmung. Man kann sich nur schwer vorstellen, was es bedeutet, wenn man keine Formen wahrnehmen kann, denn im Sehen von Erwachsenen dominiert die Formwahrnehmung. Wenn eine rechtzeitige Diagnose unterbleibt hat das zur Folge, dass dem Kind die Auseinandersetzungsmöglichkeiten mit der Umwelt nicht angeboten werden, damit es richtig lernen kann. Damit werden noch weitere Behinderungen geschaffen (vgl. Walthes 2005, S. 82-84).

Motorik und visuelle Wahrnehmung, visuelle und akustische Wahrnehmung bedingen sich gegenseitig in der kindlichen Entwicklung. Es ist ein ausreichender Muskeltonus erforderlich, um die Kopfkontrolle zu entwickeln, das Sitzen oder sich zu drehen zu lernen. Die Kopfkontrolle ist aber auch erforderlich um fixieren und visuell verfolgen zu können. Visuelles Interesse kann auch zur Entwicklung der Kopfkontrolle beitragen. Ein erhöhter Grad an visueller Aufmerksamkeit kann zu einer Tonusverbesserung führen und damit wird die Aufrichtung möglich. Neben den großen Muskelgruppen können Spasmen auch die Augenmuskeln betreffen und die Akkommodation erschweren. Bei zerebralen Bewegungsstörungen kann die Auge-Hand-Koordination und die Entwicklung des räumlichen Sehens betroffen sein (vgl. Walthes 2005, S. 84).

> „Aufgrund des synästhetischen Charakters der Wahrnehmung sind die Auswirkungen für die kindliche Entwicklung so vielschichtig und miteinander verwoben, dass Ursache und Wirkung nicht eindeutig zu bestimmen sind." (Walthes 2005, S. 85)

Späterblindete Menschen berichten, dass ihre visuellen Vorstellungen und inneren Bilder mit der Zeit verblassen. Sie werden zunehmend durch akustisch-taktile Muster überlagert (vgl Walthes 2005, S. 86). Wie schon erwähnt, sie lernen als Blinde zu leben.

Unsere Welt ist überwiegend visuell organisiert. In diesem komplexen System ist für Menschen mit einer Sehschädigung die Orientierung wie auch die adäquate Handlungsfähigkeit erschwert (vgl. Walthes 2005, S. 87).

4.3.3 Körperbehinderte Kinder mit Hörbehinderungen

Massiv beeinträchtigt sind Menschen, die gehörlos oder schwerhörig sind. Auch ein Hörgerät kann diesen Hörverlust nicht ausgleichen. Es verbessert zwar die Qualität und Quantität der auditiven Eindrücke wesentlich, aber es bleibt ein verändertes Hören (vgl. Leonhardt 2002, S. 23).

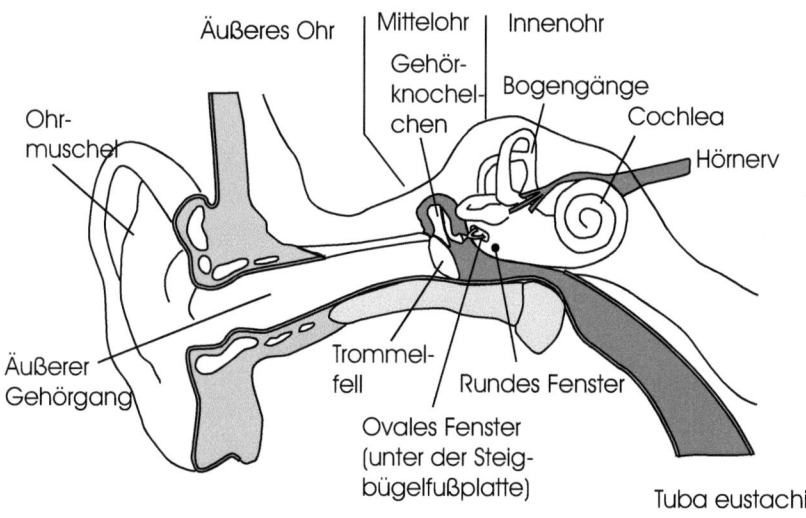

Abbildung 4.2: Das Ohr (vgl. Becker-Carus 2004, S. 198)

Dazu möchte ich kurz das *Ohr* und die Physiologie des Hörens beschreiben (siehe Abbildung 4.2). Im Ohr sind zwei Sinnesorgane, das *Hörorgan* und das *Gleichgewichtsorgan* auf engem Raum kombiniert. Diese Organe haben verschiedene Funktionen. Beim Ohr werden *äußeres Ohr*, *Mittelohr* und *Innenohr* unterschieden. Das äußere Ohr besteht aus *Ohrmuschel* und *Gehörgang*. Den Abschluss bildet das *Trommelfell*. Dann folgt das Mittelohr. In ihm befindet sich die *Paukenhöhle*. Sie ist mit Schleimhaut ausgekleidet und mit Luft gefüllt. In der Paukenhöhle sind die Gehörknöchelchen *Hammer*, *Ambos* und *Steigbügel*. Die *Ohrtrompete* oder auch *Eustachische Röhre* genannt mündet von der Vorderwand der Paukenhöhle in den oberen Teil des Nasen-Rachen-Raumes. Beim Schlucken und Sprechen wird die Ohrtrompete erweitert und es erfolgt ein Luftaustausch zwischen Mittelohr und Nasen-Rachen-Raum. Das *innere Ohr* wird auch als *Labyrinth* bezeichnet. Es besteht aus zwei Teilen, die miteinander in Verbindung stehen, den *Gleichgewichtsorganen* und dem Hörorgan in der sogenannten Schnecke. Diese beiden Organe reagieren auf sehr feine Druckänderungen und stehen in enger Beziehung zueinander. Sie befinden sich beide im Labyrinth. Das ist ein System von Blasen und Kanälen, das von einer Knochenkapsel (knöchernes Labyrinth) umgeben ist. Das *knöcherne Labyrinth* enthält eine Flüssigkeit, in der das *häutige Labyrinth* schwimmt. Das zentrale Mittelstück des knöchernen Labyrinths ist der Vorhof. Das häutige Labyrinth besteht aus vier Teilen, von denen drei zum Gleichgewichtsorgan und der vierte, der häutige Schneckengang zum Hörorgan gehört. In diesem häutigen Labyrinth sind *Sinnesepithel*. Bei Bewegungen und Lageveränderungen des Körpers werden diese Sinneszellen gereizt. Die Erregung wird durch den Vorhofnerv des Gleichgewichts- und Hörnervs zum Gehirn weitergeleitet. In der *häutigen Schnecke* befindet sich das *Cortische Organ*. Es besteht aus Sinnes- und Stützzellen. Wenn die Schallwellen auf das Trommelfell treffen, wird es in Schwingungen versetzt. Diese werden in das Innenohr übertragen und dadurch werden die Sinneszellen des Cortischen Organs gereizt. Die *Hör- und Gleichgewichtsnerven* leiten die Erregung zum Gehirn (vgl. Leonhardt 2002, S. 40-45).

„Das akustische Hörrindenzentrum liegt im Bereich des Schläfenhirns in unmittelbarer Nachbarschaft zur Körpergefühlssphäre, zum Brocaschen Sprachzentrum und zum akustischen Sprachzentrum." (Leonhardt 2002, S. 49)

Funktionsstörungen in diesen Bereichen bewirken eine Schwerhörigkeit oder eine Gehörlosigkeit. Bei den Hörschädigungen unterscheidet man *Schallleitungsschwerhörigkeit, sensorineurale Schwerhörigkeit*, kombinierte Schallleitungs-Schallempfindungsschwerhörigkeit und *Gehörlosigkeit*. Bei Schallleitungsschwerhörigkeiten (*Mittelohrschwerhörigkeit*) kann der Schall das Innenohr nicht ungehindert erreichen. Sie sind Folge von Mittelohrentzündungen und Infektionskrankheiten. Die Folge ist ein leiseres Hören, das mit Hörgeräten ausgeglichen werden kann (vgl. Leonhardt 2002, S. 50).

Bei der *sensorineuralen Schwerhörigkeit* liegt die *Störung entweder im Innenohr* oder von da aus *zentralwärts*. Bei dieser Störung sind *die höheren Frequenzen stärker betroffen und die Schallereignisse werden verzerrt*

4.3 Kinder mit mehrfachen Behinderungen

wahrgenommen, wenn Teilbereiche des Sprachfeldes unterhalb der subjektiven Hörschwelle liegen. Sie sind jedoch für das Verstehen der Sprache wichtig. Dies ist eine Beeinträchtigung der auditiven Differenzierungsfähigkeit, die *Sprachlaute können nicht adäquat aufgenommen werden*. Diese Schwerhörigkeit ist vererbt oder pränatal eingetreten (vgl. Leonhardt 2002, S. 51).

Personen mit sensorineuraler Schwerhörigkeit haben *Probleme in der Sprachauffassung*. Das bedeutet für diese Kinder einen *erschwerten und teilweise auch eingeschränkten Spracherwerb*. Die Lautbildung klingt verwaschen und es kommt zur falschen Bildung von Sprachlauten und Lautverbindungen. Dadurch ist die Sprechverständlichkeit eingeschränkt. Durch den begrenzten Wortschatz haben sie Schwierigkeiten bei der Sinnentnahme aus Gesprochenem und aus Texten. Folge ist die mangelhafte Erfassung von Beziehungsbedeutungen (vgl. Leonhardt 2002, S. 76-79).

Und nun möchte ich noch einige *Erkenntnisse aus der Hirnforschung* erwähnen:

> „Patienten mit Innenohrtaubheit können seit geraumer Zeit mit einem künstlichen Innenohr behandelt werden, das Töne und Geräusche aus der Umgebung aufnimmt, verstärkt, elektronisch in verschiedene Frequenzbänder zerlegt, die Signale in elektrische Impuls umwandelt und mittels Elektroden zur Stimulation des Hörnerven verwendet." (Spitzer 2002, S. 107)

Siebzig Prozent dieser Patienten können nach ungefähr einem Jahr die gesprochene Sprache verstehen und müssen sie nicht mehr von den Lippen ablesen. Das ist möglich, weil im Kortex Reorganisationsvorgänge stattfinden, die für Anpassung der Informationsverarbeitung an die Eingangsmuster verantwortlich sind. Das Gehirn lernt innerhalb von einem Jahr, wie die neuen Signale zu entziffern sind und ordnet ihnen die richtigen internen Kodes zu. Diese Fähigkeiten sind wieder dem Begriff der Neuroplastizität zuzuordnen (vgl. Spitzer 2002, S. 108).

Gehörlose sind Menschen, bei denen *vor Abschluss des Spracherwerbs eine schwere Schädigung des Gehörs* vorliegt. Die Lautsprache kann sich daher nicht natürlich auf auditiv-imitativem Weg entwickeln. Ohne eine spezielle Förderung würde die Lautsprachentwicklung gänzlich ausbleiben, da sich selbst nicht sprechen hören können (vgl. Leonhardt 2002, S. 80, 81).

Im Hinblick auf den Spracherwerb scheint es eine *kritische Periode* zu geben. Wenn die Sprache nicht bis zum 12. oder 13. Lebensjahr gelernt wird, dann kann sie nie mehr vollends gelernt werden. Auch die taubstummen Kinder benötigen den Sprachinput, und zwar früh in ihrem Leben, sonst können sie keine Sprachkompetenz entwickeln. Die Gebärdensprachen der Taubstummen sind vollwertige Sprachen, mit allem was zu einer Sprache gehört. So können die Taubstummen durch Interaktion miteinander Sprachkompetenz entwickeln (vgl. Spitzer.2002, S. 236- 238).

4.3.4 Körperbehinderte Kinder mit Sprachbehinderungen

Menschliche Sprache besteht aus einem System von Zeichen. Die Lehre von diesen sprachlichen Zeichen gehört zur Tradition der europäischen Philosophie. Der Begriff der *Semiotik* ist aus dem griechischen abgeleitet. Es ist die allgemeine Wissenschaft von den Zeichen (vgl. Welling 2006, S. 37).

Auch das Wort *Phonetik* leitet sich von dem griechischen Wort phone ab. Es bedeutet Laut, Stimme. Die Phonetik befasst sich mit den lautlichen Aspekten des Kommunikationsvorganges (vgl. Welling 2006, S. 40).

Sprechen ist das koordinierte Zusammenspiel einer Vielzahl von Organen als funktionelle Einheiten (siehe Abbildung 4.3). Die Funktionsgruppe Atmung, Stimmerzeugung und Lautbildung wirken bei der Erzeugung lautsprachlicher Zeichen zusammen. Das Hauptorgan für die Atmung sind die Lungen. Sie selbst erzeugen keinen Sprechschall, liefern aber die notwenige Energie in Form von Luftdruckdifferenzen bzw. Luftströmungen. Zur Stimmgebung wird die von der Atemmuskulatur in Bewegung versetzte Luftströmung im Kehlkopf in Schwingung versetzt. Die *Stimmlippen* schließen die *Stimmritze* und der Luftdruck unterhalb des Kehlkopfes steigt und damit können die primären Klänge erzeugt werden. Oberhalb des Kehlkopfes erfolgt die Lautbildung. Diese *Artikulationsorgane* werden unterteilt in solche, die aktiv bewegt werden (Unterkiefer, Lippen, Zunge, Gaumensegel) und solche, die allein durch ihre Existenz zur Lautbildung beitragen (vgl.Welling 2006, S. 44, 45).

> „Den Funktionen der am Sprechvorgang beteiligten Organe sind jeweils bestimmte Muskeln oder Muskelgruppen und zen-

4.3 Kinder mit mehrfachen Behinderungen

trale Systeme für die Steuerung, Koordination und Kontrolle der Bewegungen zugeordnet, die zum Sprechen nötig sind." (Welling 2006, S. 45)

Die *Phonologie* beschäftigt sich mit den kleinsten Einheiten der Sprache, den Phonemen. Dies liefert Erkenntnisse darüber, welche sprachlichen Elemente die Unterscheidung sprachlicher Ausdrücke im Hinblick auf die bedeutungsgebundene inhaltliche Verschiedenheit gewährleisten (vgl. Welling 2006, S. 50).

Bei der *Syntax* sind die Regeln einer Sprache gemeint, die festlegen, wie die Wörter der Sprache zu grammatischen Sätzen kombiniert werden können (vgl. Welling 2006, S. 52).

In der *Grammatik* wird die Sprache als System betrachtet. Sie bildet die Lehre vom regelhaften Bau einer Sprache und formuliert Regeln für den Gebrauch der Sprache (vgl. Welling 2006, S. 54).

In der *Gehirnforschung* wurde herausgefunden, dass die Leistungsfähigkeit des Gehirns im Laufe seiner Entwicklung zunimmt. Das Gehirn entwickelt sich und lernt zugleich, das heißt als Konsequenz, dass es im Laufe seiner Entwicklung sogenannte *kritische oder sensible Perioden* gibt. In diesen Zeitabschnitten müssen bestimmte Erfahrungen gemacht werden, damit bestimmte Fähigkeiten erworben werden können. Wenn dies aber nicht der Fall ist, dann werden diese Fertigkeiten nie mehr gelernt. Auch in der Sprachentwicklung gibt es kritische Perioden. In dieser Zeit werden die Laute und Regeln gelernt, es betrifft aber auch den Erwerb der komplexen Grammatik (vgl. Spitzer 2002, S. 240).

Im folgenden möchte ich mich nun den sprachbehindertenpädagogischen Konstrukten zuwenden. Dabei wird unterschieden zwischen Sprachentwicklungsverzögerungen, neurolinguistischen und neurophonetischen Sprach- und Sprechstörungen im Kindesalter, peripher-organisch bedingten Sprach- und Sprechstörungen, Stimmstörungen im Kindesalter und Störungen der Redefähigkeit und Redegestaltung (vgl. Welling 2006, S. 83).

Da bei körperbehinderte Kindern und Jugendlichen aufgrund ihrer Behinderung *neurolinguistische und neurophonetische Sprach- und Sprechstörungen* oft vorhanden sind, möchte ich mich diesem Bereich zuwenden. Es handelt sich dabei um *neurologisch fassbare Beeinträchtigungen von Sprach-, Sprech-, Stimm- und Schluckfähigkeit*. Aufbau, Funktionseinheiten und Funktionsweisen des Nervensystems können die Ursache von Störungen sein. Komplexe Leistungen können dabei so beeinträchtigt sein, dass Sprechen, Schreiben, Rechnen und auch die Fähigkeit zu zweckmäßiger, planvoller Bewegung von Körperteilen, wie auch zum bewussten Erkennen von Sinneseindrücken oder auch zur Orientierung am eigenen Körper betroffen sind. Im Gehirn finden sich Hirnareale, deren Läsion Sprachstörungen zur Folge hat. Als Beispiele sind die Aphasie, die Dysarthrophonie, die Apraxie und die Agnosie zu erwähnen (vgl. Welling 2006, S. 125, 126).

Unter *Aphasie* versteht man die *Unfähigkeit Informationen in Form von Laut- oder Schriftsprache zu verstehen oder hervorzubringen*. Dabei wird zwischen motorischer Aphasie und sensorischer Aphasie unterschieden. Bei der *motorischen Aphasie* ist die *Kehlkopfmuskulatur intakt*, aber der *Betroffene ist nicht in der Lage zu sprechen*. Er weiß, was er sagen will, aber er kann nur verzerrte Töne oder immer wieder aufs Neue wiederholte Wörter hervorbringen. Bei der *sensorischen Aphasie* hört der Betroffene die *Töne oder Geräusche, aber diese haben für ihn keine Bedeutung* (vgl. Welling 2006, S. 126).

Aphasien zählen zu den neurologisch bedingten Sprachstörungen. Es ist eine neurologisch bedingte Beeinträchtigung vorhanden die Sprache zu verwenden, aber kein Sprachverlust, sondern das funktionelle Versagen einer Tätigkeit. Ursache dieser Beeinträchtigung können traumatische Hirnschäden durch Unfälle, Misshandlungen, infektiöse und epileptische Erkrankungen, Hirntumore, Gehirnentzündungen, Gehirnabszesse und degenerative Erkrankungen des Zentralnervensystems sein (vgl. Welling 2006, S. 128, 132).

Bei der *Dysarthrophonie* handelt es sich um eine neurophonetische, also um eine *Störung* des Sprechens. Diese *Beeinträchtigungen im motorischen System* zeigen sich in Form von Schwächungen, Verlangsamungen, Dyskoordinationen und Tonusveränderungen in der Muskulatur. Die Störungen *betreffen das Sprechen als Tätigkeit*, während bei der Aphasie die Sprache als Gesamtsystem betroffen ist. Unter *Apraxie* wird die *Unfähigkeit* verstanden *erlernte willkürliche Bewegungen entschlossen auszuführen*. Die *Agnosie* dagegen ist die *Unfähigkeit Dinge zu erkennen, obwohl man sie sehen kann* (vgl. Welling 2006, S. 127, 128).

Die *Entwicklungsdysarthrophonie* ist eine *kindliche Sprach- und Sprechstörung*. Ihr *Bedingungshintergrund* ist eine Bewegungsstörung, die *Infantile Cerebralparese* (cerebrale Bewegungsstörung, die bereits beschrieben wurde). Durch diese Behinderung können *sprechmotorische Störungen* hervorgerufen werden, die als Entwicklungsdysarthrophonie bezeichnet werden (vgl. Welling 2006, S. 139, 140).

Es ist eine *Störung der Sprechbewegungsausführung*, die durch eine *Schädigung des Nervensystems hervorgerufen* wird. Sie stellt eine *bleibende Störung* dar. Als Grundlage der Störung wird ein geschädigtes Funktionssystem angenommen. Aber den Kindern werden Entwicklungspotentiale zugesprochen, die es ihnen ermöglichen sich ihrer Umwelt und die Umwelt sich anzupassen. Dabei ist festzulegen, wie das Kind therapeutisch unterstützt werden kann (vgl. Welling 2006, S. 143).

Bei der Entwicklungsdysarthrophonie sind Artikulation, Phonation und Respiration als Einheit der Sprechproduktionssymptomatik zu betrachten. Die Kinder zeigen auffällige Atmungsmuster und haben Schwierigkeiten bei der Artikulation. Dabei ist mit einer großen Heterogenität zu rechnen.

In diesem Zusammenhang ist noch die *Anarthrie* zu nennen. Darunter wird die *Einschränkung* einer Person mit cerebraler Bewegungsstörung verstanden *mittels sprachlicher Artikulation zu kommunizieren*. In der Regel sind immer auch Prozesse der Respiration, Phonation und die Resonanzverhältnisse mit betroffen. Dies ist im Zusammenhang mit der Bewegungsstörung zu sehen, denn Kinder mit cerebraler Bewegungsstörung bringen einzelne Bewegungen nicht isoliert hervor (vgl. Welling 2006, S. 148, 149).

4.3.5 Körperbehinderte Kinder mit Lese- Rechtschreibschwäche

Wenn ein Kind Probleme mit dem *Lesen- und Schreibenlernen* hat, dann wird das als Lese- und Rechtschreibschwäche bezeichnet. Genauer definiert ist dies eine klassische, an die Entwicklung von Hirnfunktionen gebundene zentral-nervös begründete Teilleistungsschwäche.(vgl. SCHYDLO 1993, zit. n. Beckenbach 2000, S. 123)

„Unter Teilleistungsschwächen versteht man diagnostisch isolierbare, umschriebene Minderleistungen bei einer im übrigen normalen und altersgemäßen Entwicklung. Die Minderleistungen betreffen spezifische Funktionen des menschlichen Erlebens, Denkens, Wahrnehmens und Handelns, die zur Bewältigung eine definierten Aufgabenstellung notwendig sind. Teilleistungsschwächen werden in den internationalen medizinischen Klassifikationsschemata (ICD-10, DSM-III-R, DSM IV) unter dem Begriff der umschriebenen Entwicklungsstörungen zusammengefasst. Als wesentliche Ursache wird eine frühkindliche Hirnschädigung angenommen, daneben aber auch anlagebedingte, das heißt erbliche Störungen." (LEMPP 1989, zit. n. Beckenbach 2000, S.123)

„Die häufigsten Mitursachen der Lese-Rechtschreibschwäche scheinen auditive Wahrnehmungsstörungen und die sogenannte Fehlhörigkeit zu sein, die vorher schon in der Regel eine verzögerte Sprachentwicklung mit Artikulationsstörungen, Wortfindungsstörungen und Schwächen in der Lautdiskrimination bewirkt haben. Man kann insgesamt von einer Dysfunktion der sprachlichen Informationsverarbeitung ausgehen, wobei der phonologischen Verarbeitung die größte Bedeutung zukommt. Weitere Mitursachen liegen in einer gestörten Verarbeitung visuell vorgegebener Information beziehungsweise in einer kombinierten Teilleistungsschwäche bei der Übersetzung visueller Information in sprachlich-auditive und umgekehrt." (Beckenbach 2000, S. 125)

Als definitorisches Maß für Legasthenie gilt ein Abschneiden unter Prozentrang 15. (vgl. Beckenbach 2000, S.126)

Ungefähr 10% der Grundschüler leiden an einer Lese- und Rechtschreibschwäche, davon treffen für 2-4% die Kriterien der umschriebenen Lese- und Rechtschreibstörung nach dem strengen Katalog der ICD-10 zu.(vgl. Beckenbach 2000, S. 128).

Durch die Probleme bei der Beschäftigung mit der Schriftsprache vermeiden die Betroffenen vermutlich die Konfrontation mit diesem Problem, was zu keiner Verbesserung führt. Die Folge der frustrierenden Lernerfahrungen können Verhaltensstörungen sein. Die Kinder haben ein Risiko, nicht ihrem allgemeinen Vermögen entsprechend schulisch ausgebildet zu werden und beruflich und psychosozial in gefährliche Entwicklungen hineinzugeraten. Notwendig ist familiäre Unterstützung, schulische Hilfen, psychologische Betreuung und spezifische Förderung (vgl. Beckenbach 2000, S. 130)

Im familiären Bereich kommt es durch die Lese- und Rechtschreibschwäche oft zu heftigen Konflikten innerhalb der Familie, die Familie wird zur Problemfamilie. Da auch Ergebnisse aus Familienstudien für eine genetische Disposition sprechen (genetisch determiniert ist offensichtlich die Fähigkeit, Buchstaben phonologisch zu kodieren) wird die Veranlagung oft von Generation zu Generation weitergegeben. (vgl. Beckenbach 2000, S. 133)

Außer der beschriebenen genetischen Disposition wurde nach hirnelektrischen Untersuchungen geschlossen, dass Personen mit einer Lese- und Rechtschreibschwäche die Informationen anders verarbeiten als Personen, die keine Probleme beim Erwerb dieser Fähigkeiten haben (vgl. Beckenbach 2000, S. 136).

Die Defizite bei der sprachlichen Informationsverarbeitung kann man zu den folgenden Punkten zusammenfassen:

"
- Bei Intelligenztests ist der Verbal-IQ häufig niedriger als der Handlungs-IQ.
- Die Entwicklung des Wortschatzes ist beeinträchtigt.
- Es zeigen sich häufiger Wortfindungsstörungen.
- Das Erkennen grammatischer und syntaktischer Information in Wörtern und Sätzen ist erschwert.
- Das Kurz- und Langzeitgedächtnis für Sprachliches ist beeinträchtigt.
- Schon frühzeitig kann an Schwächen des chronologischen phonematischen Entschlüsselns (Lesens) und des graphematischen Verschlüsselns (Schreibens) die LRS vorhergesagt werden.
- Schwächen bei der Unterscheidung phonematischer Segmente (Laute) sind deutlich.
- Das Benennen von Buchstaben, Wörtern, Gegenständen, Farben oder Zahlen ist langsam und fehlerhaft.

4 Körperbehindertenpädagogik - Wissenschaft und Personengruppe

- Satzzusammenhänge werden weniger genutzt.
- Die Unterscheidung von visuellen Reizfolgen (Buchstabenfolgen wird durch ihre Wortähnlichkeit erschwert.)
" (Beckenbach 2000, S.138)

Das auditive Sprachsystem ist auch beim Erkennen und Benennen visueller Sprachinformation entscheidend aktiv. Die meisten Fehler beim Lesen entstehen durch Defizite bei der Übersetzung visueller Information in sprachliche Information. Kennzeichen der Defizite der visuell-räumlichen Informationsverarbeitung sind:

"
- Der Handlungs-IQ ist niedriger als der Verbal-IQ.
- Die Blickbewegungen bei der Aufnahme sequentieller visueller Information sind gestört.
- Die schnelle visuelle Informationsaufnahme ist beeinträchtigt.
- Die Entwicklung der zeichnerischen, visomotorisch- koordinativen Fähigkeiten (z.B. die Wiedergabe von Winkeln, Bögen, Mengen, etc.) ist beeinträchtigt.
- Die visuelle Merkfähigkeit ist eingeschränkt.
- Das Erkennen räumlicher Lageunterschiede bei Zeichen und Bildern ist erschwert.
- Die Größenverhältnisse und Raumlage von Objekten werden häufig falsch reproduziert.
- Schwächen in der Erfassung räumlicher Beziehungen und visueller Gestalten sind ein frühzeitiges prognostisches Kriterium für LRS.
- Die Diskrimination gestaltähnlicher , aber klanglich unverwechselbarer Reizfolgen ist erschwert (tel/fet, hob/koh, ral/tai, usw.).
- Die Reihenfolge und Richtung visueller Reizfolgen wird häufig falsch wiedergegeben (tor/rot, mit/tim, Beil/Blei, etc.)

4.3 Kinder mit mehrfachen Behinderungen

" (Beckenbach 2000, S. 141)

Bei diesem *Erklärungsansatz der visuellen Informationsverarbeitungsstörung* sind drei *Hypothesen* von Bedeutung: *Annahme einer gestörten Sehfunktion, Störungen bei der selektiven Aufmerksamkeit* und die *Beeinträchtigung der sequentiellen Reizverarbeitung.* Letzteres hängt mit der Entwicklung der Wahrnehmungsfunktionen für räumliche Beziehungen, dem Körperschema und der Rechts-Links-Unterscheidung zusammen.

Woran erkennt man nun solche Probleme im Unterricht? Die Analyse von Lesefehlern ist deutlich schwieriger wie die Beurteilung der Rechtschreibfähigkeit. Die Kinder bemerken natürlich ihre Probleme und entwickeln Strategien, um diese zu bewältigen. Sie versuchen die Wörter zu erraten, Wörter werden durch andere Wörter ersetzt, Silben werden hinzugefügt, Wörter werden buchstabierend gelesen, und größere Sinneinheiten im Satz werden nicht überblickt. Beschrieben wird auch eine unsichere Buchstabenkenntnis, die Verwendung von Buchstabennamen statt der Lautwerte, die Nennung der Lautwerte der Buchstaben ohne Durchführung der Wortsynthese und fehlerhaftes Raten oder Schlussfolgern, wenn sie einen Teil des Wortes erfasst haben (vgl. Beckenbach 2000, S. 172, 173).

Die *Fehler beim Schreiben* sind leichter zu erkennen. Sie sind in *drei Kategorien* aufzuteilen, die Phonemfehler, die Regelfehler und die Merkfehler. *Phonemfehler sind Verstöße gegen das phonetisch richtige Schreiben.* Klangähnliche Phoneme wie b/p, d/t usw. und gestaltähnliche Buchstaben wie m/n, b/d usw. werden verwechselt. Es kommt auch zu Fehlern bei der phonologischen Durchgliederung eines Wortes wie die Auslassung, Hinzufügung und Umstellung von Buchstaben. *Regelfehler* entstehen, wenn das Kind die *sprachlichen Markierungen beim Schreiben nicht berücksichtigt* und die *Abweichungen vom Lautgetreuen nicht genügend gespeichert hat.* Das betrifft die St/Sp-Schreibung, die Konsonantenverdopplung zwischen zwei Kurzvokalen und die Schreibung des langen i/ie. Regelfehler entstehen auch bei der ver-/vor- Schreibung, den Ableitungen vom Wortstamm, bei der Konsonantenverdopplung, der h-Schreibung, der Auslautverhärtung, der ä-Schreibung, der Großschreibung der Satzanfänge und der Namen und Substantive. Um die *Merkfehler* zu vermeiden, muss das Kind die *richtige Schreibweise auswendig lernen.* Als Restfehler werden Fehler bezeichnet, die für die Diagnose von LRS keine Bedeutung haben.

Der *förderspezifische Ansatz* der qualitativen Fehleranalyse verfolgt zwei Ziele, der *Lernstand soll bestimmt werden*, damit die Förderung dort beginnen kann, wo der Schüler in seiner Schriftsprachenentwicklung stehen geblieben ist. Durch Erfolgskontrolle und die Rückmeldung der Erfolge bei der Förderung kann der Schüler verfolgen, wie sich seine Fehler verringern. Das gibt die erforderliche Motivation, um bei der Förderung weiter mitzuarbeiten, denn ohne die Mitarbeit des Schülers wird die Förderung keinen Erfolg haben (vgl. Beckenbach 2000, S. 172-178).

In der *Gehirnforschung* kommt man zu den folgenden *Erkenntnissen:*

Das Gehirn des Menschen ist für das Lesen nicht gebaut. Das Lesen ist daher eine nicht artgerechte Tätigkeit und ein Spezialfall der visuellen Wahrnehmung. Das Lesen ist gelernt und kulturell geprägt. Wenn wir lesen, ist damit ein Erkenntnisgewinn verbunden. Wenn wir etwas laut vorlesen, dann muss das Sehen mit dem Sprechen verbunden werden. Sprechen und das Verstehen der Sprache sind die schnellsten und rechenintensivsten Prozesse, die es im Bereich Wahrnehmung und Motorik gibt (vgl. Spitzer 2002, S. 243-246).

Es ist daher nicht weiter verwunderlich, dass ein Teil aller Kinder unter Sprachverständnisstörungen akustischer Art leidet. Aufgrund dieser Störungen kommt es zu Schwierigkeiten beim Lesen, da bei diesen Kindern eine langsamere kortikale Verarbeitung akustischer Signale vorliegt. Die *Leseschwäche* ist daher eine neurobiologisch zu charakterisierende psychopathologische Erscheinung. Nach Untersuchungen handelt es sich um eine Störung der „Verdrahtung" zwischen den Sprachzentren der linken Hirnhälfte. Es ist also eine Fehlfunktion von Verbindungsfasern zwischen den Sprachzentren (vgl. Spitzer 2002, S. 247-250).

4.3 Kinder mit mehrfachen Behinderungen

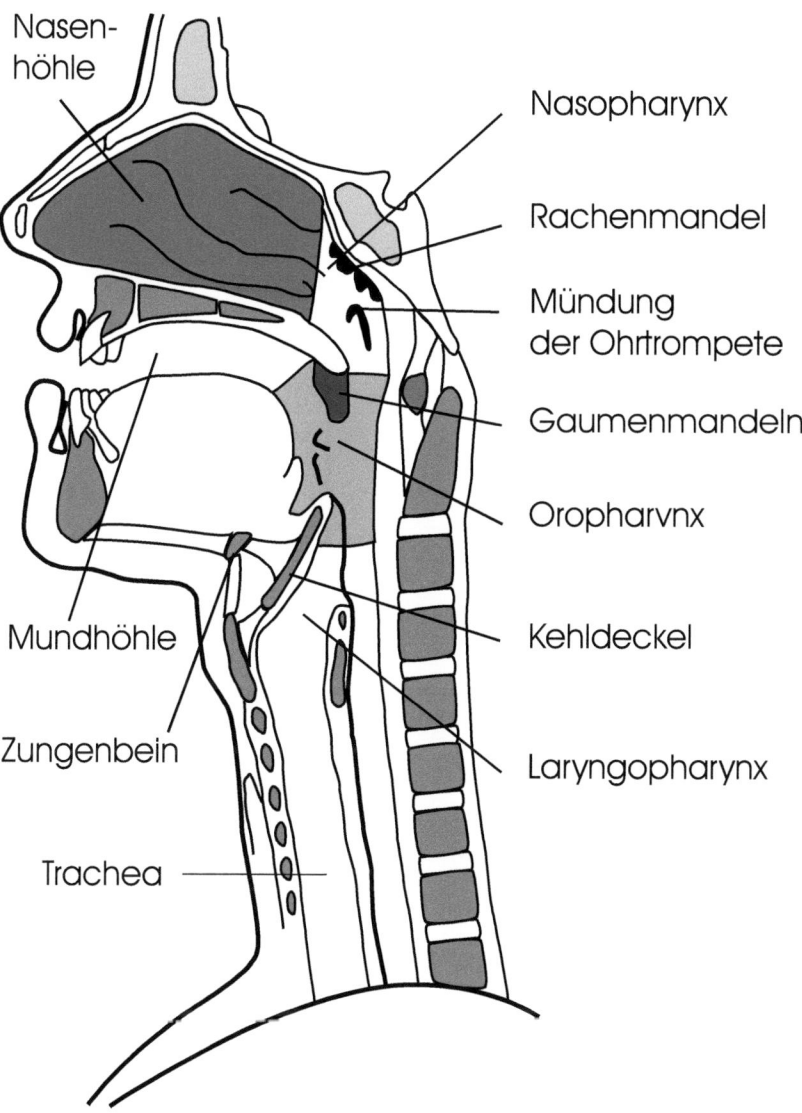

Abbildung 4.3: Die Sprechorgane (vgl. Schäffler/Schmidt, S. 286)

5 Lernen nach den Erkenntnissen der Gehirnforschung

Es gibt in unserem Leben Erlebnisse, die sich in unserem Gedächtnis sehr stark einprägen, manchmal das ganze Leben und eine Verhaltensveränderung bei uns bewirken (vgl. Vester 2007, S. 57).

Lernen ist eines der zentralen Phänomene menschlichen und tierischen Verhaltens. Für die meisten Organismen bedeutet die Fähigkeit zu lernen und zu erinnern die Fähigkeit zum Überleben. Dabei ist hier die Fähigkeit gemeint Verhalten durch Erfahrung zu verändern. Dieses Lernen erreicht beim Menschen die höchste Flexibilität, da er von Natur aus mit geringsten vorprogrammierten Verhaltensmustern ausgestattet und deshalb unverzichtbar auf Lernen angewiesen ist (vgl. Becker-Carus 2004, S. 313)

> „In der Psychologie versteht man unter Lernen die durch Erfahrung entstandenen, relativ überdauernden Verhaltensänderungen.
>
> Lernen kann somit als ein Prozess verstanden werden, der lebende Organismen, jedoch auch technische Anlagen (zum Beispiel Automaten), befähigt, auf Grund früherer Erfahrungen und durch organische Eingliederung weiterer Erfahrungen situationsangemessen zu reagieren." (Becker-Carus 2004, S. 314)

Dieser hier definierte Lernprozess beinhaltet verschiedene, voneinander zu unterscheidende Lernarten: die Habituation, die klassische Konditionierung, die operante Konditionierung, das verbale Lernen, das kognitive Lernen, das Modelllernen und das implizite Lernen (vgl. Becker-Carums 2004, S. 315).

Darauf möchte ich aber nun in diesem Beitrag nicht genauer eingehen und auf die entsprechende Fachliteratur verweisen.

5.1 Lernen und Gedächtnis

Lernen ist mit Gedächtnisleistungen verbunden. Bis ein Erlebnis sich langfristig einprägt, muss es nach Vester die Stufen eines Ultrakurzzeit- und eines Kurzzeit-Gedächtnisses durchlaufen. Erst dann wird es permanent gespeichert (vgl. Vester 2007, S. 57, 59).

Das *Ultrakurzzeitgedächtnis* kann als erster Filter für Wahrnehmungen bezeichnet werden. Das bedeutet, dass Wahrnehmungen, die ankommen, nach wenigen Sekunden abklingen, wenn sie nicht mit bereits im Gehirn vorhandenen Gedanken verknüpft werden (vgl. Vester 2007, S. 63).

> „Alle durch die Sinneswahrnehmungen, durch das Auge, das Ohr oder die Haut ankommenden Impulse kreisen zunächst einmal in Form elektrischer Ströme und Schwingungen in unserem Gehirn, wo sie nach zehn bis zwanzig Sekunden wieder abklingen. Wenn keine Aufmerksamkeit vorhanden ist oder wenn sich diese Informationen nicht an bereits bekannten Gedankenverbindungen aufhängen lassen, dann gehen diese Wahrnehmungen an uns vorbei wie Straßengeräusche oder wie die Laute einer fremden Sprache." (Vester 2007, S. 62)

Das *Ultrakurzzeitgedächtnis* ist für Sofortreaktionen sehr wichtig. Diese Wahrnehmungen, die in unserem Gedächtnis nur kurze Zeit verweilen, müssen vergessen werden, wenn automatisierte Bewegungen richtig ablaufen sollen. Wenn wir über alles nachdenken müssten, dann wären Sofortreaktionen nicht möglich. Bevor aber der Mensch eine Bewegung automatisch ausführen kann, muss diese in der Großhirnrinde als Programm verankert sein. Dabei laufen die gleichen Impulse immer wieder über dieselben Bahnen zum Großhirn. Nach längerer Einübungszeit sind sie automatisiert. Dadurch wird das Großhirn entlastet. Die Wahrnehmungen werden dann direkt an die motorischen Nerven weitergeleitet (vgl. Vester 2007, S. 64).

Die Verweilzeit der Wahrnehmungen im Ultrakurzzeit-Gedächtnis ist also sehr kurz. Wenn wir diese eingegangenen Informationen innerhalb kurzer Verweilzeit abrufen und sie dann bereits gespeicherten Gedächtnisinhalten zuordnen und eine Resonanz mit schon vorhandener Erinnerung entsteht, dann kann man die neuen Eindrücke vor dem Verlöschen retten. Dieser Übergang vom Ultrakurzzeit-Gedächtnis in das Kurzzeit-Gedächtnis kann aber durch eine leichte Störung gestoppt werden (vgl. Vester 2007, S. 65)

> „Das Ultrakurzzeit-Gedächtnis ist durch leichte Reize jederzeit voll löschbar. Die gesamte Information, die in etwa achtzehn Sekunden aufgenommen wurde, ist damit verschwunden." (Vester 2007, S. 72)

Zu dieser Erkenntnis stelle man sich einmal eine Schulklasse vor, in der das Unterrichtsgeschehen von einigen Schülern sehr stark gestört wird. Ich würde vermuten, dass die vermittelten Lerninhalte durch die Störungen immer wieder gelöscht werden, auch bei den Schülern, die versuchen sich zu konzentrieren und mitzuarbeiten.

Wie schon erwähnt, können wir momentane Eindrücke durch willentliches Heranholen von Assoziationen speichern, das heißt, diese Inhalte sind für uns dann erinnerbar. Dies geschieht aber auch oft ohne unser bewusstes Zutun, wenn wir entsprechende Interessen oder Motivationen haben. Deshalb werden unwichtige Details manchmal für lange Zeit im Gedächtnis behalten, weil wir passende Assoziationsmuster zu diesen Eindrücken hatten. Auf der anderen Seite können starke Eindrücke, die über das Ultrakurzzeit-Gedächtnis hinausgehen, aber noch einmal völlig gelöscht werden, solange sie nicht in die Langzeit-Speicherung übergegangen sind. Solche eine Löschung kann durch Schockerlebnisse erfolgen (vgl. Vester 2007, S. 66, 67)

Ist der Schreck oder Schock so stark, dass der normale Übergang vom Kurzzeit- ins Langzeit-Gedächtnis unterbrochen wird, so dass die Langzeitspeicherung blockiert ist, dann verlöscht alles (vgl. Vester 2007, S. 70).

> „Es sind all die Informationen, die noch nicht bleibend eingeprägt sind und nach etwa zwanzig Minuten zusammen mit dem Kurzzeit-Gedächtnis verblassen: retrograde Amnesie, rückwirkendes Vergessen." (Vester 2007, S. 70, 71)

Im *Kurzzeit-Gedächtnis* verweilen die Informationen etwa 20 Minuten, bevor sie ins Langzeit-Gedächtnis gelangen (vgl. Vester 2007, S. 72).

5 Lernen nach den Erkenntnissen der Gehirnforschung

Informationen aus dem Langzeit-Gedächtnis sind immer wieder abrufbar. Aber auch bei im *Langzeit-Gedächtnis* gespeicherten Eindrücken können durch spätere stressartige Erlebnisse die Erinnerungen blockiert werden, indem die Transmittertätigkeit gestört wird. Deshalb sollte der Lernvorgang nicht unter Stress erfolgen (Vester 2007, S. 88).

Aufgrund dieser Erkenntnisse ist es wichtig, dass der Stoff, denen wir lernen wollen, wiederholt über das Ultrakurzzeit-Gedächtnis angeboten wird. Das Gehirn muss die neuen Informationen mit vorhandenen Gedächtnisinhalten assoziieren. Dies findet im Hippocampus der Schläfenlappen statt, der zum limbischen System gehört. Es ist in der Lage die Vorstellungen und Bilder zusammenzubringen und ersetzt dabei teilweise die vielen Wahrnehmungskanäle, über die ein echtes Erlebnis aufgenommen und verarbeitet wird (vgl. Vester 2007, S. 89).

> „Das heißt, wir müssen solche Ein-Kanal-Informationen dann wenigstens innerlich zu Mehr-Kanal-Informationen machen — quasi zu einem inneren Erlebnis. Dabei erfolgt eine gezielte Strukturveränderung von Synapsenverbindungen, wodurch weitere neuronale Netze geknüpft werden. Und damit wird auch schon gleich der Weg für die spätere Wiederauffindung durch Assoziationen gebahnt: Je mehr passende Assoziationen, je mehr Möglichkeiten einer vielfältigen Zuordnung schon da sind, umso weniger muss der Stoff gepaukt werden, und umso besser ist er aus dem Langzeit-Gedächtnis — selbst auf eine ungewohnte Anfrage hin — abrufbar." (Vester 2007, S. 89)

Also ist hier aufgrund dieser Aussage folgendes festzustellen:
Es sollte nur ein Stoff angeboten werden, bei dem die Schüler über die erforderlichen Lernvoraussetzungen verfügen. Wird bei der Einführung eine Verbindung mit der alltäglichen Lebenswelt hergestellt, so sind diese Informationen in der Regel nicht allzu fremd. Dadurch können die Informationen auf vielen Ebenen im Gehirn verankert werden und es entsteht auf diese Weise ein empfangsbereites Netz für die späteren Details (vgl. Vester 2007, S. 198).

Da bei einem Teil der körperbehinderten Schülern davon auszugehen ist, dass ihre „alltägliche Lebenswelt" und damit auch ihre bisherigen Erfahrungen von den Erfahrungen nichtbehinderter Schülern deutlich abweichen, sollte dies berücksichtigt werden. Der neu angebotene Unterrichtsstoff sollte daher so angeboten werden, dass der Einstieg über die Erfahrungswelt der behinderten Schüler erfolgt. Ein Informationsaustausch über die Erfahrungen der Schüler in dem betreffenden Bereich ist daher sinnvoll.

Werden bei den Schülern Erfahrungen vorausgesetzt, die sie aufgrund ihrer Behinderungen gar nicht machen konnten, dann ist der neue Stoff für sie total unbekannt. Ein unbekannter Unterrichtsstoff wirkt feindlich und löst Stress aus. Durch die negative Hormonlage wird das Denken und Kombinieren blockiert und damit kann sich der Stoff nicht assoziativ verankern. Eine vertraute „Verpackung" verhindert Stress und durch ein Gefühl des Wiedererkennens hat der Schüler ein kleines Erfolgserlebnis und es entsteht eine lernpositive Hormonlage (vgl. Vester 2007, S. 198)

Der Lernstoff sollte in Abständen wiederholt angeboten werden.

„Wenn eine Information wiederholt über das Ultrakurzzeit-Gedächtnis (aber nicht innerhalb der Zeitspanne des UZG) aufgenommen wird, kann sie mit mehreren vorhandenen Gedächtnisinhalten assoziiert werden. Vorstellungen und Bilder werden geweckt, die die vielen Wahrnehmungskanäle eines echten Erlebnisses teilweise ersetzen und eine Einkanalinformation wenigstens innerlich zur Mehrkanal-Information machen, quasi zu einem inneren Erlebnis." (Vester 2007, S. 200)

Der Lernstoff sollte zur Wiederholung nicht innerhalb des Ultrakurzzeit-Gedächtnisses (weniger Sekunden) angeboten werden, da sonst der Effekt der Interferenz auftritt, bereits aufgenommene Informationen werden dann durch erneute, ähnliche Informationen gelöscht. So bleibt keine Zeit, um die Informationen an bekannten Gedankeninhalten zu verankern (vgl. Vester 2007, S. 62).

5.2 Lernen unter Stress?

Überhaupt ist es so, dass das menschliche Gehirn beim Übergang von einer Gedächtnisstufe zur anderen die meisten Informationen wieder aussondert. Es wird also nur ein Bruchteil der eingehenden Informationen genutzt. Externe Informationen, die ankommen, werden im Gehirn durch

5 Lernen nach den Erkenntnissen der Gehirnforschung

die bereits vorhandenen Informationen personalisiert, die Informationen werden sozusagen mit uns selbst vertraut gemacht. Die Entscheidung, welche der einströmenden Informationen für uns wichtig sind, wird im limbischen System getroffen, das eng mit der Gefühlswelt verknüpft ist. Es hängt also von der gefühlsmäßigen Erfahrung des Einzelnen ab, welche Informationen ausgewählt und gespeichert werden (vgl. Vester 2007, S. 91)

> „Dem Lernenden müssen zu jedem Zeitpunkt Wert und Bedeutung eines Lernstoffs persönlich einsichtig sein. Nur dann werden Antrieb und Aufmerksamkeit geweckt, der Schüler zum Lernen motiviert, der Organismus auf «Aufnahme» gestimmt und der Inhalt sinnvoll gespeichert. Die Information wird «tiefer» verankert, weil dann über die kognitiven Verarbeitungsregionen der Gehirnrinde hinaus z.B. auch das limbische System «emotional» mitbeteiligt ist." (Vester 2007, S. 197)

Die limbische Region scheint einen starken Einfluss auf den Hypothalamus und das vegetative System zu haben. Dort werden die sensorischen, motorischen und vegetativen Leitungen zusammengeführt. Im Hypothalamus werden alle ankommenden Wahrnehmungsimpulse mit Gefühlen ausgestattet und es wird dort auch die chemische Information des im Blut anwesenden Hormons registriert und in die entsprechenden Gefühle umgesetzt (vgl. Vester 2007, S. 97-99).

Auch jede seelische Erregung ist mit einem stofflichen Geschehen verbunden. Die dadurch ausgeschütteten *Stresshormone* beeinflussen die Schaltstellen zwischen den Neuronen. Wie schon erwähnt, wird bei *Stress* die normale Funktion der Synapsen gestört. Wenn der Gehalt der Stresshormone Adrenalin und Noradrenalin ansteigt, werden viele Impulse nicht weitergeleitet. Es kommt dann zu *Denkblockaden* und *Gedächtnislücken*, und es spielt dabei keine Rolle, wie fest etwas gelernt wurde (vgl. Vester 2007, S. 101-104).

Es geht natürlich nicht darum allen Stress zu vermeiden. Auch die Bewältigung von Stresssituationen sollte erlernt werden. Aber der Lernvorgang selbst sollte stressfrei sein, nur so kann er ein Ergebnis zeigen (vgl. Vester 2007, S. 121).

5.2 Lernen unter Stress?

Gerade behinderte Kinder und Jugendliche, die häufig durch aufgrund ihrer Behinderung durch frühe Erfahrungen von Einsamkeit oder Verlust eine wahrscheinlich erhöhte Angst- und Stressbereitschaft erworben haben, geraten leichter in Überforderungsstress als andere (vgl. Bauer 2008a.S. 67-69).
Dies sollte nach meiner Ansicht im Unterricht bei Behinderten unbedingt berücksichtigt werden, damit der Lernerfolg nicht durch Denkblockaden beeinträchtigt wird.

„Übrigens können nicht nur real erlebte Schrecksekunden, sondern auch bloße Gedanken und Erinnerungen an unangenehme oder belastende Situationen Denkblockaden oder Fehlleistungen verursachen. Denn für das Gehirn ist es ganz gleich, ob diese Wahrnehmungen von außen oder von innen kommen, da in Wirklichkeit niemals äußere Informationen direkt verarbeitet werden. Es werden lediglich interne Relationen miteinander verrechnet. Daher gibt es für das Nervensystem keine Innen-Außen-Unterscheidung.[85] So kann in der Tat auch beim Unterricht lediglich die Sekundärinformation «fremd», «unbekannt» und somit «feindlich» das Lernen und Erinnern verhindern, und zwar genauso, wie wenn jemand von einem Lehrer direkt angebrüllt wird.[86]" (Vester 2007, S. 149)

Bei einem Test in Münchner Schulen stellte es sich heraus, dass bei freundlicher Fragestellung 91 von 100 Antworten richtig gegeben wurden. Wurden die Schüler eingeschüchtert, dann sank die Anzahl der richtigen Antworten auf 50 Prozent. Bei unbekannter, fremdartiger Ausdrucksweise des Lehrers wurden nur noch 41 Prozent der Fragen richtig beantwortet, und das schlechteste Ergebnis wurde erzielt, wenn die anschaulichen Fragen durch assoziationsarme und abstrakte Formulierungen ersetzt wurden. Dann wurden durch die Denkblockaden nur noch 33 von 100 Fragen richtig beantwortet (vgl. Vester 2007, S. 150)
Unter Stress können auch vertraute Informationen nicht mehr richtig aufgenommen, assoziiert und gespeichert werden. Auch abermaliges Wiederholen, stundenlanges Büffeln und guter Wille hilft hier nicht mehr, denn Gewaltanstrengungen können die Denkblockade nur noch verstärken (vgl. Vester 2007, S. 155).

Man sollte daher für Spaß und Erfolgserlebnisse sorgen, damit eine positive Hormonlage dafür sorgt, dass die Synapsen und der Kontakt zwischen den Gehirnzellen reibungslos funktioniert. Mit positiven Erlebnissen verknüpfte Informationen werden besonders gut verarbeitet und verstanden und damit vielseitig im Gedächtnis verankert (vgl. Vester 2007, S. 199).

Daher halte ich eine gute Lehrer-Schüler-Beziehung für besonders wichtig. Ein weiterer Faktor ist mit Sicherheit ein gutes Klima innerhalb einer Schulklasse, wobei hier die Schüleranzahl pro Klasse und ihr Sozialverhalten eine Rolle spielt.

Wenn das Lernen mit schönen und angenehmen Ereignissen verknüpft wird, dann wird die Ausschüttung von Stresshormonen im Gehirn verringert und dann können die vorhandenen Assoziationsmöglichkeiten für das Denken und Lernen genutzt werden. Wenn dann die Informationen später wieder abgerufen werden, dann erinnert sich der Schüler auch wieder an die positiven Empfindungen, die er beim Erwerb dieses Stoffes hatte. Der Lernvorgang ist daher biologisch gesehen auf positive Situationen zugeschnitten. In einer positiven Situation funktioniert er optimal und es ist ja auch so, dass Ereignisse, die mit positiven Erlebnissen verbunden sind viel besser im Langzeit-Gedächtnis behalten werden. Angenehme Dinge können auch vielfältiger assoziiert werden (vgl. Vester 2007, S. 162, 163).

5.3 Lerntypen

Aber diese Erkenntnis allein reicht nicht aus. Vester unterscheidet verschiedene *Lerntypen*. In den ersten Lebenswochen des Kindes entsteht unter dem Eindruck äußerer Wahrnehmungen ein erstes Abbild der äußeren Umwelt. Es bildet sich ein deutliches Muster aus, aber die Verknüpfungen von Kind zu Kind sind sehr verschieden. Damit sind bestimmte Bahnen für Denkvorgänge und Verhalten für immer festgelegt (vgl. Vester 2007, 122-125).

> „Je nach Grundmuster sind also die Eingangskanäle wie Sehen, Hören, Fühlen und alle damit zusammenhängenden Empfindungen recht verschieden ausgebildet und beispielsweise die Nervenleitungen von den optischen Eingangskanälen zum Gedächtnis in der grauen Hirnrinde und weiter zu den Schaltzentralen für die Gefühle und anderen Körperfunktionen, etwa im

limbischen System, gänzlich anders verknüpft.⁷⁷" (Vester 2007, S. 125)

Auf diese Weise kann es aufgrund einer Behinderung in diesem Alter zu Ausfällen kommen, die nicht mehr korrigierbar sind.

Diese Grundmuster betreffen auch die Eingangskanäle unserer sinnlichen Wahrnehmungen, was zur Folge hat, dass es viele verschiedene Lerntypen gibt (vgl. Vester 2007, S. 126, 127).

Es gibt Schüler, die lernen einen Stoff am besten, wenn sie sich mit anderen darüber unterhalten (*verbaler Typ oder Gesprächstyp*), andere wieder eher durch die Beobachtung eines Experiments (*visueller Sehtyp*). Wieder andere Schüler lernen am besten durch Anfassen und Fühlen (*haptischer Fühltyp*) und manche durch Begriffe und Formeln, also *verbal-abstrakt*. Da diese Typen in Reinform sozusagen nicht vorkommen, gibt es wahrscheinlich unendlich viele Lerntypen (vgl. Vester 2007, S. 127).

Daher ist folgendes zu beachten:

„Den Lernstoff über möglichst viele Eingangskanäle anbieten, einprägen und verarbeiten. Je mehr Wahrnehmungsfelder im Gehirn beteiligt sind, desto mehr Assoziationsmöglichkeiten für das tiefere Verständnis werden vorgefunden, desto größer werden Aufmerksamkeit und Lernmotivation, und desto eher findet man die gelernte Information wieder, wenn man sie braucht." (Vester 2007, S. 199)

Diese Methode bietet auch eine Chance für behinderte Schüler, denen aufgrund ihrer Behinderung die Aufnahme über einen Eingangskanal der sinnlichen Wahrnehmung behindert ist, wie zum Beispiel bei Kindern, die hör- oder sehbehindert sind.

Bei unserem klassischen Schultyp werden aber nur bestimmte Eingangskanäle bevorzugt, dies ist vor allem der verbal-abstrakte Bereich, wodurch Schüler, die am besten auf diese Art lernen bevorzugt sind, und Behinderte sind dadurch wahrscheinlich oft benachteiligt (vgl. Vester 2007, S. 132).

5.4 Die Bedeutung der Sekundärassoziationen beim Lernen

Beim Lernen besteht die gespeicherte Information nicht nur aus dem Stoff, der gelernt wird, sondern sie beinhaltet auch alle begleitenden Wahrnehmungen aus dem Umfeld. Die Gesamtinformation besteht also aus dem ganzen Milieu um uns herum einschließlich unserer positiven und negativen Gefühle, die wir dabei empfinden (vgl. Vester 2007, S. 141, 143).

Wenn wir uns nun an einen bestimmten Inhalt erinnern, so entsteht dabei wieder die Gefühlswelt, die beim Erlernen dieses Stoffes vorhanden war. Diese *Sekundärassoziationen* sind von großer Bedeutung (vgl. Vester 2007, S. 145).

> „Denn sie können sowohl das Lernen ungemein fördern, wenn man sie richtig einsetzt, als auch ein Lernen völlig unmöglich machen. Wie gesagt, hier wird keineswegs nur der Lernstoff als Information aufgenommen, sondern ebenso eine große Menge von Wahrnehmungen aus dem Milieu." (Vester 2007, S. 145)

Die Primär- und Sekundärinformationen sind nicht einfach voneinander zu trennen, denn der eigentliche Lerninhalt wird durch die begleitenden Wahrnehmungen und Gefühle mit einer Vielzahl weiterer Gehirnzellen und Erinnerungsfelder verknüpft. Dies ist für das Lernen vorteilhaft, wenn die neuen Lerninhalte mit vertrauten und angenehmen Begleitinformationen verbunden werden. Es wird dann auch verhindert, dass der schon beschriebene Stressmechanismus einsetzt, der zur Denkblockade führt (vgl. Vester 2007, S. 146, 147).

Aber auch bloße Gedanken und Erinnerungen an unangenehme und belastende Situationen können eine Denkblockade oder Fehlleistungen zur Folge haben. Da im Gehirn niemals äußere Informationen direkt verarbeitet werden, spielt es keine Rolle, ob die Wahrnehmungen von außen oder von innen kommen. So kann im Unterricht auch die Sekundärinformation «fremd», «unbekannt» und damit «feindlich» eine Stressreaktion zur Folge haben und damit das Lernen und Erinnern verhindern (vgl. Vester 2007, S. 149).

> „So erkennen wir schließlich, dass es sich bei unangenehmen Sekundärassoziationen, bei Spannungen mit dem Lehrer, bei

Hungergefühl, bei Kälte oder wenn man mit jemanden zerstritten ist, schon rein biologisch nicht nur schlechter lernt als bei angenehmer Atmosphäre, sondern dass auch das spätere Abfragen aus dem Langzeit-Gedächtnis, auch wenn dann selbst kein Stress erzeugt wird, vereitelt werden kann, und zwar durch die ursprünglich mit dem Stoff gespeicherten Stresssignale, die nun ebenfalls wieder mit abgerufen werden." (Vester 2007, S. 164)

Wenn wir uns nun daran erinnern, können bei Behinderten aufgrund ihrer Behinderung und den daraus resultierenden Erfahrungen die Stresssyteme des Körpers beeinträchtigt sein. Da diese Kinder und Jugendlichen dann infolge leichter unter Überforderungsstress geraten, ist anzunehmen, dass dadurch auch ihre Lernfähigkeit beeinträchtigt werden kann. Hier ist dann eine angenehme Lernatmosphäre besonders wichtig.

Die grundlegende Abneigung gegenüber allem Fremden kann durch Neugierde überwunden werden (vgl. Vester 2007, S. 154)

„Sie bildet den Antrieb, die Motivation, auch einen fremden, unbekannten Stoff aufzunehmen, ihm Aufmerksamkeit zu widmen und geeignete Assoziationen für ihn zu suchen. So bildet die Neugier auf unserem Netzplan eine wichtige Brücke von «fremd-unbekannt» zur «Motivation», ohne dass der hemmende Weg über Stress, Flucht oder Frustration eingeschlagen werden muss." (Vester 2007, S. 154)

Um bei den behinderten Schülern, die zum Teil auch in ihrem Motivationssystem beeinträchtigt sind die Neugier zu wecken, sollten die Lehrer, die dort arbeiten Spaß an ihrem Beruf und ihren Fächern haben. Wenn sie selbst motiviert sind und nicht fachfremd unterrichten müssen, wird es ihnen auch eher gelingen bei ihrem Schülern die Neugier zu wecken (vgl. Spitzer 2002, S. 413, 414).

5.5 Lernen durch Belohnung und Bestrafung

Wie in Kapitel 2.5 schon angesprochen, verfügt der menschliche Körper über ein *Motivationssystem*. Es gibt verschiedene Modelle und Vorstellungen, mit denen versucht wird die menschlichen *Entscheidungsprozesse*

5 Lernen nach den Erkenntnissen der Gehirnforschung

zu erklären. Sie gehen dabei alle von der Annahme aus, das jedes Individuum Lust sucht und Unlust vermeiden will. Im Gehirn wird dies registriert und das zukünftige Verhalten wird danach ausgerichtet. Dabei *wirken zahlreiche Gehirnzentren zusammen* und führen drei Aufgaben aus. Bei anstehenden Entscheidungen werden die *Gewinn- und Verlustaussichten abgeschätzt*, dann zum zweiten erfolgt eine *Bewertung des Erfolgs der Handlung*, für die man sich entschieden hat, und zum Schluss erfolgt eine *Bestätigung oder eine Korrektur der Risikobewertung* bei ähnlichen Entscheidungen. Bei diesem Gesamtvorgang wird das Positive und das Negative erkannt und abgespeichert. Für das Negative ist, wie schon geschildert, auf der unbewussten Ebene die *Amygdala* zuständig. Schnell wird das Schädliche und Bedrohliche erkannt, schnell werden in Zusammenarbeit mit dem *Hypothalamus* die vegetativen Zentren im Hirnstamm und die *Hypophyse* aktiviert und wir sind zur Verteidigung oder Flucht und zur Stressbewältigung bereit. Es kommt dabei zur Ausschüttung bestimmter Stoffe wie Noradrenalin und Adrenalin und wir sind in sekundenschnelle alarmiert und reaktionsbereit, andere in dieser Situation ausgeschüttete Stoffe erzeugen dabei Unwohlsein, Schmerz und Furcht, was starke aversive Gefühle sind. Durch die Koppelung der Ausschüttung dieser Stoffe mit bestimmten Ereignissen werden wir sozusagen emotional konditioniert (vgl. Roth 2007, S. 149- 151)

Die angenehmen Ereignisse in unserem Leben werden von anderen Hirnzentren und den dort ausgeschütteten Stoffen erzeugt. Es ist vor allem der *Neurotransmitter Serotonin*, der uns beruhigt. Aber auch die endogenen *Opiate*, die bereits schon erwähnt wurden, führen bei Ausschüttung zu Lust und Freude. Sie werden in den limbischen Zentren produziert. Alles, was belohnend wirkt, muss mit der Ausschüttung dieser Stoffe im Gehirn verbunden sein. Zahlreiche Zentren sind im Gehirn an der Registrierung von Belohnung beteiligt. Die Neurone in diesen Zentren feuern um so stärker, je größer bei einem Ereignis die Belohnung ist. Es gibt aber in diesen Gehirnzentren auch Neurone, die man *Enttäuschungs-Neurone* nennt. Sie feuern dann, wenn eine Belohnung erwartet wurde, und sie aber ausgeblieben ist. Die sogenannten *Belohnungsneurone* und die Enttäuschungs-Neurone sind die Grundlage des *Belohnungsgedächtnisses*. Das Belohnungsgedächtnis ist die Grundlage der Belohnungserwartung. Je höher die Belohnungserwartung ist, desto stärker feuern die Neurone, die durch den Neuromodulator Dopamin charakterisiert sind. Die

5.5 Lernen durch Belohnung und Bestrafung

Aktivität dieser Neurone geht zurück, wenn die Belohnung wahrscheinlich oder sicher wird, also wenn regelmäßig für eine bestimmte Leistung belohnt wird. Deshalb wird eine Belohnung, die sicher eintritt, nach einiger Zeit nicht mehr als Belohnung empfunden. Das Belohnungssystem stellt fest, in welchem Maß die Belohnung den Erwartungen entspricht. Dabei sind drei Situationen möglich: Wenn die Erwartungen ganz und voll erfüllt werden, dann wird keine Abweichung registriert und es gibt keine oder nur wenig Veränderung in der Ruheaktivität der dopaminergen Neurone. Wenn die Belohnung aber überraschenderweise höher ausfällt, als erwartet wurde, dann werden diese Neurone stark aktiviert. Im dritten Fall, wenn die Belohnung geringer ausfällt, als erwartet wurde, oder gar ganz ausbleibt, dann werden diese Neurone in ihrer Aktivität gehemmt, und es kann noch zu einer Meldung aus der Amygdala kommen. Diese Antworten dopaminerger Neurone im Gehirn sind eine wichtige Grundlage der Motivation und die Motivation ist eine Belohnungserwartung (vgl. Roth 2007, S. 151-154)

Soweit zu den Erkenntnissen der Hirnforschung, die mit denen der *Lernpsychologie* übereinstimmen.

Die wichtigste Erkenntnis experimenteller Lernforschung war, dass Verhaltensänderungen immer dann eintreten, wenn der Organismus einen Vorteil durch die Veränderung hat. Ein Vorteil kann aber auch darin liegen, dass ein Nachteil vermieden oder beendet wird. Wenn ein Schüler dazu gebracht werden soll, eine bestimmte neue Verhaltensweise zu zeigen, so muss es bei ihm zu einer Verhaltensänderung kommen, die auch zukünftig erwartet wird. Deshalb nennt man diese Art von Lernen auch Verstärkungslernen oder operante bzw. instrumentelle Konditionierung. Zu unterscheiden sind dabei Strafe, die positive Verstärkung und die negative Verstärkung. Die positive Verstärkung, also das Eintreten einer angenehmen Situation wird auch *Belohnung* genannt. Unter negativer Verstärkung versteht man die Vermeidung oder das Beenden einer unangenehmen Situation (vgl. Roth 2007 S. 228, 229)

Zunächst möchte ich mich der Wirkung der *Bestrafung* zuwenden.

„Strafe ist entweder als direkte Bestrafung das Zufügen eines körperlichen oder psychischen Schmerzes oder als indirekte Bestrafung der Entzug eines positiven Zustandes («zur Strafe dürft ihr heute nicht fernsehen!»)." (Roth 2007, S. 229)

Bei der *direkten Bestrafung* werden *Furcht bzw. Angst erzeugt.* Der Bestrafte hat Furcht vor neuer Strafe. Bestrafung führt langfristig gesehen aber fast nie zu einer vollkommenen Unterdrückung der unerwünschten Verhaltensweisen. Das Verhalten wird meist nur vorübergehend unterlassen, daher ist *diese Form der Konditionierung die am wenigsten wirksamste.* Auch sind die Auswirkungen durch den Bestrafenden nicht gut kontrollierbar. Die Bestrafung erhöht die Attraktivität des Verbotenen und lenkt die Aufmerksamkeit des Bestraften darauf. Die Bestrafung muss in bestimmten Abständen erfolgen, da sonst das unerwünschte Verhalten wieder gezeigt wird. Je öfter aber bestraft wird, desto mehr verliert die Strafe an ihrer Wirkung. Oft wirkt auch die Beendigung einer Bestrafung wie ein Verstärker für die bestrafte Handlung. Ein weiterer Punkt ist, dass die Bestrafung beim Bestraften negative Gefühle gegenüber dem Bestrafenden weckt. Meist entsteht das Gefühl ungerecht behandelt zu werden und ein Bedürfnis nach Rache. Die Strafe ist ein negatives Ereignis und der Strafende erscheint immer irgendwie im Unrecht, auch wenn er objektiv gerecht straft. Auch sind die Konsequenzen einer Bestrafung nicht kontrollierbar. Oft kommt es zu Ersatzhandlungen an Dritten (vgl. Roth 2007, S. 229, 230)

> „Insgesamt kann man durch Strafe eine bestimmte Verhaltensweise zwar vorübergehend unterdrücken, nicht aber eine neue Verhaltensweise langfristig etablieren, denn Strafe beruht auf Angst, die meist das Verhaltensrepertoire *einschränkt* und nicht erweitert. Strafe zieht in aller Regel Verhaltensweisen nach sich, die darauf aus sind, weitere Strafen zu vermeiden, aber nicht in kreativer Weise neue, positive Verhaltensweisen zu etablieren. Strafe wirkt *de-motivierend*, denn man kann an der missbilligten Verhaltensweise nichts mehr ändern. Strafe verängstigt, auch wenn sie aus Sicht des Bestrafenden gerecht ist." (Roth 2007, S. 230)

Die *schädlichste Art aber ist die inkonsequente Bestrafung*, die aus einer Kombination von überharter Bestrafung und Ignorieren besteht, wobei das Ignorieren vorübergehend als Verstärkung wirkt. Die *Strafe* ist daher *nur langfristig wirksam, wenn eine Bestrafung mit einer möglichen*

5.5 Lernen durch Belohnung und Bestrafung

Belohnung bei erwünschtem Verhalten verbunden ist (vgl. Roth 2007, S. 231).

> „Generell muss der Lehrer oder Vorgesetzte eine Möglichkeit aufzeigen, wie man einer weiteren Bestrafung entgehen kann. Die andere Bedingung, unter der Strafe überhaupt wirksam ist, ist die Verbindung mit Reue, wenn also der Bestrafte die Strafe als gerecht, bzw. verdient akzeptiert. Reue versetzt eine Person in einen tiefen emotionalen Aufruhr, der einer Gehirnwäsche gleichkommt und die Person für Belehrungen jeglicher Art empfänglich macht." (Roth 2007, S. 231, 232)

Die Strafe ist daher *meist keine besonders gute pädagogische Maßnahme*. Die *Nichtbeachtung von unerwünschten Verhaltensweisen ist daher oft effektiver*, besonders dann, wenn ein Schüler mit diesen Verhaltensweisen die Aufmerksamkeit anderer Personen auf sich lenken will (vgl. Roth 2007, S. 232).

Wirksamer als die Bestrafung ist der *Entzug von Belohnung*.

> „Nichtbeachten ist ein effektiver Belohnungsentzug, insbesondere weil Beachtung und Kommunikation wichtige soziale Signale sind. Kaum jemand erträgt es auf Dauer, von den anderen ignoriert und von der Kommunikation ausgeschlossen zu werden." (Roth 2007, S. 233)

Dabei ist es aber sehr wichtig, dass mit dem *Belohnungsentzug* die Chance gekoppelt ist, dass man die *verlorene Vergünstigung wieder erlangen kann*. Der Belohnungsentzug muss aber zeitnah erfolgen, und er *muss auf eine bestimmte nicht erwünschte Verhaltensweise* ausgerichtet sein. Wird die frühere Vergünstigung wieder erlangt, so wirkt dies wie eine Belohnung (vgl. Roth 2007, S. 233)

Weiter ist hier bei der negativen Konditionierung das *Vermeidungslernen* zu nennen. Es wird dabei ein negativer Zustand angedroht um eine bestimmte Verhaltensveränderung zu erreichen (vgl. Roth 2007, S. 233).

> „Vermeidungslernen bezieht sich ganz allgemein auf das Vermeiden von Handlungen oder Ereignissen, die eine negative Konsequenz nach sich ziehen, und das kann alles sein, was man oder wovor man sich fürchtet." (Roth 2007, S. 234)

Vermeidungslernen wirkt im Allgemeinen sehr schnell und es besteht die Gefahr, dass die *Wirkung sehr schnell nachlässt*. Vermeidungslernen wird nicht als positiv angesehen, sondern es wird mehr oder weniger als Zwang erlebt. Insgesamt ist es aber gegenüber unpersönlichen und negativen Ereignissen *effektiver als die Bestrafung* (vgl. Roth 2007, S. 234, 235)

> „Im Bereich der Pädagogik und Personalführung kann negative Konditionierung, d. h. Strafandrohung also nur zu einer begrenzten Verhaltensänderung eingesetzt werden. Besonders wichtig sind hierbei ein klares Aufzeigen des kritisierten Verhaltens und eine ebenso klare Darstellung der Art und Weise, wie eine negative Maßnahme von Seiten des Vorgesetzten oder Lehrers vermieden werden kann. In jedem Fall sollte der Ton nicht einschüchternd sein, denn er ruft — unbewusst oder bewusst — psychischen Widerstand hervor. Dies gilt insbesondere bei Androhungen von Entlassung oder Zurückstufung." (Roth 2007, S. 235)

Das geeignetste Mittel zur Verhaltensänderung ist die *Belohnung*.

> „Belohnung ist der Eintritt eines positiven Zustandes bzw. die Beendigung eines negativen Zustandes. Positiv ist jeder Zustand, der in uns Befriedigung körperlicher oder psychischer Bedürfnisse, Wohlgefühl, Freude und Lust erzeugt und deshalb von Tier und Mensch *erstrebt* wird. Negativ ist jeder Zustand, der Unlust, Schmerz, Frustration, den Entzug oder die Beendigung positiver Zustände und die Vergrößerung körperlicher oder psychischer Bedürfnisse bedeutet und deshalb *vermieden* wird." (Roth 2007, S. 235, 236)

Bei Belohnung wird eine bestimmte Verhaltensweise verstärkt und die anderen Verhaltensweisen werden abgeschwächt. Die Belohnung funktioniert ziemlich zuverlässig, wenn die erwünschte Verhaltensweise oder Teile davon bereits vorhanden sind und betreffende Organismus auch in der Lage ist, das gewünschte Verhalten auszuführen. Auch muss bei der betreffenden Person eine entsprechende Bedürfnissituation bzw. eine Belohnungserwartung vorhanden sein und die Belohnung muss die Erwartung erfüllen. Wenn Verhaltensveränderungen verlangt werden, die man nicht erbringen kann, wird das Angebot nicht von Erfolg sein. Auch muss die Belohnung zum Beispiel für den Schüler wirklich eine Belohnung sein (vgl. Roth 2007, S. 236, 237).

Nun stellt sich die Frage, unter welchen Bedingungen die Belohnung besonders wirksam ist. Wenn ein Mensch oder ein Tier herausgefunden hat, dass ein bestimmtes Verhalten eine Belohnung zur Folge hat, dann wird der Organismus mit dem Verhalten weiter fortfahren, wenn dies weiter belohnt wird. Aber die Belohnung verliert mit der Zeit ihren Reiz, wenn sie voraussehbar ist. Mehr Motivation das gewünschte Verhalten beizubehalten ist vorhanden, wenn die Belohnung nicht mehr jedes Mal erfolgt. Man nennt dies *intermittierende Belohnung*. Dadurch erhöht sich die Häufigkeit der gezeigten erwünschten Verhaltensweise. Aber auch die intermittierende Verstärkung verliert mit der Zeit ihre Wirkung. Wenn nun die Belohnung variabel eingesetzt wird, kann man feststellen, dass man mit der *intermittierenden Belohnung mit variablen Quoten oder Zeitintervallen* eine *regelmäßige und hohe Reaktionshäufigkeit* erreicht. Generell sollte am Anfang jedes Mal belohnt werden. Wenn der Zusammenhang zwischen Verhalten und Belohnung gelernt ist, dann sollte man zu intermittierenden Belohnung mit festen Quoten übergehen und zum Schluss geht man zu variablen Quoten bzw. Intervallen über (vgl. Roth 2007, S. 237-239).

Was aber passiert, wenn man mit der Belohnung aufhört? Es kommt zu einer Löschung der Verhaltensreaktion (vgl. Roth 2007, S. 239).

> „Am langsamsten vollzieht sich die Löschung bei der intermittierenden Belohnung mit variablen Quoten und Intervallen. Hier dauert es zum Teil sehr lange, bis der Organismus die früher belohnte Reaktion nicht mehr zeigt; meist probiert er es nach längerer Pause noch einmal. Der Grund hierfür ist ziemlich einsichtig: Der Organismus weiß ja nicht, dass die Belohnung völlig eingestellt wurde, und vermutet, dass gerade ein ungewohnt langes Intervall zwischen den Belohnungen herrscht." (Roth 2007, S. 240)

Diese Belohnungsstrategie erzeugt daher ein ziemlich löschungsresistentes Verhalten (vgl. Roth 2007, S. 240)

Also seltene große Belohnungen verändern das Verhalten am stärksten, und dafür strengt man sich am meisten an (vgl. Roth 2007, S. 242).

5.6 Lernen mit Hilfe von Multimedia

Die Freizeit behinderter Kinder und Jugendlicher spielt sich zum größten Teil in der Wohnung der Eltern oder im häuslichen Umfeld ab. Der Medienkonsum nimmt dabei eine herausragende Stellung ein. Medien sind für die Behinderten leicht erreichbar und zu bedienen. Der *Mediengenuss* ist außerdem eine familienentlastende Beschäftigung , der andere jahreszeitlich bedingte Freizeitbedürfnisse ersetzt oder verdrängt. Er führt aber zum Verlust sozialer Kontakte und zum Rückgang sozialer Aktivitäten (vgl. Cloerkes 2001, S. 281, 282).

Die Folge ist ein Verlust an Primärerfahrungen, die für eine handlungs- und erlebnisorientierte Aneignung von Realität erforderlich sind (vgl. Cloerkes 2001, S. 282).

Diese Medien sind aber inzwischen ein fester Bestandteil unserer Welt. Die Schüler sollten daher ihren sinnvollen und gezielten Gebrauch erlernen. Dies gilt aber nicht nur für Behinderte (vgl. Cloerkes 2001, S. 283).

> „Behinderte folgen im gewissem Sinn dem allgemeinen Trend der Verschiebung weg von einem kollektivem Freizeitverhalten in Richtung einer höchst individualisierten, konsumorientierten Freizeitgestaltung. Behinderung ist lediglich ein Faktor mehr, der sich neben einer Vielzahl anderer Faktoren wie Sozialisierungsbedingungen, Alter, Geschlecht, Lebens- und Wohnumfeldbedingungen, Jahreszeit, Freizeittrends, Modeströmungen, finanzielle Verhältnisse, schulische und berufliche Lage erschwerend auf die Freizeitsituation auswirken kann, aber nicht in jedem Fall muß." (Cloerkes 2001, S. 283)

In der Mehrheit der Kinderzimmer steht heute ein Fernseher mit einem Videogerät. Viele Kinder verfügen auch über einen eigenen PC. Es hat sich in diesem Bereich deshalb ein Markt entwickelt, der hohe Gewinne einspielt. Die Frage ist nur, was dies für Folgen für die Kinder und Jugendlichen hat, die diese Produkte konsumieren. Da unser Gehirn ein lernendes System ist, macht es keine Lernpause, wenn spannendes Gewaltverhalten

5.6 Lernen mit Hilfe von Multimedia

dargeboten wird. Alles, was wir sehen, wird in sogenannte Nervenzellnetze eingeschrieben. Diese Nervenzellnetze kodieren die Programme für die eigenen Handlungsmöglichkeiten. Das heißt aber noch nicht, dass diese Handlungen auch ausgeführt werden. Aber alle Handlungen, die wir sehen, werden als Modelle abgespeichert. Wenn diese Handlungsmodelle in einem angenehmen, amüsanten oder nützlichen Zusammenhang erscheinen, dann entstehen Handlungsbereitschaften (vgl. Bauer 2006, S. 121, 122).

Kinder lernen daher in Medien, die Gewaltmodelle abbilden, Regeln. Es entsteht bei ihnen dann der Eindruck, dass man Tabus beliebig brechen kann und dass die Gewalt eine geeignete Methode ist um sich durchzusetzen. Kinder, die diese Angebote intensiv und lange nutzen sind häufig sozial inkompetent und landen schlimmstenfalls im Strafvollzug. Werden diese Medien im Übermaß konsumiert, so begünstigt dies gewalttätiges Verhalten und schulisches Versagen. Das ist wissenschaftlich belegt (vgl. Bauer 2008a, S. 217).

Wer dauernd im Fernsehen Gewalt ansieht, dem kommen die gewalttätigen Verhaltensweisen zunehmend normaler vor. Damit ändert sich das Verhalten der Person entsprechend. Wer Gewaltszenen ansieht, der wird abgestumpft und gleichgültig gegenüber Gewalt (vgl. Spitzer 2003, S. 19).

Kleinkinder bis zum achten Lebensjahr haben nachweislich Schwierigkeiten zwischen der Realität und der Phantasie zu unterscheiden. Nach Untersuchungen sind vor allem Kinder im Grundschulalter besonders stark beeinflussbar. Diese Lerneffekte können chronifizieren und bis in das Erwachsenenalter bestehen bleiben. Aber auch größere Kinder und Erwachsene können von den Fernsehbildern lernen. Personen, die sich Horror- und Gewaltfilme ansehen lernen Horror und Gewalt. Dies beeinflusst ihr Verhalten und das der gesamten Gemeinschaft (Spitzer 2003, S. 371, 372).

„In neurobiologischer Hinsicht spricht Gewalt instinktähnliche Prozeduren der Aufmerksamkeitszuwendung an, weswegen gerade Kinder gar nicht anders können, als solche Inhalte wie gebannt anzuschauen. Die im Kindesalter stark ausgeprägte Neuroplastizität des Gehirns bewirkt dann die Ausbildung entsprechender Repräsentationen in den höherstufigen bedeutungstragenden kortikalen Landkarten heranwachsender Menschen, die genau deswegen angelegt werden, um zukünftiges

Verhalten effektiv zu steuern." (Spitzer 2003, S. 377)

Man kann dann daraus schließen, dass die Gewalt im Fernsehen aufgrund der neurobiologischen Verfassung des Menschen zu mehr Gewalt in der Welt führt (vgl. Spitzer 2003, S. 378)

Dies betrifft auch die Wirkung der Computerspiele. Wer gewalttätige Videospiele spielt, der lernt aggressive Verhaltensprogramme. Verstärkt werden dabei die aggressiven Handlungen gegenüber anderen und auch die Erwartungen, dass die anderen aggressiv handeln. So entstehen positive Einstellungen gegenüber Gewalt und die Meinung, dass gewalttätige Konfliktlösungen effektiv und sinnvoll sind. Dies kann zu einer Veränderung der Persönlichkeit führen (vgl. Spitzer 2003, S. 380, 381).

Da diese Freizeitaktivitäten bei Behinderten vor allem im familiären, häuslichen Bereich stattfinden, ist es einsichtig, dass die Eltern hier verantwortlich zu handeln haben, zumal deshalb, weil es bisher keine Einschränkungen im Hinblick auf die visuell-geistige Nahrung der Kinder gibt (vgl. Spitzer 2003, S. 379).

6 Arbeitsbereiche in der Körperbehindertenpädagogik

6.1 Förderdiagnostik

Die allgemeine Schule wird von sonderpädagogischen Diensten unterstützt, wenn aufgrund einer Behinderung oder aufgrund von Entwicklungsproblemen ein sonderpädagogischer Förderbedarf bei einem Kind oder Jugendlichen vorliegt. Die sonderpädagogischen Dienste beraten die Lehrer und Eltern und sie klären den sonderpädagogischen Förderbedarf im Rahmen einer kooperativen Diagnostik (vgl. GEW 2008, S. 115).

„Diagnostik (von griechisch diagnosis = das Unterscheidende) ist eine Maßnahme vertiefender Erkenntnisgewinnung über das intuitive Erfassen eines Sachverhaltes hinaus. In der Sonderpädagogik wird als Diagnostik der theoriegeleitete, systematische Prozess der Sammlung von Information über ein pädagogisches Problem angesehen, der zu Entscheidungshilfen für die Organisation und für Maßnahmen der Förderung führt." (Bergeest 2006, S. 171)

Sonderpädagogische Diagnostik ist als *Förderdiagnostik* zu verstehen, es genügt daher nicht nur Abweichungen festzustellen. Berücksichtigt werden muss dabei die Gesamtsituation des Kindes, miteinbezogen werden dabei die sozio-ökonomischen Bedingungen, sein Entwicklungsstand und die Möglichkeiten der Weiterentwicklung. Ziel ist eine Kompetenzerweiterung des Kindes (vgl. Bergeest 2006, S. 171).
Im folgenden möchte ich nun auf die besonderen Probleme der Diagnostik bei Körperbehinderten eingehen. Körperbehinderung und ihre Auswirkungen wurde lange als Defizit, als negative Abweichung von der Norm gesehen und bewertet. Dies ist in gesellschaftlichem Denken und gesell-

schaftlichen Werturteilen verankert. Der Nachweis von Entwicklungsdefiziten war nötig um Förderungsmöglichkeiten für die Kinder zu schaffen und zu finanzieren. Oft wurden Unterschiede und Abweichungen mehr geprüft als das Verbindende, das Gemeinsame und Bewältigungsstrategien. Dadurch wird aber das Bewusstsein von Defizit und Anders-sein verstärkt. Auch heute ist noch ein *Defizit-Nachweis* erforderlich. So entsteht die Vorstellung von der Verringerung von Defiziten durch Förderung und Therapie. Der behinderte Mensch soll durch Förderung normalisiert und an die allgemeinen Normen angepasst werden. Es entsteht die Vorstellung, dass Normalität oder Nicht-Mehr-Behindert-Sein antrainiert werden könne. Das ist aber eine Sackgasse. Wie schon erwähnt, ist nach den Erkenntnissen der Hirnforschung eine Verringerung von Defiziten nur begrenzt möglich, da es in der Entwicklung sogenannte *Zeitfenster oder kritische Perioden* gibt. Innerhalb dieser Phasen ist das Erlernen bestimmter Sachverhalte oder Fähigkeiten besonders leicht, und es entsteht dadurch ein Raum für weiteres Lernen (vgl. Spitzer 2002, S. 210).

Diese kritischen Perioden sind mehr oder weniger fest, erfolgen innerhalb einer bestimmten Zeit und unterliegen bestimmten Gesetzen (vgl. Spitzer 2002, S. 210)

Infolge einer vorhandenen Behinderung kann es sein, dass bestimmte Fähigkeiten während dieser kritischen Phasen nicht erworben werden können. Ein Zeitfenster wurde also verpasst und eine Normalisierung durch Förderung ist praktisch nicht mehr in vollem Umfang möglich.

Aufgrund dieser Defizite kommt es zu Abwertungen. Diese Abwertungen haben immer bestanden und sind heute noch nicht überwunden, weder in der Gesellschaft, noch bei denen, die diese Kinder fördern (vgl. Haupt 1996, S. 10).

> „Wir sind — aus neurobiologischer Sicht — auf soziale Resonanz und Kooperation angelegte Wesen. Kern aller menschlichen Motivation ist es, zwischenmenschliche Anerkennung, Wertschätzung, Zuwendung oder Zuneigung zu finden und zu geben." (Bauer 2008a, S. 23)

Ein weiteres wesentliches Problem ist, dass eine Körperbehinderung sich in vielfacher Weise als *Ausdrucksbehinderung* auswirkt. Diese Ausdrucksbehinderung ist eine Ursache für die Fehleinschätzungen körperbehinderter Kinder. Die durch frühe Fremdbestimmung entmutigten körperbehinderten Kinder werden nicht selten für lernbehindert gehalten, was verhängnisvolle Konsequenzen zur Folge hat (vgl. Haupt 1996, S. 16, 17).

Zu verweisen ist hier wieder auf die wahrscheinlich erhöhte Stressempfindlichkeit vieler körperbehinderter Schüler. Stressblockaden können sich in einer diagnostischen Situation sehr nachteilig für den behinderten Schüler auswirken und es kann ein Ergebnis entstehen, das nicht den Fähigkeiten des Betroffenen entspricht.

Um dieser Problematik gerecht zu werden ergibt sich für die Diagnostik eine andere Aufgabe, als herauszufinden, was ein Kind im Vergleich zur Altersnorm in verschiedenen Leistungsbereichen kann oder nicht kann. Es geht hier vor allem darum, herauszufinden, in welchen Entwicklungsbereichen das Kind über Fähigkeiten verfügt, wie sie sich ausdrücken und wie sie unterstützt werden können (vgl. Haupt 1996, S. 26).

Dies entspricht auch den Erkenntnissen der Gehirnforschung über die Neuroplastizität. In Abhängigkeit von den zu verarbeitenden Signalen und den internen Funktionszuständen kommt es im Gehirn zu Reorganisationsvorgängen. Das Gehirn baut sich in Abhängigkeit von dem zu verarbeitenden Input ständig um, es werden also neue Verbindungen geknüpft, damit die Eingangssignale besser verarbeitet werden können (vgl. Spitzer 2002, S. 119).

Vorhandene Fähigkeiten können daher auch bei körperbehinderten Kinder gefördert und ausgebaut werden.

In der sonderpädagogischen Diagnostik wird nicht nur das Kind gesehen, sondern auch Einflussfaktoren wie Familie, Schule, Umfeld werden mitgeprüft. Im Gespräch mit den Eltern und Fachkräften wird versucht Hintergründe und Zusammenhänge zu verstehen (vgl. Haupt 1996, S. 31, 32).

Die *Objektivität* ist ein wichtiges *Gütekriterium* bei der Durchführung diagnostischer Verfahren. Sie ist die Bedingung für die anderen Gütekriterien der *Validität* und *Reliabilität*. Zur Objektivität gehört auch die *Durchführungsobjektivität*. Alle Versuchspersonen sollen sich gleichen Anforderungen unter gleichen Bedingungen unterziehen. *Auswertungsobjektivität* bedeutet, dass nach bestimmten Kriterien oder Schlüsseln ausgewertet wird. In der sonderpädagogischen Diagnostik ist das Bemühen um Objektivität besonders ausgeprägt. Es gilt als Tugend in der diagnostischen Situation besonders sachlich zu sein. Dieses Konzept der Objekti-

vität muss in der diagnostischen Arbeit mit körperbehinderten Kindern hinterfragt werden (vgl. Haupt 1996, S. 32, 33).
Zunächst zu den Problemen der Durchführungsobjektivität.

„Körperbehinderte Kinder sind sehr unterschiedlich in ihren Bewegungsmöglichkeiten, ihrem Arbeitstempo, ihren sprachlichen und nichtsprachlichen Ausdrucksmöglichkeiten, in ihren Sozialisationsbedingungen und in ihrer Erfahrungswelt. Von gleichen Anforderungen unter gleichen Bedingungen bei Tests kann auch dann kaum gesprochen werden, wenn Aufgaben jeweils auf dieselbe Weise gestellt werden. Zu einem Erziehungs- und Bildungssystem, das auf die Gleichheit von Schülern in Lernzielen, Lernwegen, Lernzeiten, Abschlüssen ausgerichtet ist, gehört die Anwendung 'objektiver' Testverfahren, um Zulassungen, Verteilungen, Begrenzungen und Ausschlüsse vorzunehmen. Ein solches System wird aber Kindern nicht gerecht, die uns zeigen, daß diese Normierungen letztlich nichts Wesentliches aussagen und oft genug zusätzlich behindern."
(Haupt 1996, S. 34)

Besonders Kinder mit cerebralen Bewegungsstörungen sind in Situationen, in denen Leistungsdruck besteht, nicht in der Lage ihre gesamten Kompetenzen zu präsentieren (Hedderich 2006, S. 62,63)

Hier möchte ich noch einmal auf die erhöhte Stressempfindlichkeit und damit die Gefahr von Überforderungsstress und Stressblockaden aufmerksam machen.

Bei der Frage nach der Objektivität ergibt sich noch ein anderes Problem: intersubjektive Einflüsse des Untersuchers sollen möglichst ausgeschaltet werden können. Aber jedes Verhalten hat in der zwischenmenschlichen Situation Mitteilungscharakter. Jedes Verhalten des Untersuchers in einer diagnostischen Situation hat Auswirkungen auf das Kind, das getestet wird. Dies wirkt sich auf das Untersuchungsergebnis aus. Kühles, sachliches Verhalten des Untersuchers ist bei vielen körperbehinderten Kindern das ungünstigste Verhalten in einer diagnostischen Situation, da die betroffenen Kinder dieses Verhalten oft in Kliniken und bei Therapien kennen gelernt haben. In solch einer Situation können die Kinder nur schwer ihre Ausdrucksmöglichkeiten nutzen und ihre Kompetenzen zeigen. Das hat oft schwerwiegende Folgen für die Kinder. Es besteht daher

6.1 Förderdiagnostik

eine besondere Verantwortung für den Untersuchenden in bezug auf die Auswahl der Verfahren und die Testdurchführung. Für das Kind sollen förderliche Bedingungen während der Testsituation vorhanden sein. Das Konzept der Objektivität muss aufgegeben werden zugunsten *verantworteter Subjektivität* (vgl. Haupt 1996, S. 34, 35, 37).

Wie schon erwähnt ermöglichen uns die sogenannten Spiegelsysteme in jeder gegebenen Situation eine intuitive Einschätzung, wie sich eine Situation weiter entwickeln wird. Dadurch werden die Situationen für uns vorhersehbar und berechenbar. Diese Spiegelneurone sind für uns nach den Erkenntnissen der Gehirnforschung ein soziales Orientierungssystem, das uns Sicherheit im sozialen Umfeld gibt. Wenn es ausfällt, bedeutet solch eine Situation für uns Unberechenbarkeit und Gefahr (vgl. Bauer 2006, S. 111, 112).

Kühles sachliches Verhalten in einer diagnostischen Situation kann vom Kind intuitiv als Entzug der spiegelnden Wahrnehmung mit all seinen Konsequenzen gedeutet werden (vgl. Bauer 2006, S. 115)

> „Verantwortete Subjektivität heißt, die Bedingungen herauszufinden, die Spielen, Handeln, Arbeit, Ausdruck erleichtern und das als wichtigen Teil des Befundes beachten. Es geht also nicht darum, Bedingungen die durch das Verhalten des Untersuchers entstehen, stabil oder gar steril zu halten. Sondern es geht darum, die Arbeitsbedingungen mit dem Kind so zu gestalten, daß Ausdruck und Mitteilung erleichtert werden. Alles was dazu beiträgt ist wesentlicher Teil des Befundes und bedeutsam für die Förderung des Kindes." (Haupt 1996, S. 37)

Diagnostik mit ihren vielen verschiedenen Möglichkeiten ist eine wichtige Hilfe Kinder in ihren Entwicklungsprozessen besser zu verstehen. Angebotene Spiel- und Lernsituationen sowie Untersuchungsverfahren sind darin bedeutsam. Die diagnostische Situation wird auch durch das Kind mit seiner aktuellen Befindlichkeit, seinen Kompetenzen, aber auch seinen Ängsten und Befürchtungen beeinflusst. Aber auch die Einstellungen, Annahmen und Wertsysteme des Untersuchenden haben großen Einfluss auf die diagnostische Situation und deren Ergebnisse. Wenn der Untersucher davon ausgeht, dass die Körperbehinderung in der Entwicklung zu negativen Abweichungen in der Norm führt, dann wird er nach möglichen Schwächen suchen und Verfahren auswählen, mit denen er diese gut auffinden kann. Stehen die Entwicklungsmöglichkeiten und deren Unterstützung im Mittelpunkt des Interesses, wird man dem Kind Angebote machen, mit denen es seine Kompetenzen zeigen kann. Der Untersucher wird dann auch versuchen die Untersuchungssituation möglichst günstig zu gestalten. Die wichtigste Frage sind nicht die Entwicklungs- und Lernprobleme, sondern wie man das Kind bei seiner Entwicklung unterstützen kann (vgl. Haupt 1996, S. 37-40)

> „Der Stellenwert von Fördergutachten im Rahmen der Rehabilitation, insbesondere bei Entscheidungen über die künftige Schullaufbahn körperbehinderter Kinder, ist nicht zu unterschätzen. Für die Verantwortlichen in den Schulbehörden, die selbst das Kind zumeist nicht kennen, ist das Gutachten die Grundlage für Entscheidungen über den weiteren Lebensweg des Kindes. Gutachten, die in die Schulakte des Kindes eingehen, verbleiben dort lange Jahre und werden bei Schulwechsel an die neue Schule weitergereicht." (Bergeest 2006, S. 176)

Der Förderbedarf wird alle 1 bis 2 Jahre überprüft (vgl. Bergeest 2006, S. 177).

Die beste Schule für ein Kind ist diejenige, in der es die Förderung erhält, die es braucht. Bei auftretenden Schwierigkeiten sollte das Kind die individuelle passende Hilfe erhalten, die nötig ist (vgl. Haupt 1996, S. 44, 45).

> „Wenn ein Kind mit einer Körperbehinderung sich in allem an die anderen Schüler anpassen muß, um mitzukommen, kann der gemeinsame Schulbesuch zum Problem werden. Wirkliche Integration geschieht dann, wenn das Kind Anerkennung und Wertschätzung erfährt so wie es ist — nicht erst dann, wenn es weniger Fehler macht, besser rechnen kann, weniger Hilfe braucht. Der Zwang zur Anpassung, alles so zu machen wie die nichtbehinderten Mitschüler, so zu sein wie sie, führt nach allen Erfahrungen auch bei Kindern mit leichteren Behinderungen in der allgemeinen Schule zu Entmutigung und auf Dauer zu Schulversagen." (Haupt 1996, S. 45)

6.1 Förderdiagnostik

Kinder, die deutliche Probleme in der Entwicklung der sprachlichen Kommunikation, des Selbstwertgefühls, Kontaktverhaltens, der Leistungsbereitschaft oder der Intelligenz haben sollten eine Körperbehindertenschule besuchen, damit sie spezielle Hilfen erhalten um das Entwicklungsoptimum zu erreichen (vgl. Haupt 1996, S. 45).

In einer privaten Heimsonderschule für Körperbehinderte besteht im bezug auf die Förderdiagnostik nach meiner Ansicht noch ein weiteres Problem Die Frage ist, ob der Bereich der Diagnostik wie der Bereich der Beratung (vgl. Gröning 2006, S.22) von fundamentalen Doppelstrukturen geprägt ist. Auch hier stellt sich die ethische Frage wie bei der Beratung, wem der Diagnostiker verpflichtet ist, den Interessen der Schule oder denen des Kindes. Natürlich besteht die Verpflichtung herauszufinden, in welcher Einrichtung das Kind in seiner Entwicklung am besten unterstützt werden kann. Dies kann aber im Einzelfall im Gegensatz zu den „unternehmerischen Interessen" der privaten Heimsonderschule stehen, bei der der Untersuchende beschäftigt ist, und deren Bestreben es ist, sich zu vergrößern um konkurrenzfähig zu sein. Natürlich wird der Diagnostiker auch seine eigene Beschäftigungssituation im Hintergrund dabei sehen. Dies kann nach meiner Ansicht die Objektivität der Gutachten in bestimmten Fällen beeinträchtigen und ein Problem für den Diagnostiker selbst darstellen. In solch einem Fall haben nach meiner Ansicht die Bedürfnisse des Kindes absolut den Vorrang.

Wenn man die Erkenntnisse der Hirnforschung betrachtet, so ist die sonderpädagogische Diagnostik von zentraler Bedeutung. Wie schon erwähnt, gibt es in der Entwicklung eines Kindes sogenannte kritische oder sensible Perioden.

> „Mit diesem in der Entwicklungsneurobiologie sehr wichtigen Begriff werden Zeitabschnitte bezeichnet, in denen bestimmte Erfahrungen gemacht werden müssen, damit bestimmte Fertigkeiten bzw. Fähigkeiten erworben werden. Kommt es nicht dazu, werden diese Fertigkeiten bzw. Fähigkeiten zeitlebens nicht mehr gelernt." (Spitzer 2002, S. 240)

Ist es möglich diese Ausfälle zu ermitteln, dann kann die Konsequenz daraus gezogen werden, dass nicht versucht wird Fähigkeiten anzufördern, die nicht mehr erworben werden können. Auf der anderen Seite zeigen die

Erkenntnisse über die Neuroplastizität des Gehirns, dass ressourcenorientiertes Arbeiten sinnvoll und möglich ist.

Da unser Gehirn nicht statisch, sondern plastisch ist, passt es sich den Bedingungen und Gegebenheiten der Umgebung zeitlebens an (vgl. Spitzer 2002, S. 94).

Auch die höheren kortikalen Repräsentationen sind erfahrungsabhängig gespeichert. Der ressourcenorientierte Ausbau von Fertigkeiten und Fähigkeiten ist daher möglich (vgl. Spitzer 2002, S. 118).

6.2 Vorschulische Förderung

Gerade diese Erkenntnisse sind auch von entscheidender Bedeutung für die Frühförderung. Zum einen sind die sogenannten kritischen oder sensiblen Perioden zu nützen, in dem in diesem Zeitfenster versucht wird, behinderungsbedingte Defizite zu verhindern. Auf der anderen Seite ist es sehr wichtig, die vorhandenen Möglichkeiten und Fähigkeiten zu nützen und auszubauen, da das Gehirn neuroplastisch ist.

Mit unserem Gehirn vergleichen wir die bereits angelegten inneren Bilder mit den neuen Bildern, die über die Sinneskanäle ankommen. Dann verändern wir unsere bisherigen Vorstellungen, wenn die neuen entstandenen Muster teilweise mit den vorhandenen Muster übereinstimmen. Auf diese Art und Weise lernen wir. Im Laufe des Lebens werden die inneren Repräsentanzen im Gehirn ständig erweitert und überformt (vgl. Hüther 2008, S. 76, 77).

> „Diese Bereitschaft und die damit einhergehende Offenheit zur Modifikation und Erweiterung bereits vorhandener innerer Erwartungsbilder ist während der Phase der Hirnreifung, also bei Kindern und Jugendlichen, besonders groß. Das gilt nicht nur für die visuelle Wahrnehmung und die Verankerung optischer Eindrücke, sondern ebenso für das Tasten und die Herausbildung innerer «Tast- und Körperbilder», für das Hören und die Entstehung entsprechender akustischer innerer Bilder und das damit einhergehende Verstehen und Verankern von Sprache, letztlich auch für das Interesse am Zuhören. Auf die gleiche Weise entwickelt sich die Fähigkeit, aus Gerochenem innere

6.2 Vorschulische Förderung

«Geruchsbilder» anzulegen und mit anderen Sinneswahrnehmungen und den dadurch erzeugten inneren Bildern zu verbinden. Ja sogar die von den Muskeln bei Veränderungen ihres Tonus zum Gehirn weitergeleiteten Signale werden benutzt, um inneren Repräsentanzen von komplexen Bewegungsabläufen, gewissermaßen innere «Bewegungs- und Handlungsbilder» in bestimmten Bereichen des Gehirns anzulegen und bei Bedarf abzurufen. Nichts anderes geschieht beim Training optimierter Bewegungsabläufe im Sport, aber auch bei jeder komplexen, behutsamen Bewegung, mit der wir eine Tasse zum Mund führen." (Hüther 2008, S. 77, 78)

Darauf hat die Frühförderung reagiert und es hat sich ein Wechsel in den Lehrmeinungen vollzogen.

Der Vergleich mit der Altersnorm der Kinder ohne Behinderung spielte früher eine entscheidende Rolle. Diagnostizierte Abweichungen wurden als besonderer Förderbedarf definiert. Dann wurden spezielle Trainingsprogramme durchgeführt, bei denen Übung und Behandlung im Vordergrund standen. Dabei zeigte sich allerdings nur eine sehr begrenzte Effektivität. Positiv sind dagegen alle Behandlungsformen, bei denen die Eigenaktivität des Kindes verstärkt wird. Wichtig ist, dass das Kind die Anregungen aufgreifen kann und dabei unterstützt wird, sie in das Handlungsrepertoire zu integrieren. Emotionalität und Beziehung sind dabei von großer Bedeutung (vgl. Hedderich 2006, S. 67).

Früherkennung und *Frühdiagnostik* sind wesentliche Voraussetzungen für Frühbehandlung und Frühförderung. Das Erkennen von Entwicklungsverzögerungen, Entwicklungsgefährdungen oder bestehenden Behinderungen ist ein primär medizinischer Bereich. Frühbehandlung und Therapie gehören zu den medizinisch—therapeutischen Aufgaben. Die *pädagogische Frühförderung* umfasst die Arbeit mit der Familie und die Arbeit mit dem Kind. Ziel ist es, die Entwicklung der Gesamtpersönlichkeit des Kindes zu fördern. Die pädagogische Frühförderung will die Entwicklungsmöglichkeiten des Kindes unterstützen (vgl. Hedderich 2006, S. 70, 71).

Ziel der pädagogischen Frühförderung ist es also die Kompetenzen der Kinder zu unterstützen und die Entwicklung ihres Selbstwertgefühls zu gewährleisten. Auch die Kompetenzen der Eltern im Umgang mit dem Kind sollen gestärkt werden . Außerdem sollen sie in der Auseinandersetzung mit ihrer Lebenssituation unterstützt werden. Es ist auch die Aufgabe der Frühförderung die notwendigen Hilfen für Kinder mit Behinderungen oder von Behinderung bedrohten Kindern und ihren Familien verfügbar zu machen. Die Frühförderung orientiert sich an vier Arbeitsprinzipien, das *Prinzip der Ganzheitlichkeit, der Familienorientierung, der Interdisziplinarität und das Prinzip der Vernetzung*. Im Rahmen der Ganzheitlichkeit werden die Angebote von Diagnostik, Therapie und Förderung in einem umfassenden Kontext der kindlichen Gesamtentwicklung gesehen. Die Verantwortlichkeit der Eltern für das Kind ist wahrzunehmen und zu achten. Die Entwicklung des Kindes ist aus dem familiären Kontext heraus zu verstehen und Förderung und Therapie sind auf diesen zu beziehen. Die Angebote für das Kind sind mit Angeboten für die Eltern in bezug auf Begleitung und Beratung zu verbinden. Unterschiedliche Berufsgruppen gestalten in Abstimmung der verschiedenen Aufgabenbereiche den Ablauf des Diagnose- und Förderprozesses im Sinne von Kind und Eltern. Den Familien sollen auch professionelle Unterstützungssysteme zugänglich und transparent gemacht werden. Auch Verwandte, Freunde und Nachbarn sollen miteinbezogen werden, denn sie geben oft Hilfestellung bei der Bewältigung familiärer Belastungssituationen (vgl. Hedderich 2006, S. 73, 74).

Die Zusammenarbeit mit den Eltern erfolgt nach drei unterschiedlichen Modellen, wobei sie sich an den realen Gegebenheiten orientiert. Beim *Laienmodell* wird die Autorität des Experten betont. Es werden Ratschläge zum Umgang mit den Kind gegeben. Die Therapie wird vom Experten durchgeführt. Beim *Cotherapeutenmodell* wird davon ausgegangen, dass die stundenweise Behandlung oder heilpädagogische Förderung für das Kind nicht ausreichend ist. Die Eltern werden daher vom Experten angeleitet und sollen mit dem Kind im Elternhaus konsequent üben. Das *Kooperationsmodell* betont die partnerschaftliche Zusammenarbeit zwischen Fachleuten und Eltern. Die Eltern werden an der Erstellung von Förderkonzepten beteiligt. Das Kooperationsmodell wird immer häufiger angewandt (vgl. Hedderich 2006, S. 74, 75).

Besondere Therapien, die im Rahmen der Frühförderung Anwendung finden folgen den Prinzipien der *Ganzheitlichkeit* und der *Interdisziplinarität*. Im Bereich der Physiotherapie ist das *Bobath-Konzept* zu erwähnen. Reflexhemmung und Bewegungserleichterung sind dabei zentrale Prinzipien. Dem Kind soll durch therapeutische Hilfe Selbständigkeit im Alltag ermöglicht werden. Die *Behandlungsmethode nach Vojta* bezieht sich auf das Auslösen grundlegender koordinierter Bewegungskomplexe, indem bestimmte Körperzonen stimuliert werden. Dies soll zu einer normalisierten Bewegungsentwicklung führen.

In der *Ergotherapie* will man durch *sensorische Integrationstherapie* helfen die Sinnesinformationen im Zentralnervensystem sinnvoll zu koordinieren, damit angemessene Reizantworten und Handlungen möglich werden. Ziel ist es, dass die Kinder ein Körperschema entwickeln. Die *Hippotherapie* kommt oft bei Kindern mit cerebralen Bewegungsstörungen zum Einsatz. Bewegungsmuster sollen dabei geübt werden. Zentraler Gedanke der *Psychomotorik* ist der Zusammenhang zwischen sozial-emotionalen Bereichen und dem eigenen Körper. Es besteht eine enge Verknüpfung zwischen Bewegung, Wahrnehmung und Persönlichkeit. Dabei sollen spielerische Elemente zu Bewegungserfahrung und Bewegungsförderung führen (vgl. Hedderich 2006, S. 75, 76).

6.3 Schulische Förderung und Probleme in der Leistungsbewertung

„Körperbehinderte Kinder bedürfen besonderer Förderung zur harmonischen Entfaltung ihrer Anlagen. Alle körperbehinderten Kinder, und seien sie noch so schwer und mehrfach geschädigt, sind bildungsfähig und können ihre Anlagen entfalten." (Bergeest 2006, S. 203)

Dieses Recht auf Bildung hatten körperbehinderte Kinder früher nicht. Ich erinnere mich an einen Schüler, der an einer cerebralen Bewegungsstörung und an einer Sprachstörung litt und bis zum Alter von 16 Jahren keine schulische Förderung erhalten hatte. Er wurde erst in diesem Alter eingeschult und lernte lesen, schreiben und rechnen.

„Die Förderinhalte sind dabei nicht als „Sonderinhalte" zu verstehen, die sich grundsätzlich von Inhalten der schulischen Erziehung nichtbehinderter Kinder unterscheiden oder diesen hinzugefügt wurden (Kulturgüter sind für alle dieselben). Es handelt sich vielmehr um eine Differenzierung allgemeiner Inhalte mit je individuell angemessenen Modulationen gemäß den besonderen Lebens- und Entwicklungserschwernissen körperbehinderter Kinder. Die schulische Förderung hat das Ziel, ihnen ein Höchstmaß an Autonomie und Partizipation, d. h. an Lebensqualität zu ermöglichen." (Bergeest 2006, S. 204)

Die Richtziele orientieren sich an der individuellen Bedeutsamkeit und Sinnhaftigkeit für den Schüler. Allgemeine Richtziele im Unterricht sind die *personale Integration, soziale Integration*, der *Erwerb von Kompetenzen und Kreativität*. Das *Wecken von Neugier* spielt in der schulischen Förderung eine herausgehobene, dauerhafte und vielschichtige Rolle, damit kreative und schöpferische Energien für die weitere Lebensgestaltung freigesetzt werden (vgl. Bergeeest 2006, S. 204).

Neugier verhindert, nach den Erkenntnissen der Hirnforschung, wie schon beschrieben, den Stress. Und eine Stressreaktion beeinträchtigt das Lernen und Denken (vgl. Vester 2007, S. 154, 147)

Zunächst wird der *sonderpädagogische Förderbedarf* festgestellt. Damit wird in der Regel einer oder auch mehrere Lehrkräfte von der infrage kommenden Schule durch die Schulbehörde beauftragt. Nach der Erstellung des *förderdiagnostischen Gutachtens* fällt die Entscheidung über den &indexonly{Förderort}. Dies ist die Schule, die dem Förderbedarf des Kindes gerecht wird. Das kann eine Regelschule, eine Sonderschule für Körperbehinderte, eine Internats- oder Heimschule oder eine Krankenhausschule sein. Die Behörde entscheidet über den Förderort. Bezüglich der *Förderschwerpunkte* ist grundsätzlich die Förderung in Kleingruppen und Einzelunterricht zulässig. Die Ausstattung der Schule ist bedarfsgerecht, wenn neben der pädagogischen Förderung dauerhaft therapeutische und pflegerische Versorgung und Transportmöglichkeiten gegeben sind. Sachliche Voraussetzungen sind die baulichen Gegebenheiten, Lehr- und Lernmittel, passendes Mobiliar und apparative Hilfen. Der Einzugsbereich dieser Sonderschulen ist größer als der von Regelschulen und sie arbeiten als Ganztagsschulen (vgl. Bergeest 2006, S. 205, 206).

„Körperbehinderte Kinder werden nach Lehrplänen der Grund- und Hauptschule, der Lernbehindertenschule, der Geistigbehindertenschule unterrichtet. Die Schule für Körperbehinderte umfasst die Schuljahrgänge 1. bis 10. Schüler, die Abitur machen wollen, besuchen den integrativen Unterricht an einem Gymnasium ..." (Bergeest 2006, S. 206)

6.3 Schulische Förderung und Probleme in der Leistungsbewertung

Während meiner Tätigkeit war für die Schüler nach Bedarf auch eine Verlängerung der Schulzeit (auf Antrag) auf 11 Jahre möglich. Schüler mit guten Schulleistungen werden im Realschulbereich der Einrichtung beschult und können dort die Realschulprüfung ablegen. Eine Klasse besteht aus 3 bis maximal 14 Schülern.
Die schulische Förderung schwerstbehinderter Kinder erfolgt in der Körperbehindertenschule. Spezielle Lehrpläne gibt es dafür nicht (vgl. Bergeest 2006, S. 206).

„Kranke Schülerinnen und Schüler mit begrenzter Lebenserwartung bedürfen besonderer Unterstützung, die Lebens- und Zukunftsfragen aufgreift. Sie fordern meist aufgrund der fortschreitenden Erkrankung eine intensive pädagogische Begleitung ein. Das Lernangebot muss die individuelle Situation des Kranken besonders beachten." (KMK 1998, Drave/Rumpler/Wachtel 2000, 144 zit. n. Bergeest 2006, S. 218)

Wegen der *sinkenden Aggressionsschwelle* und der zunehmenden *Gewaltbereitschaft* der Schülerschaft in vielen staatlichen Schulen suchen Eltern körperbehinderter Kinder wieder verstärkt den Schutzraum der Schule für Körperbehinderte für ihre Kinder. Die Kinder haben innerhalb dieses Kontexts von Gewalt an den staatlichen Regelschulen keine Chance. Sie sind wegen ihrer Behinderung Ziel von Aggressionen und bleiben in der Opferrolle, was Auswirkungen auf ihre persönliche Entwicklung hat (vgl. Bergeest 2006, S. 213, 214).
Dazu noch eine persönliche Stellungnahme. Die Privatschule hat, wie schon erwähnt, ein Recht auf freie Auswahl der Schüler. Das unternehmerische Bemühen um Vergrößerung der Einrichtung kann dazu führen, dass auf der einen Seite körperbehinderte Schüler aufgenommen werden, die des Schutzraumes bedürfen, auf der anderen Seite aber auch Schüler, die wegen ihres aggressiven Verhaltens an der Regelschule große Probleme hatten. Hier sehe ich die Entwicklung der hilfsbedürftigen körperbehinderten Kinder gefährdet und beeinträchtigt und es ist für mich die Frage, inwieweit die Körperbehindertenschule in so einem Fall den Bedürfnissen dieser Schüler noch gerecht werden kann.
Im folgenden möchte ich mich nun der *Didaktik* zuwenden. *Leitbegriffe der Didaktik* des Unterrichts bei körperbehinderten Kindern sind die Be-

griffe *Bildung, Lernen, Interaktion und Konstruktion* (vgl. Bergeest 2006, S. 223).
Unter dem *Leitbegriff der Bildung* wird die lebendige Auseinandersetzung des Kindes mit kulturellen Werten hervorgehoben.

> „Das Bildungsziel optimaler Persönlichkeitsentwicklung ist für alle Kinder gleich." (Bergeest 2006, S. 224)

Körperbehinderte Kinder haben oft andere Entwicklungsvoraussetzungen und —bedingungen, deshalb muss das allgemeine Ziel auf spezifische Weise interpretiert und verwirklicht werden (vgl. Bergeest 2006, S. 224).

Gefordert werden in diesem Zusammenhang speziell für körperbehinderte konzipierte Einrichtungen, eine besondere Didaktik und besondere Organisationsformen, Individualisierung und Differenzierung im Unterricht und die Einbeziehung vorschulischer und nachschulischer Aspekte in Inhalten und Methoden der Förderung körperbehinderter Kinder (vgl. Bergeest 2006, S. 224).

In bezug auf den Leitbegriff Lernen betont Jetter die primär beeinträchtigte Handlungsfähigkeit körperbehinderter Kinder. Dies wirkt sich auf die Entwicklung von Erkenntnisfähigkeit, auf die Befähigung zu sozialer Interaktion und den Aufbau individueller Wertsysteme aus. Als Folge der eingeschränkten Handlungsfähigkeit ist die Wirklichkeit körperbehinderter Kinder eine andere.

> „Wirklichkeitserfahrung ist immer das Ergebnis wirklichkeitsverändernden Handelns; körperbehinderte Kinder erleben Diskrepanzen zwischen Handlungsabsichten und Handlungsergebnissen, die für sie nicht mit bestehenden interpretierbaren Normen zu erklären sind (wie für nichtbehinderte Menschen), sondern durch Rekonstruktion neuer Zusammenhänge und Gesetzmäßigkeiten, „die für uns unverständlich sind und deshalb auch für den Behinderten nicht mitteilbar." (Bergeest 2006, S. 224, 225)

Jetter und Schönberger nennen dies *Handlungsveränderungen* körperbehinderter Kinder. Das körperbehinderte Kind soll lernen, vorgegebene Handlungsnormen der Situation entsprechend zu interpretieren und zu

6.3 Schulische Förderung und Probleme in der Leistungsbewertung

verändern, es soll trotz Behinderung zu eigenständigem Handeln in sozialen Bezügen finden, Handlungsfelder erkennen, erweitern und gestalten und Begrenzungen des Handelns überwinden oder anerkennen (vgl. Bergeest 2006, S. 225).

In bezug auf den Interaktionsbegriff wird hervorgehoben, dass körperbehinderte Kinder in soziale Beziehungen eingebunden sind. Ihre Interaktion vollzieht sich über Zeichen und Sprache und ist an Erwartungen und Vorstellungen geknüpft. Im Unterricht wird die Beziehungsdimension für inhaltliches Lernen eingesetzt. Unterricht ist ein soziales Geschehen, das durch wechselseitige Beeinflussung von Sachstrukturen und Beziehungsstrukturen zustande kommt (vgl. Bergeest 2006, S. 226).

In der *konstruktivistischen Didaktik* werden die Schüler nicht als passive Rezipienten von Wissen verstanden, sondern sie sind aktive, selbstgesteuerte Lernende. Sie sollen immer besser in der Lage sein, das Lernen selbst zu planen, zu organisieren, durchzuführen und zu bewerten. Die Lehrenden sind dabei die Mitgestalter von Lernumgebungen und unterstützen die Lernprozesse (vgl. Gudjons 2003, S. 255).

Fünf Prinzipien sind als didaktische Grundlage dabei stets präsent:

„(1) *Selbstorganisation als Prinzip selbstbestimmten Lernens*
...

(2) *Dialog als soziales Prinzip* ...

(3) *Handlungsorientierung und Sensomotorik als somatisches Prinzip* ...

(4) *Symbolik als emotionales Prinzip* ...

(5) *Konstruktion als kognitives Prinzip.*" (Bergeest 2006, S. 228, 229)

„Übergreifendes Entwicklungsprinzip ist das der Balance in der Dynamik von Stabilität und Instabilität." (Bergeest 2006, S. 229)

Eine zentrale Stellung unter den Unterrichtskonzepten nimmt der *handlungsorientierte Unterricht* ein.

„Handlungsorientierter Unterricht ist ein ganzheitlicher und schüleraktiver Unterricht, in dem die zwischen Lehrern und

> Schülern vereinbarten Handlungsprodukte die Gestaltung des Unterrichtsprozesses leiten, so dass Kopf- und Handarbeit der Schüler in ein ausgewogenes Verhältnis zueinander gebracht werden. Die Schüler erhalten dabei die Chance, selbst die Verantwortung für das Lernen zu übernehmen und ihre Kreativität zu fördern. *Merkmale des Unterrichts* sind: Bedürfnisbezug (Lernmotivation), Aktivierung aller Sinne, Selbsttätigkeit und methodische Kompetenz der Schüler (Mitorganisation und Mitverantwortung, Interessen der Schüler), „Entschleunigung" (Jank/Meyer) des Unterrichts („Entdeckung der Langsamkeit durch Zwang zur Organisation von Details und zum bewussten Leben mit Körperbehinderung), Produktorientierung (konkreter Gebrauchswert und Mitteilungswert des Geschaffenen), Kooperatives Handeln, Realitäts- und Lebensbezug, Rhythmisierung (angemessene Spannung/Entspannung)." (Bergeest 2006, S. 231, 232)

Dies soll die Schüler auf das Leben in der „Risikogesellschaft" vorbereiten. Der Lehrer soll dabei die Schüler zur Selbsttätigkeit führen.

Vier Bausteine lassen sich dabei hervorheben: der Fachunterricht, der Projektunterricht, der offene Unterricht und der Ausdruck (vgl. Bergeest 2006, S. 232)

Wichtig ist es, dass die Schüler lernen, die Belastungen, denen sie ausgesetzt sind, als kontrollierbar zu erleben. Welche Mechanismen durch eine Stressbelastung beim einzelnen aktiviert werden und welche Veränderungen dadurch ausgelöst werden, dies hängt von der Art der Belastung ab und von der individuellen Bewertung der Kontrollierbarkeit des Stressors (vgl. Hüther 2007, S. 39).

> „Zu einer kontrollierbaren Stressreaktion kommt es immer dann, wenn die bisher angelegten Verschaltungen zwar prinzipiell zur Beseitigung der Störung geeignet, aber noch nicht effizient genug sind, um diese vollständig und gewissermaßen routinemäßig zu beantworten. Eine derartige Stressbelastung ist besser mit dem Begriff «Herausforderung» zu beschreiben." (Hüther 2007, S. 39)

Wenn eine Belastung als kontrollierbar erlebt wird, dann wird aus einer

6.3 Schulische Förderung und Probleme in der Leistungsbewertung

Bedrohung eine Herausforderung, aus Angst entsteht Zuversicht und Mut, aus empfundener Ohnmacht wird Wille und, wenn man es geschafft hat, wächst das Vertrauen in die eigenen Fähigkeiten. Man ist dann erleichtert und ein wenig glücklich (vgl. Hüther 2007, S. 40).

Ob eine Situation als kontrollierbar erlebt wird hängt also von bestimmten Faktoren ab. Dabei spielt die Bedeutung der Vorerfahrung, die ein Individuum mit einem bestimmten Stressor gemacht hat eine Rolle, aber auch das Ausmaß der empfundenen Kontrollierbarkeit eines Stressors. Auch der Einfluss von sozialen Faktoren auf die Stressantwort ist beim Menschen von großer Bedeutung (vgl. Hüther 2007, S. 42).

„Es ist nämlich keineswegs so, daß einzig und allein das im Lauf des Lebens erworbene Wissen und Können zur Bewältigung einer bestimmten Belastung oder Bedrohung beiträgt und so verhindert, daß eine unkontrollierbare Stressreaktion in Gang gesetzt wird. Auch das Gefühl, daß man nicht allein ist, daß jemand da ist, den man um Rat fragen kann, der einem zur Seite steht, der zuhört, tröstet und mitfühlt, führt dazu, daß die Angst verschwindet und die Stressreaktion angehalten wird." (Hüther 2007, S. 51, 52)

Der Einfluss sozialer Faktoren bedeutet, dass es oft schon reicht, wenn wir wissen, dass uns nahestehende Menschen existieren, an uns denken und alles, was sie können tun um uns zu helfen (vgl. Hüther 2007, S. 53). Dies ist gerade im Bereich der *Leistungsbewertung* in der Schule wichtig, was ein weiteres wichtiges Problem in der Schule für Körperbehinderte ist. Auch in der Körperbehindertenschule werden Klassenarbeiten geschrieben, Prüfungen abgehalten und Noten für mündliche und schriftliche Leistungen gegeben. Der Lernerfolg der Schüler wird gemessen. Dazu ist ganz allgemein festzustellen:
Mündliche Prüfungen sind ein wenig taugliches Instrument zur Kontrolle des Lernerfolgs. Sind die Beurteiler nicht intensiv vorbereitet und geschult, so ist die mündliche Prüfung zu wenig objektiv, zuverlässig und gültig (vgl. Ingenkamp/Lissmann 2005, S. 142).
Sie sind aber die am weitesten verbreitete Leistungskontrolle und finden in fast jeder Unterrichtsstunde als kurze informelle Überprüfung der vorangegangenen Lernprozesse statt. Dabei wird die soziale Situation nicht

nur durch die Prüfungsinhalte beeinflusst, sondern auch durch Sprach- und sonstiges Verhalten. Zum Beispiel wird ein höheres Sprechtempo von vielen fachkundigen Beurteilern mit größerer Leistungskompetenz und höherer Fähigkeit assoziiert. Auch der erste Eindruck hat eine besondere Bedeutung für das Gesamturteil, wenn sich Prüfer und Prüfling vorher nicht kannten, was zum Teil auch bei Prüfungen an der Körperbehindertenschule (im Realschulbereich) der Fall ist. Aber auch Vorinformationen über Zensuren beeinflussen die Beurteilung in einer mündlichen Prüfung. Das Prüfungsritual der mündlichen Prüfung ist sehr stark Angst besetzt. Die mündliche Prüfung soll Leistung messen, aber durch die Angstauslösung wird gerade das verhindert (vgl. Ingenkamp/Lissmann 2005, S. S. 137-140).

Bei den schriftlichen Arbeiten hängen die Zensuren, die Schüler erhalten, weniger vom tatsächlichen Leistungsniveau, sondern stärker von der Zugehörigkeit zu einer bestimmten Schulklasse ab. Der Lehrer passt seine Notenverteilung dem Leistungsniveau der Klasse an (vgl. Ingenkamp/Lissmann 2005, S. 147).

Untersuchungen bestätigen, dass die äußere Form der Prüfungsarbeit (Klassenarbeit), die Reihenfolge der Beurteilungen aber auch Informationen über den Prüfling das Urteil über den Inhalt der Prüfungsarbeit (Klassenarbeit) beeinflussen (vgl. Ingenkamp/Lissmann 2005, S. 154, 155).

Nach meiner Ansicht ist es durchaus verständlich, dass Behinderte zum Teil schon wegen der Behinderung, die eine gleichwertige Leistungsmessung nicht ermöglicht, aber auch wegen der oben beschriebenen Auswirkungen aufgrund ihrer Behinderung benachteiligt sind. Dies kann zu Fehleinschätzungen bezüglich ihrer Leistungsfähigkeit führen:

> „Entmutigte körperbehinderte Kinder mit verändertem Lernverhalten werden nicht selten für lernbehindert gehalten." (Haupt 1996, S. 17)

Dieses Problem hat der Gesetzgeber gesehen und durch ein Verbot der Benachteiligung wegen einer Behinderung in Grundgesetz und Landesverfassung berücksichtigt. Der auf dem Gleichheitssatz beruhende Anspruch zur Differenzierung beinhaltet aber auch, dass die Anforderungen in der Sache selbst nicht herabgesetzt werden dürfen. Behinderungsbedingte Einschränkungen sollen durch die Hilfestellung ausgeglichen werden, aber der

6.3 Schulische Förderung und Probleme in der Leistungsbewertung

Behinderte darf bei der Notengebung nicht bevorzugt werden (vgl. Lambert 2002, S. 148).

Ob und welche Hilfestellungen im Unterricht oder in Prüfungssituationen erforderlich sind hängt von Art und Grad der Behinderung ab. Die Hilfestellungen sollen die behinderungsspezifischen Schwierigkeiten beim Zugang des Schülers zu den einzelnen Aufgabenstellungen ausgleichen, aber nicht zu einer Bevorzugung des behinderten Schülers führen. Von den Fächern Deutsch, Mathematik, Fremdsprachen, Naturwissenschaften und den sozialkundlichen Fächern kann der behinderte Schüler nicht befreit werden. In diesen Fächern gelten die allgemeinen Regeln der Leistungsbeurteilung laut Notenbildungsverordnung. Dies ist allerdings dadurch gemildert, dass es in der Entscheidung des Fachlehrers liegt, wie er schriftliche, mündliche oder praktische Leistungen bei der Notengebung gewichtet. Er kann in begründeten Ausnahmefällen abweichend von der Notengebung für die anderen Schüler der Klasse bei dem behinderten Schüler die mündlichen oder schriftlichen Leistungen höher bewerten. Auch folgt es aus der Natur der Sache, dass bei Behinderungen eine teilweise Befreiung von den Fächern Sport, Musik oder Bildende Kunst erforderlich sein kann. Wenn es ihr Gesundheitszustand erfordert, können Schüler vom Sportunterricht teilweise oder ganz befreit werden. Sollten Schüler in diesen Fächern behinderungsbedingt die Aufgaben nicht erfüllen können, wird die Note in diesen Fächern ausgesetzt. Leistungen in Teilbereichen können durch Bemerkungen im Zeugnis anerkannt werden. Wenn die Behinderung zu Schwierigkeiten im Lesen und Rechtschreiben führt, findet die Verwaltungsvorschrift zur Lese- und Rechtschreibschwäche Anwendung. Behinderungsbedingte Einschränkungen des Hörverstehens müssen durch geeignete Maßnahmen ausgeglichen werden. Nach dem Diktieren eines Textes können zum Beispiel behinderte Schüler mehr Zeit für die Durchsicht und Suche nach den Fehlern erhalten. Bei der Bewertung schriftlicher Arbeiten sind keine Zugeständnisse möglich. Eine Ausnahme bilden die Anforderungen in der Rechtschreibung, die maßvoll zurückgenommen werden können. Bei Textaufgaben in Mathematik kann die Formulierung ohne Verstoß gegen den Gleichheitssatz an den sprachlichen Verständnishorizont besonders der hörgeschädigten Schüler angepasst werden, indem zusätzlichen Erläuterungen hinzugefügt werden. Die Aufgabe an sich muss in mathematischer Hinsicht die Gleiche bleiben (vgl. Lambert 2002, S. 149-151).

Im folgenden Kapitel werde ich noch genauer auf diese Problematik eingehen, aber auch auf das Problem, wo die Kinder am besten beschult werden.

Die oben aufgeführten Erleichterungen zum *Nachteilsausgleich* erhalten auch Schüler der Körperbehindertenschule. Bei Prüfungen erhielten meine Schüler, falls erforderlich, eine verlängerte Bearbeitungszeit oder auch geeignete Hilfsmittel. Im Fach Sport wurde die Note ausgesetzt. Behinderungsbedingte Einschränkungen sollen durch Hilfestellung ausgeglichen werden, aber der behinderte Schüler darf bei der Notengebung nicht bevorzugt werden. Im Einzelfall die „gerechte" Note zu ermitteln ist nicht immer einfach. Wünschenswert wären nach meiner Ansicht Bemühungen zur Verbesserung der Messqualität traditioneller schriftlicher Arbeiten und die Fortbildung der Lehrerschaft in diesem Bereich.

Nicht zu übersehen ist auch nach meiner Erfahrung, dass manche der Kinder unter großem Leistungsdruck von seiten der Eltern stehen. Sie sollen zur Verbesserung ihrer Chancen besonders gute Noten erzielen, was aber oft einfach nicht möglich ist. Ich erinnere mich an einen Schüler, der nach der Ausgabe der Zeugnisse sehr verzweifelt war, weil er sich vor der Reaktion seines Vaters fürchtete.

6.4 Integration in einer Regelschule oder Förderung in einer Sondereinrichtung?

Es ist zunächst zu fragen, was unter dem Begriff der Integration zu verstehen ist. Der Begriff der Integration wird in vielfacher Weise in allen Wissenschaftsbereichen benützt. Im Bereich der Pädagogik versteht man darunter die gemeinsame Unterrichtung von behinderten und nichtbehinderten Kindern (vgl. Cloerkes 2001, S. 173).

Dazu ein Zitat des Deutschen Bildungsrats:

> „Integration meint die Gemeinsamkeit von behinderten und nichtbehinderten Menschen in allen Lebensbereichen der Gesellschaft (Muth 1991, 4). **Integration ist ein «Grundrecht im Zusammenleben der Menschen»** (1991, 1), auf das jeder Mensch ein Anrecht hat. Die «Integration Behinderter in die Gesellschaft [ist] eine der vordringlichen Aufgaben je-

6.4 Integration in einer Regelschule oder Förderung in einer Sondereinrichtung?

des demokratischen Staates. Diese Aufgabe, die sich für Behinderte und Nichtbehinderte in gleicher Weise stellt, kann ...einer Lösung besonders dann nahegebracht werden, wenn die Selektions- und Isolationstendenzen im Schulwesen überwunden und die Gemeinsamkeit im Lehren und Lernen für Behinderte und Nichtbehinderte in den Vordergrund gebracht werden; denn eine schulische Aussonderung der Behinderten bringt die Gefahr ihrer Desintegration im Erwachsenenleben mit sich»" (DEUTSCHER BILDUNGSRAT 1973, 16 zit. n. Cloerkes 2001, S. 174)

Im Grundgesetz, bei den Menschenrechten und im Sozialgesetzbuch sind die Rechte der Behinderten verankert. Auch in der Landesverfassung des Landes Baden-Württemberg finden sich die folgenden Artikel, in der auf das Schulgesetz verwiesen wird.

Landesverfassung des Landes Baden-Württemberg vom 11.11.1953 (GBl. S. 173) i.d.F. vom 15.2.1995 (GBl. S. 269); zuletzt geändert 9.6.2000 (GBl. S. 449/2000) finden sich dazu die folgenden Artikel :

„Artikel 2a

Niemand darf wegen seiner Behinderung benachteiligt werden.

Artikel 11

(1) Jeder junge Mensch hat ohne Rücksicht auf Herkunft oder wirtschaftliche Lage das Recht auf eine seiner Begabung entsprechende Erziehung und Ausbildung.

(2) Das öffentliche Schulwesen ist nach diesem Grundsatz zu gestalten." (GEW 2008, S. 926)

In Artikel 11 wird auf das Schulgesetz des Landes Baden-Württemberg verwiesen. Im Schulgesetz für Baden-Württemberg (SchG) in der Fassung vom 1.8.1983 (GBl. S. 397); zuletzt geändert 18.12.2006 (GBl. S. 378/2006; KuU S. 38/2007) wird in Teil 1 über das Schulwesen der Erziehungs- und Bildungsauftrag der Schule beschrieben. Unter C. Gliederung des Schulwesens findet man §15.

„Sonderpädagogische Förderung in Sonderschulen und allgemeinen Schulen

(1) Die Sonderschule dient der Erziehung, Bildung und Ausbildung von behinderten Schülern mit sonderpädagogischem Förderbedarf, die in den allgemeinen Schulen nicht die ihnen zukommende Erziehung, Bildung und Ausbildung erfahren können. Sie gliedert sich in Schulen oder Klassen, die dem besonderen Förderbedarf der Schüler entsprechen und nach sonderpädagogischen Grundsätzen arbeiten; sie führt je nach Förderungsfähigkeit der Schüler zu den Bildungszielen der übrigen Schularten, soweit der besondere Förderbedarf der Schüler nicht eigene Bildungsgänge erfordert.

Sonderschulen werden insbesondere in den Typen

1. Schulen für Blinde,
2. Schulen für Hörgeschädigte,
3. Schulen für Geistigbehinderte,
4. Schulen für Körperbehinderte,
5. Förderschulen,
6. Schulen für Sehbehinderte,
7. Schulen für Sprachbehinderte,
8. Schulen für Erziehungshilfe,
9. Schulen für Kranke in längerer Krankenhausbehandlung

geführt.

(2) Wenn die besondere Aufgabe der Sonderschule für Heimunterbringung der Schüler gebietet oder die Erfüllung der Schulpflicht sonst nicht gesichert ist, ist der Schule ein Heim anzugliedern, in dem die Schüler Unterkunft, Verpflegung und eine familiengemäße Betreuung erhalten (Heimsonderschule).

(3) Wenn die besondere Aufgabe der Sonderschule erfüllt ist, sind die Schüler in die allgemeine Schule einzugliedern.

(4) Die Förderung behinderter Schüler ist auch Aufgabe in den anderen Schularten. Behinderte Schüler werden in allgemeinen Schulen unterrichtet, wenn sie aufgrund der gegebenen Verhältnisse dem jeweiligen gemeinsamen Bildungsgang in diesen

6.4 Integration in einer Regelschule oder Förderung in einer Sondereinrichtung?

Schulen folgen können. Die allgemeinen Schulen werden hierbei von den Sonderschulen unterstützt." (GEW 2008, S. 790, 791)

In der *Verwaltungsvorschrift des KM* vom 8. März 1999 (KuU S. 45/1999) „Kinder und Jugendliche mit Behinderungen und besonderem Förderbedarf sind Ziele, Grundsätze und Fördermaßnahmen geregelt (vgl. GEW, 2008, S. 114).

In der Beschreibung der allgemeinen Ziele und Grundsätze wird die Bedeutung der Zusammenarbeit von Schule und Elternhaus betont. Ebenso wird auf die Beratungsstellen für Rehabilitation hingewiesen, bei denen sich die Betroffenen und ihre Angehörigen beraten lassen können. *Behinderte Schüler sollen in der allgemeinen Schule verbleiben, soweit sie dort dem Bildungsgang folgen können.* Wenn dies nicht möglich ist, sollen sie rechtzeitig eine sonderpädagogische Förderung erhalten. Allgemeine Schulen und Sonderschulen sollen Begegnungsfelder schaffen (vgl. GEW 2008, S. 114).

Aufgabe der allgemeinen Schule ist es auch behinderte Schüler zu fördern. Für Kinder, die einen besonderen Förderbedarf aufweisen, wird in einem gestuften pädagogischen Verfahren ein Profil des individuellen Förderbedarfs erstellt. Dieser wird mit den Eltern abgestimmt. Zur Klärung des sonderpädagogischen Förderbedarfs beraten die sonderpädagogischen Dienste die Lehrer und Eltern. Im Rahmen einer kooperativen Diagnostik wird der sonderpädagogische Förderbedarf geklärt. Die sonderpädagogischen Dienste beteiligen sich auch an der Hilfeplanung der allgemeinen Schulen und unterstützen die Schule beim Aufbau geeigneter Hilfesysteme und Förderkonzepte. Ist der Besuch einer Sonderschule erforderlich, so wird ein pädagogischer Bericht von der allgemeinen Schule in Zusammenarbeit mit einem Sonderschullehrer erstellt. Dann wird ein Antrag beim Staatlichen Schulamt gestellt. Dies kann mit oder ohne Einwilligung der Eltern geschehen. Auch die Eltern können dies ohne Votum der allgemeinen Schule beantragen. Das Staatliche Schulamt entscheidet dann in einem Verwaltungsverfahren über den Besuch der Sonderschule und auch über Rückschulungen (vgl. GEW 2008, S. 114, 115).

Die allgemeinen Schulen sollen mit den Sonderschulen zusammenarbeiten. Begegnungs- und Kooperationsprojekte gehören zum Erziehungs- und Bildungsauftrag, damit sich behinderte und nichtbehinderte Schüler kennen lernen. An den allgemeinen Schulen können auch Außenklassen von Sonderschulen gebildet werden. Die Schüler der Außenklassen sind Sonderschüler. Ziel ist die kontinuierliche Kooperation mit der allgemeinen Schule.

Betont wird in dieser Verwaltungsvorschrift auch die Bedeutung der Zusammenarbeit der Schulen und Lehrer in fachlichen Fragen. Auch die Eltern werden bei solchen Veranstaltungen miteinbezogen. Die Verantwortung für die Gesamtkoordination zwischen den Schularten übernimmt das Staatliche Schulamt (vgl. GEW 2008, S. 117, 118).

Engagierte Eltern versuchen im vorschulischen und schulischen Bereich und in anderen Gesellschaftsbereichen die Integration voranzubringen. Sie haben sich dabei zu Elterinitiativen zusammengeschlossen. Ihr Einsatz hat dazu geführt, dass durch die Entscheidung des Bundesverfassungsgerichtes vom August 1996 prinzipiell ein Anspruch auf Integration behinderter Menschen besteht. Aber es gibt auch die Befürchtungen der Eltern von nichtbehinderten Kinder, dass die integrative Beschulung behinderter Kinder sich nachteilig für ihre eigenen nichtbehinderten Kinder auswirken könne. Deshalb sind die Eltern nichtbehinderter Kinder nur wenig bereit sich an der Integration zu beteiligen. Die Einrichtung vieler Integrationsgruppen und —klassen scheiterte an der fehlenden Zustimmung der Eltern nichtbehinderter Kinder (vgl. Cloerkes 2001, S. 215, 216).

In einer heterogenen *Integrationsgruppe* oder *Integrationsklasse* steht das Lehrpersonal vor neuen Anforderungen. Erforderlich ist hier eine *integrativen Didaktik* und Methodik des Unterrichts und eine weitere zentrale pädagogische Aufgabe ist eine konkrete Didaktik des sozialen Lernens. Die sozialen Entwicklungsmöglichkeiten der behinderten wie auch der nichtbehinderten Kinder sind besonders zu fördern. Der Erfolg einer gelungenen Integration wird deshalb in erster Linie an dem Kriterium der positiven Sozialentwicklung gemessen (vgl. Cloerkes 2001, S. 208).

Dabei stellen die verhaltensauffälligen Schüler die schwersten Anforderungen im integrativen Unterricht. Solche Kinder mit aggressiven Verhaltensweisen werden besonders stark abgelehnt (vgl. Cloerkes 2001, S. 209).

Insgesamt hat sich wohl das Modell der Integrationsklassen bewährt. Die Persönlichkeitsentwicklung der einzelnen Schüler wurde überwiegend positiv bewertet. Die soziale Integration in die Gruppe der Gleichaltrigen war leider nicht so erfolgreich. Selten entstanden Freundschaften zwischen

6.4 Integration in einer Regelschule oder Förderung in einer Sondereinrichtung?

behinderten und nichtbehinderten Jugendlichen im Rahmen eines Schulversuchs in der Sekundarstufe I (vgl. Cloerkes 2001, S. 211, 212).

Bei geistigbehinderten und verhaltensgestörten Schülern ist die gemeinsame Beschulung und Integration eher problematisch. Solche Kinder werden oft besser in entsprechenden Sonderschulen gefördert und versorgt (vgl. Cloerkes 2001, S. 217, 218).

In diesem Zusammenhang möchte ich hier noch auf zwei weitere wichtige Punkte aufmerksam machen:

Bilder, die wir uns von anderen Menschen machen hängen zu einem nicht geringen Anteil mit den Erfahrungen zusammen, die wir im Laufe unseres Lebens mit den anderen Mitmenschen gemacht haben. Auch wie die anderen Menschen uns sehen kann unser Denken über die Menschen prägen. Diese Menschenbilder, die wir aufgrund unserer Erfahrungen mit anderen in uns haben, bestimmen, wie wir uns selbst und aber auch die anderen sehen und die Art und Weise wie wir miteinander umgehen (vgl. Bauer 2008a, S. 10, 11).

Wenn man diese Erkenntnisse der Hirnforschung berücksichtigt, dann wird die Bedeutung der Integrationsbemühungen einsichtig. Eine Gesellschaft, die ihre Kranken und Behinderten „wegsperrt" kann nach meiner Meinung keine Erfahrungen mit dieser Problematik machen und dementsprechend hat dies dann auch Folgen für die Art und Weise, wie sie sich sehen und miteinander umgehen. Behinderte Kinder und Jugendliche in Regelschulen können gerade im Kindesalter (man denke an die Neuroplastizität des Gehirns) die Menschenbilder ihrer Mitschüler und damit auch die Vorstellungen der künftigen Generationen beeinflussen. Insofern sind die Integrationsbemühungen sehr positiv zu sehen.

Problematisch dagegen sind Darwins Grundannahmen, mit denen er den Grundstein für ein neues Menschenbild gelegt hat. Diese Grundannahmen erzeugten in Deutschland eine gewaltige Resonanz. Er war der Ansicht, dass innerhalb einer Art als auch die Art als Ganzes aufgrund des Selektionsdruckes der Natur laufend gegeneinander ums Überleben kämpfen. Alle Lebewesen sind nach seiner Ansicht ihrer Natur nach Kämpfer im Verdrängungskampf. Dieser Überlebenskampf sei die treibende Kraft für die Weiterentwicklung der Arten. Dabei geht es um die Aussonderung der Schwächsten und die Auslese der Tüchtigen. Diese Grundeigenschaft, so war Darwin der Ansicht, gälte auch für den Menschen. Die Menschen würden gegeneinander ums Überleben kämpfen. Kooperation, Zusammenhalt und gemeinschaftliches Handeln waren für Darwin untergeordnete Hilfssysteme im Dienste des Kampfes um das Überleben. Dieses Gedankengut wirkt bis heute nach und hatte auch Folgen für die Menschlichkeit und unsere Menschenbilder (vgl. Bauer 2008a, S. 16, 17).

Ob Integration gelingen kann, dies ist daher auch eine Frage des Umfeldes. Zu beachten sind dabei integrationspädagogische Schul- und Unterrichtsprinzipien. Nachzulesen ist dies in der Fachliteratur über Integration. Dort steht:

> „Die negative Selektion, die Furcht vor Aussonderung hat in der Schule keinen Platz." (Knauer 2008, S. 113)

Wenn Behinderung die Folge hat, dass der Betroffene vom Regelunterricht ausgeschlossen wird, kann Integration nicht gelingen. Die gängige *Notengebung* in der alltäglichen Schulpraxis, die auch als Disziplinierungsmittel gebraucht wird, erzeugt Druck zur Anpassung, die Angst vor Aussonderung und Konkurrenzdenken (vgl. Knauer 2008, S. 113).

Wenn der gemeinsame Schulbesuch darin endet, dass der Behinderte dann aufgrund seiner Behinderung von Prüfungen und Abschlüssen ausgeschlossen wird, dann ist das Ziel von Integrationsbemühungen bestimmt nicht erreicht. Dazu ein Auszug aus der Verwaltungsvorschrift des KM vom 8. März 1999 (KuU S. 45/1999 zuletzt geändert am 22. August 2008 (KuU S. 149/2008); berichtigt KuU S. 179/2008) zum Thema Nachteilsausgleich und Leistungen:

> „Auch ist es möglich, die Gewichtung der schriftlichen, mündlichen und praktischen Leistungen im Einzelfall anzupassen; allerdings muss jede dieser Leistungsarten eine hinreichende Gewichtung behalten. Im Rahmen des Nachteilsausgleichs ist es insoweit auch möglich von den äußeren Rahmenbedingungen einer Prüfung abzuweichen.
>
> Solche besonderen, auf einzelne Schüler bezogene Maßnahmen des Nachteilsausgleichs sind nur in besonders begründeten Ausnahmefällen gerechtfertigt; in den beruflichen Schulen sind sie nur möglich, soweit sie mit den jeweiligen spezifischen Ausbildungszielen vereinbar sind." (GEW 2010, S. 115)

6.4 Integration in einer Regelschule oder Förderung in einer Sondereinrichtung?

Es gibt durchaus Behinderungen, mit denen es nicht möglich ist, jede der vorgeschriebenen Leistungen zu erbringen (mündlich, schriftlich und praktisch).
Solch eine Ausgrenzung hat für die Behinderten die entsprechenden Konsequenzen:

> „...Menschen, die in einer für sie unverständlichen Weise von anderen aus der Gemeinschaft ausgegrenzt und ausgeschlossen werden, nicht nur psychologisch, sondern auch neurobiologisch mit einer Mobilisierung des emotionalen Schmerzzentrums reagieren.[59] Das Gehirn scheint zwischen seelischem und körperlichem Schmerz nur unscharf zu trennen. Untersuchungen zufolge erleben Menschen, die sich allein gelassen fühlen, körperliche Schmerzen stärker als Personen, denen mitmenschliche Unterstützung zur Verfügung steht." (Bauer 2008a, S. 66)

Dazu ein Zitat von Knauer:

> „In keinem anderen europäischen Land werden Schüler so früh und mit vergleichbar dramatischen Folgen kontrolliert, klassifiziert und kategorisiert." (Knauer 2008, S. 113)

Zu überlegen ist, ob dies günstige Vorraussetzungen für die Integration behinderter Kinder und Jugendlicher sind.
Ein weiterer Punkt sind die *Kompetenzen der Lehrer und Lehrerinnen*. Wie schon erwähnt, sind nicht ausreichend qualifizierte Mitarbeiter an Behinderteneinrichtungen bei ihrer Arbeit besonders belastet, da ihnen die behinderungsbedingten Belastungen nicht bewusst sind. Sie verfügen über praktische Erfahrungen, aber nicht über die fachlichen Kenntnisse eines ausgebildeten Sonderschullehrers. Immerhin haben sie dort noch die Möglichkeit, sich bei auftretenden Probleme durch qualifizierte Fachkräfte an der Einrichtung beraten zu lassen. In welchem Umfang dies an den Regelschulen für die Grund- und Hauptschullehrer möglich ist, kann ich nicht beurteilen. In der Verwaltungsvorschrift wird zwar die Zusammenarbeit in fachlichen Fragen betont, aber inwieweit dies in der Praxis möglich ist und auch durchgeführt wird ist mir, wie schon erwähnt, nicht

bekannt. Gerade bei den Kindern und Jugendlichen, die keine „sichtbare Behinderung" haben, besteht wegen Fehleinschätzung die Gefahr der Überforderung und damit von weiterer Schädigung.

Die Schüleranzahl pro Klasse ist in der Regelschule wesentlich höher im Vergleich zu der Klassengröße in Sondereinrichtungen. So wird sich der Lehrer in der Regelschule nicht im selben zeitlichen Umfang dem behinderten Schüler widmen können. Die Integrationsklassen sind daher mit ausreichend Personal auszustatten.

Bei der Integration in die Regelschule dürfen auch nicht nur finanzielle Aspekte eine Rolle spielen. Dazu bemerkt Cloerkes:

> „Die wohnortnahe Integration bei gleichzeitiger qualitativer Einlösung des behinderungsbedingten Förderbedarfs käme unter betriebswirtschaftlichen Aspekten insgesamt günstiger." (Cloerkes 2001, S. 208)

Integration ist ein Vorgang, bei dem viele Faktoren berücksichtigt werden müssen, damit sie gelingt. Vorrangig sind die individuellen Bedürfnisse der behinderten Schüler zu sehen, vor allem darf er dadurch nicht geschädigt werden.

7 Vorschläge zur Verbesserung der Situation der behinderten Schüler/innen.

Zunächst ist die Frage zu stellen, inwieweit die Erkenntnisse der Hirnforschung relevant sind für die Situation in der Schule und für die behinderten Kindern und Jugendlichen. Schüler, und auch besonders behinderte Schüler sind Lebewesen, was sie erleben und wie sie sich verhalten ist den neurobiologischen Grundregeln unterworfen. Lernen und Lehren in der Schule erfolgt im Rahmen des Beziehungsgeschehens zwischen Lehrer und Schüler, aber auch zwischen Schülern (vgl. Bauer 2008c, S. 15, 16).

Die Voraussetzung für den schulischen Bildungsprozess ist daher eine *gute Beziehungsgestaltung*. Das ist die Situation, in der Unterricht überhaupt erst möglich ist. Dabei spielt, wie wir bereits gesehen haben, nicht nur die aktuelle Situation eine Rolle (vgl. Bauer 2008c, 17).

„Die biologischen Folgen von Beziehungserfahrungen betreffen nicht nur das Hier und Jetzt in einer gegebenen aktuellen Situation, sie hinterlassen darüber hinaus — vor allem dann, wenn es sich um wiederholte oder um einschneidende Erlebnisse handelt — ein biologisches Skript mit Langzeitwirkung." (Bauer 2008c, S. 18)

Weiter schreibt Bauer dazu:

„Wir werden Kinder nur dann verstehen und ihre Entwicklung fördern können, wenn wir sie im Kontext ihrer Lebenssituation und der biologisch und psychologisch relevanten Stimuli sehen, die sich aus dieser Situation für sie ergeben." (Bauer 2008c, S. 20)

Dies gilt auch im besonderen für die körperbehinderten Kinder und Jugendlichen, deren Beziehungserfahrungen zum Teil von Geburt an schon durch die Situation, mit einer körperlichen Schädigung zur Welt gekommen zu sein, beeinträchtigt sind (Eltern-Kind-Beziehung). Die Belastungen der Eltern und ihre Reaktionen auf die Behinderung des Kindes wurden bereits beschrieben. Dies hat Auswirkungen auf das Motivationssystem des Kindes oder Jugendlichen.

Die soziale Anerkennung, das Interesse und die Wertschätzung durch die Beziehungspersonen sind aber die entscheidenden Voraussetzungen für die Funktionstüchtigkeit der Motivationssysteme des Gehirns (vgl. Bauer 2008c, S. 21).

> „Nur dort, wo sich Bezugspersonen für das einzelne Kind persönlich interessieren, kommt es in diesem zu einem Gefühl, dass ihm eine Bedeutung zukommt, dass das Leben einen Sinn hat und dass es sich deshalb lohnt, sich für Ziele anzustrengen. Kinder und Jugendliche haben ein biologisch begründetes Bedürfnis, Bedeutung zu erlangen. Ohne ihnen zufließende Beachtung können sie nicht nur keine Motivation aufbauen, sondern sich auch insgesamt nicht gesund entwickeln." (Bauer 2008c, S. 22)

Um Motivation aufzubauen brauchen die Kinder gute und verbindliche Beziehungen (vgl. Bauer 2008c, S. 22).

Mit Hilfe der *Spiegelnervenzellen* wird das, was wir sehen und miterleben zu einer Art von innerem Mit-Tun. Dies ist die neurobiologische Grundlage für das Lernen am Modell. Durch die Spiegelneurone werden im Gehirn eines zuschauenden Menschen Handlungen, Empfindungen und Gefühle nachgebildet. Die Spiegelnervenzellen setzen aus diesen Elementen Gesamteindrücke von anderen Menschen zusammen (vgl. Bauer 2008c, S. 27, 28).

Was Lehrer und Eltern tun bildet sich in den Köpfen der Kinder ab (vgl. Bauer 2008c, S. 28)

> „Andererseits registrieren diese, wie sie ihrerseits in den Köpfen ihrer Eltern, ihrer Lehrer und sonstiger Bezugspersonen wahrgenommen werden, wie sie sich also in deren Spiegelsystemen abbilden. An der Art und Weise, wie sie von ihren Eltern

und Lehrern wahrgenommen werden, erkennen die Kinder und Jugendliche nicht nur, wer sie selbst sind, sondern vor allem auch, wer sie sein könnten, das heißt, worin ihre Potentiale und Entwicklungsmöglichkeiten bestehen.[28]" (Bauer 2008c, S. 28, 29)

Die Beziehungen zu den Erwachsenen spielen daher für die Kinder und Jugendlichen eine entscheidende Rolle. Die Erwachsenen tragen durch ihre Vorbildfunktion entscheidend dazu bei, was aus den Kindern und Jugendlichen wird (vgl. Bauer 2008c, S. 29).
Dabei ist es wichtig, dass Erwachsene menschlich bleiben, keine Gewalt ausüben, die anderen nicht demütigen und auch die eigenen Schwächen nicht verleugnen (vgl. Bauer 2008c, S. 29, 30).

„Kinder und Jugendliche erkennen, wie sie sich in der Wahrnehmung von Eltern und Lehrern spiegeln, und spüren, was ihre Bezugspersonen ihnen zurückmelden. Dieses Feedback kann für sie wegweisend, aber auch niederschmetternd sein, nämlich dann, wenn es sich nur auf ihre Mängel oder negativen Eigenschaften bezieht." (Bauer 2008c, S. 30)

Körperbehinderung wurde lange als Mangel, als negative Abweichung gesehen. Auch heute noch ist in der Diagnostik der Defizit-Nachweis erforderlich um Förderungsmöglichkeiten für die Kinder zu schaffen und zu finanzieren. Dadurch wird aber das Bewusstsein vom Defizit und Anderssein verstärkt. Diese Abwertungen sind auch heute noch nicht überwunden (vgl. Haupt 1996, S. 10).
In der Diagnostik geht es vor allem darum herauszufinden, in welchen Entwicklungsbereichen das einzelne Kind über Fähigkeiten verfügt, wie sich diese ausdrücken und wie man sie unterstützen kann (vgl. Haupt 1996, S 26).
Dies gilt nach meiner Ansicht aber nicht nur für die Diagnostik, sondern auch Eltern und Lehrer sollten vor allem Rückmeldung über die Entwicklungsmöglichkeiten (und nicht über die behinderungsbedingten Defizite) geben.
Auf der anderen Seite entstand durch die Hervorhebung der Defizite die Vorstellung, dass man sie durch Förderung und Therapie verringern könn-

te. Der behinderte Mensch sollte durch Förderung normalisiert werden, man wollte ihm Normalität antrainieren (vgl. Haupt 1996, S. 10).

Dies ist aber so nicht möglich, denn wie Hirnforscher festgestellt haben, gibt es im Laufe der Gehirnentwicklung sogenannte kritische und sensible Perioden. In diesen Zeitabschnitten müssen, wie schon erwähnt, bestimmte Erfahrungen gemacht werden, damit bestimmte Fertigkeiten erworben werden können. Ist dies zum Beispiel aufgrund einer Behinderung nicht der Fall, dann können diese Fertigkeiten nie mehr gelernt werden (vgl. Spitzer 2002, S. 240).

Wie schon erwähnt, sind es aber nicht nur die Bezugspersonen, die beim Lernen eine Rolle spielen. Auch Orte haben für alle Menschen eine enorme Bedeutung (vgl. Bauer 2008c, S. 38)

> „Orte, an denen wir unerfreuliche, aversive Erfahrungen gemacht haben oder machen, erzeugen Angst in uns, ja sie können uns regelrecht krank werden lassen. Angst, unentwegter Lärm, Hetze, überzogener Leistungsdruck[42], Demütigungen, Einengung und die Gefahr körperlicher Gewalt aktivieren im Menschen einen biologischen Apparat, den Neurobiologen als Stresssystem bezeichnen." (Bauer 2008c, S. 38)

Die Schule soll zwar Leistung fordern, aber diese Leistung muss für die Schüler erreichbar sein. Nicht erreichbare Ziele machen krank (vgl. Bauer 2008c, S. 38).

Die erwähnten *Stresssysteme* wurden schon beschrieben.

> „Angst und Stress sind Bildungskiller. Kritik und Rückmeldungen, etwa in Form von Noten, können Schüler anspornen, doch wo ein solches Feedback zu einem Instrument der Bloßstellung, Demütigung und Aussonderung wird, verkehrt es sich zu einem kontraproduktiven Instrument der Angst, das im Kind bzw. Jugendlichen eine Art Dauerstress erzeugt und seine Leistungsentwicklung behindert." (Bauer 2008c, S. 39)

Nach meiner Meinung ist, wie schon erwähnt, anzunehmen, dass bei körperbehinderten Kindern und Jugendlichen die Stresssysteme des Körpers durch belastende Erfahrungen beeinträchtigt sein könnten. Dies hat

Konsequenzen für die pädagogische Arbeit. Es ist darauf zu achten, dass die Kinder nicht überfordert werden. Wie oben geschildert, kann dies aber leicht geschehen, wenn man versucht ihnen Normalität anzutrainieren, was ja auch in bester Absicht geschehen kann. Daher ist es sehr wichtig sich an den Bedürfnissen des Kindes zu orientieren und zu prüfen, ob man nicht seine eigenen Vorstellungen oder die der Eltern realisieren will.

Nun ist im folgenden *exemplarisch* zu überlegen durch welche *Maßnahmen* die Situation der körperbehinderten Kinder und Jugendlichen verbessert werden könnte. Diese Maßnahmen sollen Situationen schaffen, in denen die *Motivation verbessert* wird, ein *angemessenes Sozialverhalten* und die *Fähigkeit zur Empathie* gefördert wird. Durch die Schaffung eines positiven Lernklimas soll *Dauerstress vermieden* werden. Weiter soll aber auch eine erhöhte *Stressempfindlichkeit*, wenn möglich, durch Meditation *abgebaut* werden.

7.1 Musik und Bewegung

Wie schon erwähnt aktiviert die positive Resonanz die körpereigenen Motivationssysteme. Die Erwachsenen sollten daher den Kindern und Jugendlichen zeigen, dass sie an ihrem Weiterkommen interessiert sind (vgl. Bauer 2008c, S. 42).

Dabei gibt es aber verschiedene Formen sozialer Resonanz. Eine davon ist das gemeinsame Lachen. Es führt zu einer Aktivierung des Motivationssystems, denn es verbindet. Untersuchungen haben gezeigt, dass es Menschen gibt, die gegenüber Stress besonders resistent sind. Diese reagieren auf Humor mit einer stärkeren Aktivierung des Motivationssystems. Eine ähnliche Wirkung hat die Musik auf das Motivationssystem. Musik mobilisiert verschiedene Emotionszentren im Gehirn und sie führt zu einer ausgeprägten Reaktion des *Dopamin-Systems*. Unter dem Einfluss von Musik, die wir als schön empfinden verstärken wir Menschen untereinander die psychologische Resonanz (vgl. Bauer 2008a, S. 45, 46).

> „Musik ist — vor allem verbunden mit gemeinsamer Bewegung oder mit Tanz — in der Lage, kooperatives Verhalten in sozialen Gemeinschaften zu verstärken. Diese Bedeutung der Musik scheint auch der Körper zu empfinden. Es sind also nicht nur Akte unmittelbarer zwischenmenschlicher Zuwendung, die

unser Motivationssystem anspringen lassen, sondern — neben dem Humor — auch andere Resonanzphänomene wie die Musik, welche unmittelbar soziale Verbundenheit herstellen und verstärken." (Bauer 2008a, S. 46)

Wenn die Schule für die Kinder attraktiver sein soll, dann empfiehlt es sich, den Unterricht mit Musik und Bewegung anzureichern. Die Schüler sollten gemeinsam mit Instrumenten musizieren, singen und sich nach der Musik bewegen. Dabei sollten die etwas unsicheren Kinder und Jugendlichen im Musikunterricht auf keinen Fall bloßgestellt werden (vgl. Bauer 2008c, S. 42, 43).

Auch bei der Bewegung besteht eine Beziehung zu den Motivationssystemen (vgl. Bauer 2008c, S 43)

„Motivation war, bevor sie im Laufe der menschlichen Evolution zu einem Antrieb für den Geist wurde, zunächst einmal nichts weiter als die Lust, den Körper in Bewegung zu setzen. Dieser Zusammenhang bildet sich auch heute noch im Gehirn ab: Das Motivationssystem ist die «neurobiologische Schwester» eines Mechanismus, der fließende Bewegungen ermöglicht. Beide «Schwestern» bedienen sich des gleichen Botenstoffs (Dopamin). Wie wir alle aus persönlicher Erfahrung wissen, kann — wenn unsere geistige Motivation zu erlahmen droht — lustvoll ausgeübte Bewegung oder Sport den Kopf frei machen für erneute geistige Tätigkeit. Das gilt erst recht für Kinder und Jugendliche: Sie müssen sich austoben können, und die Schule muss ihnen dazu reichlich Gelegenheit geben." (Bauer 2008c, S. 43)

Dabei darf aber keiner der Schüler absichtlich oder unabsichtlich bloßgestellt oder beschämt werden (vgl. Bauer 2008c, S. 44).

In der Körperbehindertenschule sind die Klassen im Vergleich zur Regelschule kleiner. Die Schüleranzahl nach meiner Erfahrung beträgt drei bis 12 Schüler pro Klasse. Auffällig ist, dass es in der Regel sehr ruhig ist und viele Schüler auch in der Pause kein Bedürfnis verspüren sich zu bewegen. Es ist anzunehmen, dass die Kinder mit einer Behinderung im Vergleich mit nicht behinderten Kindern ihren Körper auf eine anderen

Art erleben. Sie sind in ihren Bewegungsmöglichkeiten sehr oft eingeschränkt (Rollstuhlfahrer) und das positive Erlebnis der Bewegung kann nicht ausgeprägt erlebt werden. Um so wichtiger ist es, die behinderten Kinder bei diesen positiven Erfahrungen zu unterstützen. Es gibt schließlich auch Behinderte, die an den Olympischen Spielen teilnehmen und trotz ihrer Behinderungen erstaunliche Leistungen im Sport vollbringen. Diese sollten den behinderten Schülern ein Vorbild sein. Dabei sollte aber darauf geachtet werden, dass die Kinder nicht überfordert werden und in Stress geraten. Nicht die Leistung, sondern die Freude an der Bewegung muss im Vordergrund der pädagogischen Bemühungen stehen. Deshalb wurden auch an der Schule, an der ich unterrichtete, im Unterrichtsfach Sport keine Noten erteilt.

7.2 Soziales Lernen in der Schule

Kinder sind, wie schon erwähnt, auf liebevolle Bindungen und Beziehungen hin orientiert. Aber sie beherrschen die Regeln eines guten sozialen Zusammenlebens noch nicht. Im Rahmen der Erziehung sollen die Kinder die Voraussetzungen für eine gelingende Kooperation erlernen (vgl. Bauer 2008a, S. 215).

> „Erziehung hat die Aufgabe, dem Kind die «soziale Bedienungsanleitung» für einen optimalen Gebrauch seiner Motivationssysteme beizubringen. Nur Kinder, die gelernt haben, nach welchen Regeln Gemeinschaft funktioniert, können das sich daraus ergebende Glück erleben. Mit Kindern liebevolle Beziehungen zu gestalten bedeutet daher immer auch, ihnen Regeln vorzuleben und sie mit ihnen einzuüben." (Bauer 2008a, S. 215, 216)

Deshalb ist es wichtig den Kindern Rücksichtnahme und Toleranz zu lehren und dies ihnen aber auch vorzuleben. Ziel ist es, dass sie erkennen, dass dies Erfolgsstrategien sind, die zu einem guten Gemeinschaftsleben und zu Glück führen. Ein solcher Erziehungsprozess wird nicht nur über Anordnungen und Vorschriften gelingen. Die Gestaltung positiver Beziehungen durch die Bezugspersonen ist die Voraussetzung, damit die Erziehung auch gelingen kann (vgl. Bauer 2008a, S. 216).

> „Erziehung muss dem Kind — eingebettet in die mit ihm gelebte Beziehung — klare Hinweise und Gebote vermitteln, welchen Beitrag das Kind zu leisten hat, damit Gemeinschaft und Kooperation funktionieren können. Dies muss altersentsprechend geschehen und bedarf keiner rabiaten Erziehungsmethoden." (Bauer 2008a, S. 216)

Die bei vielen körperbehinderten Kindern durch die Behinderung beeinträchtige Beziehung zu den nächsten Bezugspersonen, den Eltern, zeigt sich, wie schon erwähnt, oft durch ein Sozialverhalten, das in dieser Beziehungssituation entstanden ist (Verwöhnung, Vernachlässigung, Misshandlung). Die Folge ist dann ein gestörtes Sozialverhalten des Kindes. Deshalb ist es gerade Aufgabe der Schule ein angemessenes Sozialverhalten zu vermitteln. Nach meiner Erfahrung hat der Lehrer in der Körperbehindertenschule durch die kleineren Lerngruppen die Chance zu den einzelnen Kindern positive Beziehungen aufzubauen. Im Vergleich zu den Eltern ist er durch das Faktum der Behinderung weitaus weniger persönlich belastet. Dies ermöglicht, die Kinder so anzunehmen, wie sie sind ohne eine persönliche Betroffenheit. Dabei möchte ich aber keineswegs ausschließen, dass Eltern dies nicht auch gelingt, aber in Fällen, in denen dies nicht möglich ist, kann der Lehrer durch die besondere Situation in der Kleingruppe hier die Gestaltung positiver Beziehungen vermitteln, was die Integration in die Gesellschaft verbessern kann.

Im folgenden möchte ich nun einige allgemeine Grundsätze der Sozialerziehung zur Förderung des sozialen Lernens schildern.

7.2.1 Normverdeutlichung und Grenzziehung

In der Erziehung zu positivem Sozialverhalten ist es erforderlich von den Schülern die Einhaltung von Regeln und Grenzen zu fordern (vgl. Keller/Hafner 1999, S. 30).

> „Die Grenze ist immer dort, wo die körperliche und seelische Unversehrtheit des Mitmenschen beginnt. Die Verdeutlichung von Normen und das Ziehen von Grenzen bedarf einer positiven Autorität. In der Schule wird sie durch den Lehrer verkörpert, und zwar dadurch, dass er selbst mit gutem

7.2 Soziales Lernen in der Schule

Beispiel vorangeht, die Schüler von der Notwendigkeit achtsamer Zwischenmenschlichkeit überzeugt und Orientierungen vermittelt." (Keller/Hafner 1999, S. 30, 31)

Dazu schreibt Bauer:

„Schüler brauchen Lehrer, die auch Gefühle zeigen können, die sich für eine Sache begeistern und an etwas (auch am Erfolg der Schüler) freuen können. Zugleich sollten Lehrkräfte aber auch klare Grenzen setzen und notfalls nachdrücklich auf deren Einhaltung bestehen können, damit Schülerinnen und Schüler spüren, wann sie erreicht sind." (Bauer 2008c, S. 72)

7.2.2 Konsequenz

Wer die Normen verletzt, dem muss bewusst werden, dass sein Verhalten Folgen hat. Die Schwächeren haben ein Recht auf Schutz. Deshalb müssen Normverletzungen Folgen haben. Aber diese Folgen sollten sofort am besten durch Entzug von Belohnungen und Vergünstigungen durchgeführt werden (vgl. Keller/Hafner 1999, S. 31).

Ich möchte dabei auf das Kapitel 5.5 (Lernen durch Belohnung und Bestrafung) verweisen. Die *Konsequenz* darf die Würde der Person nicht verletzen und die durchgeführten Maßnahmen sind zu begründen und zu erläutern. Auf keinen Fall darf bei dem Täter der Eindruck entstehen, dass er mit seinem normverletzenden Verhalten Erfolg hat, denn dadurch würde dieses Verhalten verstärkt werden (vgl. Keller/Hafner 1999, S. 31). Ich möchte in diesem Zusammenhang auf die Neuroplastizität des Gehirns verweisen.

7.2.3 Pädagogischer Konsens

Das Kollegium einer Schule muss sich ein pädagogisches Konzept erarbeiten, nach dem es sein Handeln ausrichtet, denn ein *pädagogischer Konsens* reduziert Verhaltensstörungen. Er ist ein Handlungsrahmen, der aus Grundsätzen besteht, die gemeinsam erarbeitet wurden. Daran orientiert sich die tägliche pädagogische Arbeit (vgl. Keller/Hafner 1999, S. 32).

Es ist eine wichtige Hilfe, wenn Lehrkräfte in regelmäßigen Abständen Informationen und Erfahrungen über die einzelnen Schüler austauschen

7 Vorschläge zur Verbesserung der Situation der behinderten Schüler/innen

und gemeinsame Überlegungen anstellen. Die Schilderungen der Verhaltensweisen der Schüler lösen eine Resonanz aus, und dadurch findet man manchmal gemeinsam zu neuen Einsichten und Lösungen. Auf diese Weise und durch den gemeinsamen Handlungsrahmen, der daraus entsteht, wird das vermieden, was Lehrer krank macht, das Einzelkämpfertum (vgl. Bauer 2008, S. 75).

7.2.4 Humane Kommunikation, Umgangsformen, Kleidung, Aussehen ...

Nur, wenn es dem Lehrer gelingt, eine positive emotionale Beziehung zu seinen Schülern aufzubauen, sind die Schüler zur Identifikation und zur Wertübernahme bereit. Der Lehrer sollte deshalb seine Schüler als Menschen achten und respektieren. Er sollte sich auch bemühen, sich in den Schüler einzufühlen und ihn zu verstehen (vgl. Keller/Hafner 1999, S. 32)

Wie schon erwähnt erfolgt dies über die Spiegelnervenzellen. Damit dies tatsächlich gelingt ist eine positive innere Einstellung den Schülern gegenüber erforderlich. In diesem Zusammenhang möchte ich auf das Kapitel 2.4 (Die Spiegelneurone) verweisen. Ein Lehrer, der eine positive Einstellung seinen Schülern gegenüber hat, wird auch keine Kränkungen, Bloßstellungen und Killerbotschaften zur Verhaltenssteuerung einsetzen. Kritik und Tadel beziehen sich dann nur auf das Fehlverhalten des Schülers und nicht auf seine Person (vgl. Keller/Hafner 1999, S. 32).

Die Schüler sollen, wenn sie ein positives Leistungs- und Sozialverhalten zeigen, gelobt werden. Nur wenn der Lehrer selbst eine humane Kommunikation vorlebt, sind die Schüler zur Nachahmung und Identifikation bereit (vgl. Keller/Hafner 1999, S. 32).

Gerade das Thema *Kommunikation* erscheint mir sehr wichtig, da in der Schule täglich Kommunikation stattfindet.

Dazu möchte ich zuerst die Erkenntnisse der Gehirnforschung erwähnen:

> „Die motorische Sprachregion hat ihren Sitz im Gehirn dort, wo auch Nervenzellen anzutreffen sind, die Programme für Handlungsvorstellungen gespeichert haben. Diese Handlungsnervenzellen sind zugleich Spiegelneurone: Sie feuern nicht nur, wenn sie die Aktion, deren Ausführung sie programmiert ha-

ben, durch den eigenen Körper realisieren lassen wollen, sondern auch dann, wenn wir diese Handlung bei einem anderen beobachten oder das für sie typische Geräusch hören. Nicht nur die Wahrnehmung einer Handlung, auch das Reden darüber führt — beim zuhörenden Menschen — zu einer Resonanz, und zwar derjenigen Handlungsnervenzellen, die auch feuern würden, wenn wir die gleiche Handlung selbst vollzögen. Auf diesem Spiegeleffekt beruht unsere Fähigkeit, das Agieren anderer Menschen intuitiv zu verstehen, indem wir es spontan in uns selbst simulieren." (Bauer 2006, S. 76)

Ein Teil dieses *Resonanzsystems* ist die Sprache. Mit Hilfe der Sprache können wir schnell und intuitiv mit anderen kommunizieren und dies ist durch die Spiegelneurone möglich (vgl. Bauer 2006, S. 76).

„Die Sprache versetzt uns in die Lage, Spiegelbilder unserer Vorstellungen im anderen wachzurufen und dadurch gegenseitiges Verstehen zu erzeugen. Dies bedeutet, dass die Sprache über ein erhebliches intuitives und suggestives Potential verfügt." (Bauer 2006, S. 76)

Sprache war wohl ursprünglich ein lautes Nachdenken über Handlungen, die sich durch den Spiegeleffekt vom Sprechenden auf den Zuhörenden übertragen. Die Sprache kann auch ein Handlungsersatz sein und Sprache kann die Wirkung einer Handlung haben. Sie ist damit fast der gleichwertige Ersatz einer tätlichen Handlung (vgl. Bauer 2006, S. 77).
Durch die Spiegelzellsysteme können wir Handlungen auch ohne Sprache intuitiv verstehen. Aber Sprache ohne entwickelte *Handlungsvorstellungen* ist nicht möglich. Wenn das Sprechen im Widerspruch zu den zugehörigen Handlungsvorstellungen steht, dann sollte man den Versprechungen nicht vertrauen. Sprachprodukte, die im Widerspruch zu einer Handlungsabfolge stehen, können einen Akteur bei der Ausführung einer Handlung stören. Die Nervennetze, die die Handlungsvorstellungen kodieren, stehen in Verbindung mit den Nervennetzen, in denen die Vorstellungen von Empfindungen abgespeichert sind. Wird eine Handlungsvorstellung aktiviert, dann wird auch die entsprechende Empfindungssequenz aktiviert. Dies ist das Körpergefühl, das sich bei der Ausführung dieser Handlung einstellen würde (vgl. Bauer 2006, S. 77-84)

7 Vorschläge zur Verbesserung der Situation der behinderten Schüler/innen

„Das gleiche gilt für die Sprache: Sie sitzt, neurobiologisch gesehen, nicht nur am Ort der Handlungsvorstellungen (von wo aus sie Zugang zu den Netzwerken hat, welche die einer Handlung entsprechenden Empfindungen und Gefühle repräsentieren). Neben dem — im unteren prämotorischen Cortex befindlichen — Zentrum der Sprachbildung (dem sogenannten Broca-Zentrum) gibt es ein Zentrum für die Sprachempfindung bzw. das Sprachverständnis (das sogenannte Wernicke-Zentrum).

Mittels der Sprache ausgelöste Spiegelphänomene können, wie wir aus der Alltagserfahrung wissen, im Zuhörer nicht nur Handlungsideen aktivieren, sondern, in vielleicht noch stärkerem Ausmaß, auch Körpergefühle hervorrufen." (Bauer 2006. S. 84)

Das was wir einem Menschen mitteilen, wenn wir mit ihm kommunizieren, kann eine massive suggestive Wirkung entfalten. Dies kann sein Befinden positiv oder negativ beeinflussen (vgl. Bauer 2006, S. 84)

Daraus begründet sich die Forderung nach *humaner Kommunikation* in der Schule. Dies betrifft sowohl die Lehrer-Schüler-Kommunikation wie auch die Schüler-Schüler-Kommunikation.

Die Kommunikation zwischen Lehrern und Schülern hat eine *asymmetrische Struktur*. Der Lehrer erteilt den Schülern Aufträge und Weisungen, und kann sie für Fehlverhalten sanktionieren. Aber er muss die Würde seiner Person achten und darf ihn seelisch und körperlich nicht verletzen. Dabei geraten Lehrer immer wieder in Rollenkonflikte und es kommt häufig zu *Kommunikationsproblemen*. Aber in der Schule ist ein gutes Kommunikationsklima sehr wichtig, das sonst die Lernprozesse beeinträchtigt werden (Stress) können (vgl. Keller/Hafner 1999).

Gerade im Umgang mit verhaltensgestörten Kindern und Jugendlichen können kritische Konfliktsituationen entstehen. Sie erfordern ein hohes Maß an *Affektkontrolle*. In solch einer Situation sollte der Lehrer dem Schüler seine Grenzüberschreitung verdeutlichen und zurückmelden, was dies in ihm ausgelöst hat (vgl. Keller/Hafner 1999, S. 58).

Wenn es erforderlich war, habe ich mit den Schülern auch Befindensgespräche geführt. Dabei konnten sie sich ihre Probleme von der Seele reden und ich habe zugehört. Das Wichtige wurde dann zusammengefasst, und

7.2 Soziales Lernen in der Schule

wenn nötig, habe ich Ratschläge erteilt oder auch auf Auswege hingewiesen. Dies erfolgte auch im Klassengespräch (vgl. Keller/Hafner 1999, S. 59).

Der Schwerpunkt der Schüler-Schüler-Kommunikation in den täglichen Gesprächen liegt im Gefühls- und Beziehungsbereich. Dabei teilen sich die Schüler sehr deutlich mit, was sie für eine Meinung voneinander haben. Dies kann positiv, aber auch negativ sein. Manchmal gehen die destruktiven Botschaften in Gewalt über. Diese Art von Kommunikation ist immer häufiger zu beobachten. Es ist eine Verrohung des jugendlichen Sprachverhaltens, bei dem auch ein Defizit an positiven sozial-kommunikativen Ritualen wie Grüßen usw. vorhanden ist (vgl. Keller/Hafner 1999, S. 59, 60).

Die Schule sollte daher ein humanes Kommunikationsverhalten fördern. Dies gilt besonders auch für die körperbehinderten Kinder und Jugendlichen. Durch eine körperlich sichtbare Behinderung kann es, wie schon erwähnt, zu negativen Reaktionen von Seiten der Gruppe kommen. Dies kann noch durch *destruktive Botschaften* von Seiten des Behinderten verstärkt werden. Wenn dann noch ein ungepflegtes Äußeres des Behinderten den Gesamteindruck vervollständigt, dann sind die affektiven Reaktionen der Umwelt schon fast voraussehbar (das habe ich selbst auch schon erlebt in der Begegnung mit Behinderten). Man empfindet dann nur noch Ekel und Abscheu und möchte mit dieser Person ganz bestimmt keinen Kontakt. Deshalb halte ich es für sehr wichtig, dass gerade körperbehinderte Kinder und Jugendliche in ihrem Kommunikationsverhalten gefördert werden. Wenn die Schüler die Grundregeln der humanen Kommunikation verletzen, sollte man Grenzen ziehen. Sie müssen lernen wo die Grenzen der Mitmenschlichkeit verlaufen und sich ggf. entschuldigen und Wiedergutmachung leisten. Außerdem ist es sinnvoll Kommunikationsregeln einzuüben (vgl. Keller/Hafner1999, S. 60).

Dazu ein Beispiel aus meiner Schulpraxis. Ein schwerbehinderter Schüler, der im Rollstuhl saß und deshalb sehr viel Hilfe von Seiten seiner Klassenkameraden benötigte, beschimpfte diese immer wieder mit «Kraftausdrücken». Als dies im Mathematikunterricht wieder einmal geschah, fragte ich ihn, ob er sich vorstellen könnte, dass ihm fremde Menschen über die Straße helfen würden, wenn er sie auf diese Weise anspricht. An seiner Mimik erkannte ich, dass er sich die Reaktionen der Anderen vorstellen konnte. Von diesem Augenblick an bediente er sich einer humaneren Kommunikation und bat die anderen höflich um Hilfe, wenn dies nötig war.

Es gibt Spiele und Übungen zum sozialen Lernen. Das Rollenspiel kann in der sozialen Unterweisung eingesetzt werden (vgl. Keller/Hafner 1999, S. 65)

Nicht nur im täglichen Unterricht, auch in der Projektwoche oder an den Projekttagen könnten dazu gezielt Übungen durchgeführt werden. Dies betrifft die Kommunikation, das Verhalten bei Tisch, wenn man eingeladen ist, die passende Bekleidung und das Benehmen im Restaurant oder bei einer Bewerbung in einem Betrieb. So können dann die Schüler positive sozial-kommunikative Rituale erlernen, was ihre Integration erleichtern wird.

7.2.5 Empathie fördern

Die sogenannte *Empathie* ist nicht angeboren.

> „Werden die Chancen, Beziehungen aufzunehmen, nach der Geburt und in den ersten Lebensjahren verpasst, kann dies die Entwicklung und Funktionstüchtigkeit des neuronalen Spiegelsystems beeinträchtigen, mit der Folge von erheblichen Defiziten bei der Ausbildung eines intakten Selbstgefühls, bei der Fähigkeit, Beziehungen einzugehen, und beim Erwerb von Kompetenzen." (Bauer 2006, S. 119)

Da die Eltern der körperbehinderten Kinder ein Krisenereignis erleben, wenn die Behinderung des Kindes feststeht, sind Reaktionen zu erwarten, die auch die Eltern-Kind-Beziehung betreffen. Dies kann die Entwicklung der Empathiefähigkeit des Kindes beeinträchtigen. Durch Krankenhausaufenthalte kann sich dann noch ein fortwährender Wechsel der Bezugspersonen ergeben (vgl. Bauer 2006, S. 120).

Eine beeinträchtigte Entwicklung der Empathiefähigkeit hat aber auch Auswirkungen auf alle Lernvorgänge. Die Spiegelnervenzellen sind das Bindeglied. Wenn wir eine bestimmte Handlung beobachten, wird die Fähigkeit verbessert und auch die Bereitschaft erhöht, diese Handlung irgendwann selbst auszuführen. Aber auch beim Erwerb von Kompetenzen spielen die Spiegelneurone eine Rolle. Wenn ich eine andere Person bei ihren Handlungen beobachte, kann dies meine eigenen Kompetenzen verbessern, wenn ich die gleiche oder eine ähnliche Aufgabe zu erfüllen habe. Deshalb ist die persönliche Unterweisung auch eine entscheidende Komponente beim Lehren und Lernen und eine gelungene Beziehung zwischen Lehrern und Schülern ist die Voraussetzung für ein effizientes Lehren und Lernen in der Schule (vgl. Bauer 2006, S. 122, 123).

Gerade bei körperbehinderten Kindern und Jugendlichen ist die Förderung von Empathiefähigkeit sehr wichtig. Viele von ihnen haben Probleme im Bereich der sozialen Kompetenz, beim Verhalten und in ihrer seelischen Gesundheit.

> „Empathie- und Spiegelungsdefizite lassen sich zumindest bis zu einem gewissen Grad beheben. Was ein Kind aufgrund ungünstiger Lebensverhältnisse versäumt hat, kann man mit ihm, bei Anwendung geeigneter Trainingsprogramme, ein Stück weit nachholen." (Bauer 2006, S. 127)

Manfred Cierpka hat ein Programm dazu zusammengestellt. Mit ihm lässt sich das Einfühlungsvermögen von Schulkinder ausbauen und fördern. Auch Programme, in denen Schüler zu Streitschlichtern ausgebildet werden, die auch im Kapitel über Konfliktmanagement erwähnt werden, sind empfehlenswert. Diese Ansätze sind auch aus neurobiologischer Sicht sinnvoll (vgl. Bauer 2006, S. 127).

7.2.6 Konfliktmanagement

Auch durch die konstruktive Bearbeitung von aktuellen Konflikten kann das soziale Lernen in der Schule gefördert werden (vgl. Keller/Hafner 2003, S. 34).

Konflikte kommen in unserem Leben vor. Deshalb sollte ihre Bearbeitung von den Schülern erlernt werden. Um einen Konflikt zu lösen, muss man miteinander kommunizieren. In der Schule werden die Konflikte meist nur mit Hilfe von Bestrafung gelöst. Aber, wie schon beschrieben, ist die Strafe ein wenig erfolgreiches Mittel und die Rückfallquote ist dabei sehr hoch. Sogenannte *Schlichterprogramme* (Mediation) sind hier erfolgreicher (vgl. Keller/Hafner 2003, S. 62).

> „Unter Mediation versteht man einen freiwilligen, vertraulichen Prozess, den neutrale Personen, die Mediatoren, begleiten und dabei den Beteiligten helfen, ihr Problem möglichst selbst zu lösen. Bei der Schlichtungsmethode soll keiner der Beteiligten sein Gesicht verlieren, soll es keinen Gewinner oder Verlierer geben." (Keller/Hafner 2003, S. 62)

Ziel eines solchen Gesprächs ist es, mit Hilfe eines Mediatiors, der neutral bleibt und die Gesprächsleitung übernimmt, dass jede Partei ihr Fehlverhalten einsieht, den Konflikt ernst nimmt, dem anderen zuhört und die Auseinandersetzung beendet. Bei dem Gespräch gibt es verbindliche Regeln bezüglich Verhalten und Ablauf, die einzuhalten sind. Die Lösung ist dann entweder verbal oder schriftlich festzulegen. Auch Schüler können die Rolle des Mediators übernehmen, wenn sie entsprechend ausgebildet sind. Allerdings betrifft dies nicht die Konflikte, bei denen sich schwere Verstöße gegen die geltende Rechtsordnung ereignet haben (vgl. Keller/Hafner 2003, S. 62-64).

Konflikte sollten möglichst frühzeitig erkannt werden, damit der Teufelskreislauf der *Konflikteskalation* gestoppt werden kann (vgl. Wellhöfer 2007, S. 78)

Nicht gelöste Konflikte können eskalieren und Stress auslösen. Dies muss nicht zu gesundheitlichen Beeinträchtigungen führen, wenn der Konflikt angesprochen, offen ausgetragen und bereinigt wird (vgl. Bauer 2008a, S. 69).

> „Eine *ständige* Hochschaltung der Stresssysteme ist dagegen aus neurobiologischer Sicht gefährlich. Eine solche Daueraktivierung kann durch anhaltende, den betroffenen Menschen überfordernde (Arbeits- oder andere) Belastungen hervorgerufen werden. Aber auch nicht lösbare Beziehungsschwierigkeiten können Dauerstress verursachen." (Bauer 2008a, S. 69)

7.3 Meditation

Wie schon erwähnt (Kapitel 2.5) geraten Kinder und Säuglinge eher in Überforderungsstress, da sie von der sozialen Unterstützung abhängiger sind als Erwachsene. Dies gilt besonders für körperbehinderte Kinder, da sie aufgrund ihrer Behinderung zum Teil häufiger Trennungen (Krankenhausaufenthalt) ausgesetzt sind. Solche Menschen geraten dann leichter in Überforderungsstress. Die Meditation ist nun eine Maßnahme zur dauerhaften Veränderung von Hirnfunktionen (Singer/Ricard 2008, S. 28).

Zunächst ist aber zu fragen, ob man die Kinder darin auch schon trainieren kann. Dies wird erst ab dem Alter von ungefähr 14 Jahren durchgeführt. Es ist aber sinnvoll, für die Kinder eine Umgebung zu schaffen, die sie beruhigt. Die Emotionen sollen nicht hochgepuscht werden, was im Westen oft der Fall ist (Lärm, Fernsehen, Videospiele). In einer ruhigen Umgebung ist es den Kindern möglich, die Basis für die weitere emotionale Kontrolle und Ausgeglichenheit zu schaffen. Das hilft den jungen Menschen, wenn sie älter werden (Singer/Ricard 2008, S. 49)

Die Meditation kommt vor allem für die Jugendlichen und erwachsenen körperbehinderten Personen in Frage. Aber auch für die Mitarbeiter oder Eltern behinderter Kinder kann dies eine wirkungsvolle Methode darstellen, um fundamentale menschliche Qualitäten, Güte, Freundlichkeit, emotionales Gleichgewicht zu entwickeln (vgl. Singer/Ricard 2008. S. 63).

Dabei ist es das Ziel einen machtvollen Geisteszustand voller Mitgefühl und liebender Güte zu erzeugen und diesen über längere Zeit aufrechtzuerhalten (vgl. Singer/Ricard 2008, S. 63).

Nach der Definition von Meditation besteht diese darin, einen bestimmten Geisteszustand zu pflegen ohne sich dabei ablenken zu lassen (vgl. Singer/Ricard 2008, S. 62).

„Und wie immer dann, wenn wir die Aufmerksamkeit auf bestimmte Inhalte richten, lernen wir. Sobald man aufmerksam ein Objekt betrachtet und bewußt wahrnimmt, lernt man über dieses Objekt. Die Folge sind Veränderungen in den synaptischen Verbindungen zwischen Neuronen, und das nächste Mal, wenn dieses Objekt ins Blickfeld gerät, erscheint es vertrauter. Es wird leichter und schneller erkannt und kann länger im Bewußtsein gehalten werden. Man kann sich daran erinnern, die Erinnerung beliebig oft wachrufen — aber all dies ist nur möglich, wenn das jeweilige Objekt mit Aufmerksamkeit belegt wird." (Singer/Ricard 2008, S. 62)

Beim Meditieren wird nun versucht interne Repräsentationen mit Aufmerksamkeit zu belegen und möglichst lange im Bewusstsein zu halten

(vgl. Singer/Ricard 2008, S. 62, 63).
Im Wesentlichen ist dies der gleiche Vorgang, wie wenn eine neue Fertigkeit erlernt wird. Dabei wird die Fähigkeit des menschlichen Gehirns, sich über die internen Prozesse Rechenschaft abzulegen, genutzt. Die Aufmerksamkeit wird auf hirninterne Zustände gelenkt und es wird versucht ihr so lange wie möglich bewusst zu bleiben. Dies erfordert ein hohes Maß an Aufmerksamkeit. So lernt man seinen inneren Zustand kennen und es wird immer einfacher ihn nach Belieben aufzusuchen. (vgl. Singer/Ricard 2008, S 64)

> „Vermutlich geht dies mit Lernprozessen einher, die zu dauerhaften Veränderungen der entsprechenden neuronalen Netzwerke führen." (Singer/Ricard 2008, S. 64)

Die Meditation führt offenbar zu Veränderungen in der Funktionsweise des Gehirns. Diese Veränderungen überdauern den Meditationsprozeß selbst. Durch intensive Meditation wird offenbar die Anzahl und Größe der Synapsen vermehrt und es kommt zu ähnlichen strukturellen Veränderungen im Gehirn, so wie dies bei anderen Formen des Trainings und Lernens der Fall ist (vgl. Singer/Ricard 2008, S. 65).
In diesem Zusammenhang möchte ich auf Kapitel 2.6 über die Neuroplastizität des Gehirns verweisen.
Das entscheidende Ziel der Meditation ist, in diesem Fall, sich nicht mit seinen Emotionen zu identifizieren (vgl. Singer/Ricard 2008, S. 18)
Die Gefühle sollte man nicht unterdrücken, aber auch nicht ungehemmt zum Ausbruch kommen lassen (vgl. Singer/Ricard 2008, S. 21)
Dazu bemerkt Ricard:

> „Es geht nicht darum, keine Emotionen zu haben, sondern sich nicht von ihnen versklaven zu lassen. Lasse die Emotionen zu, aber halte sie frei von konfliktträchtigen Affekten: der Verzerrung der Wirklichkeit, mentaler Verwirrung, Festhaltenwollen und Leid. Es hilft einfach, von Zeit zu Zeit den Zustand reinen Gewahrseins aufzusuchen und sich innerlich auf ihn zu beziehen, wenn sich die konfliktbeladenen Emotionen einstellen. So läßt sich verhindern, von ihnen erfaßt und weggeschwemmt zu

werden, und der Zustand reinen Gewahrseins im gegenwärtigen Augenblick kann erhalten bleiben." (Singer/Ricard 2008, S. 21)

Es ist also zwischen Ursache und Wirkung zu trennen, dann kann man eine distanziertere Haltung gegenüber seinen eigenen Emotionen einnehmen. Wenn die Empfindlichkeit für die Signale aus dem emotionalen Untergrund vergrößert ist, dann kann man dem Ansturm der Emotionen begegnen, bevor diese bedrohlich und überwältigend werden (vgl. Singer/Ricard 2008, S. 22).

Das Ziel ist eine allmähliche Veränderung des Menschen. Dazu schreibt Ricard:

„Wenn wir im Lauf von Monaten oder Jahren feststellen, daß wir weniger ungeduldig, weniger reizbar, weniger zwischen Hoffnungen und Ängsten hin- und hergerissen werden, wenn wir merken, daß wir uns gar nicht mehr vorstellen können, jemanden bewußt Schaden zuzufügen, daß wir einen natürlichen Hang zu altruistischem Verhalten entwickeln, dann haben wir das mentale Rüstzeug, um mit den Höhen und Tiefen des Lebens fertig zu werden." (Singer/Ricard 2008, S. 25)

Erfahrene Meditierer besitzen die Fähigkeit eindrucksvolle, saubere und wohldefinierte Zustände in ihrem Gehirn zu erzeugen. Dies ist wahrscheinlich an bestimmte Muster im Gehirn gekoppelt. Durch das mentale Training kann man solche Zustände willentlich im Gehirn erzeugen und deren Intensität modulieren, auch wenn Störungen wie positive oder negative Emotionen hinzutreten. So kann man alle Erschütterungen abpuffern und behält die Kontrolle über die emotionale Situation. Dies führt zu innerer Stärke und Frieden (vgl. Singer/Ricard 2008, S. 33).

Wer sich dafür interessiert kann noch weitere Fachliteratur hinzuziehen.

7.4 Erfolgserlebnisse für Kinder mit ADS und Autismus

7.4.1 ADS und ADHS in der Schule

Ich denke, es ist durchaus nachvollziehbar, dass Kinder mit beeinträchtigter Aufmerksamkeit, leichter Ablenkbarkeit und motorischer Unruhe Probleme in der Schule bekommen, da gerade an diesem Ort die Fähigkeit zur Aufmerksamkeit, sich nicht ablenken zu lassen, sich auf Aufgaben zu konzentrieren und ruhig zu sitzen verlangt wird. An einem praktischen Beispiel, das ich selbst erlebt habe (soweit ich mich noch daran erinnern kann) möchte ich diese Problematik im Unterricht schildern:

Ich war für einen Nachmittag (3 Unterrichtsstunden) als Vertretungslehrerin in einer Klasse eingeteilt, in der von 9 Schülern bei 3 Schülern *ADS oder ADHS* diagnostiziert worden war. Die Schüler waren im Alter von ungefähr 14 Jahren. Ich kannte die Schüler der Klasse nicht besonders gut, da ich dort nicht regelmäßig Unterricht erteilte und sie nur kurz in einer Vertretungsstunde kennen gelernt hatte, in der sie mir durch ihr Verhalten deutlich aufgefallen waren. Die Schüler kannten mich natürlich auch nicht. Das ist nicht weiter problematisch, wenn es sich um eine Klasse handelt, in der ein gutes soziales Klima vorhanden ist und wenn keine Schüler mit gravierenden Problemen in der Klasse sind. Als Vertretungslehrerin hatte ich keine Informationen über die speziellen Probleme der ADS-Kinder in dieser Klasse. Auch war ich über ADS allgemein nicht ausreichend informiert worden.

> „Die *Aufklärung und Beratung der Bezugspersonen* in Kindergarten oder Schule dient den gleichen Zielen. Auch hier ist davon auszugehen, dass eine Unterstützung des ADS-Kindes wie auch der Behandlungsschritte dann am besten gelingt, wenn Erzieher und Lehrkräfte hinreichend über die Symptomatik, Ursache und Entwicklungsverlauf sowie die möglichen Behandlungsmethoden informiert sind." (Schröder 2006, S. 98)

Da ich in diesem Fall die Problematik schon vorher erkannte, bat ich die Klassenlehrerin, den Schülern für den Nachmittag genaue Arbeits- und

7.4 Erfolgserlebnisse für Kinder mit ADS und Autismus

Verhaltensanweisungen zu geben, was sie auch tat. Danach ist sie gegangen. Ich registrierte noch, dass die Regeln für den Umgang im Unterricht an der Wand aufgehängt waren. Leider waren die Sanktionen für Störverhalten dort nicht aufgelistet und die Klassenlehrerin hatte mir und den Schülern dazu keine Anweisungen gegeben.

> „Legen Sie Regeln für den gemeinsamen Umgang im Unterricht fest, zum Beispiel sollte sich jeder erst melden, bevor er etwas sagt. Halten Sie diese Regeln schriftlich fest und hängen Sie sie im Klassenzimmer aus. Geben Sie auch an, welche Sanktionen für Störverhalten folgen werden und setzen Sie diese konsequent ein." (Schröder 2006, S. 63)

Zwei der Schüler mit ADS saßen nebeneinander.

> „Wenn Sie mehr als ein ADS-Kind in der Klasse haben, achten Sie auch darauf, dass diese Kinder nicht zusammensitzen. Günstiger als Nachbar ist ein ruhiger Mitschüler oder jemand, der ein positives Verhaltensmodell für das Kind geben kann." (Schröder 2006, S. 62)

Wenn ein Kind beobachtet, wie ein anderer ein Problem löst, einen Apparat bedient oder eine schwierige Aufgabe meistert, so kann dies ein Beitrag für seine eigene Kompetenz sein, wenn es selbst die gleiche oder eine ähnliche Aufgabe zu lösen hat (vgl. Bauer 2006, S. 122).
Die Schüler mit ADS saßen nicht in meiner Nähe unter den anderen Schülern.

> „Der Arbeitsplatz des Kindes sollte so wenige Ablenkungsmöglichkeiten wie möglich liefern. Deshalb setzen Sie das Kind am besten in Ihre Nähe." (Schröder 2006, S. 62)

> „Geben Sie dem ADS-Kind besser einen Arbeitstisch für sich allein, so kann es niemanden stören und wird auch selbst nicht abgelenkt" (Schröder 2006, S. 62)

Damit die Unterrichtsgestaltung für die Schüler kalkulierbar war, habe ich ihnen den Ablauf des Unterrichts genau erklärt. Ich bat sie, den

Zeichenblock und die Farbstifte hervorzuholen und schon begannen die Probleme. Zwei Schüler weigerten sich konsequent diesen Aufforderungen nachzukommen und beantworteten dies mit distanzlosen Bemerkungen. Die anderen Schüler fanden das sehr lustig und der Lärmpegel in der Klasse stieg gleich am Anfang deutlich an.

> „Sorgen Sie für einen niedrigen Lärmpegel in der Klasse. Stellen Sie Regeln auf, zum Beispiel darf während bestimmter Arbeitszeiten oder bei Klassenarbeiten nicht geredet oder mit dem Schlüsselbund geklappert werden." (Schröder 2006, S. 62)

Nach den Erkenntnissen der Hirnforschung lassen mangelndes Interesse, fehlende Assoziationsmöglichkeiten oder störende Zusatzwahrnehmungen die Erstinformationen ohne festere Speicherung abklingen (vgl. Vester 2007, S. 62).

Nachmittagsunterricht ist meist nicht ganz einfach, weil die Schüler sich zu dieser Zeit ab 13 Uhr in einem Leistungstief befinden, was oft an vermehrter Unruhe zu bemerken war. Morgens waren zu dieser Zeit während der Kernfächer oft 2 Lehrer in einer Klasse, am Nachmittag war die Personalbesetzung meist nicht so gut. Ich versuchte, mit den Schülern zu reden, womit ich leider keinen Erfolg hatte, sie waren offensichtlich nicht gewillt, auf meine Angebote einzugehen. Nach ungefähr 20 Minuten, wie ich mich erinnere, kam ich zu der Auffassung, dass so kein Unterricht möglich ist, und schickte den Schüler (ADS-Kind), der offensichtlich am meisten störte, in den Trainingsraum. Nach der *Trainingsraummethode* soll der Schüler im Trainingraum über sein eigenes Verhalten reflektieren und mit Hilfe des Trainingsraumlehrers soll ein Lernprozess bezüglich des Verhaltens in Gang kommen (vgl. Bründel 2003, S. 49). Danach war die Lage für 45 Minuten etwas entspannter, aber von einem guten Unterrichtsklima war sie noch weit entfernt. Die Schüler waren sehr unruhig, distanzlos und laut. Ich überlegte mir, ob ich nicht noch weitere Schüler aus der Situation herausnehmen sollte.

> „Bei groben Regelverletzungen und für den Fall, dass sich das Kind in einem sehr erregten Zustand befindet, sollten Sie es unbedingt vermeiden, mit dem Kind zu diskutieren. Hier ist es günstiger, das Kind aus der Situation herauszunehmen und

7.4 Erfolgserlebnisse für Kinder mit ADS und Autismus

abzuwarten, bis es sich beruhigt hat. Als Methode der Wahl hat sich hier die Verwendung von Time-out bewährt, auf die im folgenden Kapitel genauer eingegangen wird." (Schröder 2006, S. 77)

Dazu ist zu bemerken:

„Time-out (Auszeit)
Vor allem bei ausgeprägten Formen von oppositionellem Verhalten und wenn negative Konsequenzen auf ein Problemverhalten kurzfristig nicht mehr greifen, kann die Anwendung einer Auszeit sinnvoll sein. Dazu muss das Kind das Klassenzimmer verlassen oder aus der Klassensituation herausgenommen werden, indem es einen gesonderten, möglichst reizfreien Platz zugewiesen bekommt. Wichtig ist, dass während der Auszeit alle potentiellen Verstärker nicht mehr erreichbar sind, also weder angenehme Aktivitäten damit verbunden werden können noch positive Beachtung durch Mitschüler. Das Kind muss die Auszeit als negative Konsequenz auf sein Verhalten wahrnehmen können, es muss also auch wissen, worin der Verstoß bestand." (Schröder 2006, S. 89)

Ich suchte also nach einer anderen Klasse auf dem selben Stockwerk, um die Aufsichtspflicht sicherzustellen. Leider musste ich feststellen, dass ich an diesem Nachmittag auf diesem Stockwerk mit der Klasse praktisch alleine war, da viele Klassen wegen Sport/Schwimmen und Lerngängen außer Haus waren. Dann versuchte ich die Schulleitung zu erreichen, aber es war auch niemand anwesend.

Bei ADS-Kindern wird auch mit Tokensystemen gearbeitet. Ihre Wirkung wurde in Kapitel 5.5 bereits schon beschrieben. Intermittierende Belohnung mit variablen Quoten und Intervallen ist ziemlich löschungsresistent. Dies trifft auch für die Tokensysteme (Punktepläne) zu.

Tokensysteme sollen das Problemverhalten durch gezielte Verstärkung verändern, wenn vermehrte Aufmerksamkeit und Lob nicht ausreichen. Die Kinder erhalten Punkte für erwünschte Verhaltensweisen, die dadurch verstärkt werden sollen. Das System verliert auch über einen längeren Zeitraum nicht an Wirksamkeit. Tokensysteme hinterlassen durch die

Anzahl der erhaltenen Punkte sichtbare und überdauernde Spuren angemessenen Verhaltens. Das Punkte-Konto ist an einer gut sichtbaren Stelle im Klassenzimmer angebracht. Zuerst sollte das Problemverhalten und die Situationen, in denen es auftritt, möglichst konkret beschrieben werden. Die Häufigkeit des Störverhaltens muss protokolliert werden. Dann muss das erwünschte Verhalten in dieser Situation möglichst genau dargestellt werden. Für eine bestimmte Anzahl von Punkten oder Tokens erhalten die Kinder eine Belohnung. Das wird mit den Kindern so vereinbart und der Gültigkeitszeitpunkt und der Eintauschzeitpunkt werden festgelegt. Tokens werden immer zusammen mit Lob vergeben. Das Tokensystem kann auch ausgeblendet oder bei Rückfällen wieder eingesetzt werden (vgl. Schröder 2006, S. 81-85).

Neben den Tokensystemen können auch *Response-Cost-Systeme* (Verstärker- Entzugs-Systeme) eingesetzt werden. Damit soll häufiges Problemverhalten vermindert werden. Gegebene Verstärker werden dabei für unangemessenes Verhalten entzogen. Die verbleibenden Punkte werden dann in eine Belohnung umgewandelt. Dieses System hat sich vor allem im Vorschulalter bewährt (vgl. Schröder 2006, S. 87).

Mit älteren Kindern werden auch sogenannte therapeutische Verträge abgeschlossen. Dabei wird ein positives Zielverhalten formuliert und es wird festgehalten, welche Gegenleistung das Kind erhält (vgl. Schröder 2006, S. 85, 86).

Grundlagen diese hier aufgezeigten Methoden sind Techniken der Verhaltensmodifikation. Erwünschte Verhaltensweisen sollen dabei aufgebaut, unerwünschte Verhaltensweisen abgebaut werden. (vgl. Schröder 2006, S. 78-80) Dazu ist es aber notwendig, dass diese Maßnahmen konsequent durchgeführt werden und alle beteiligten Personen (Kind, Lehrer, Erzieher und Eltern) informiert sind. Nur so kann dies zum gewünschten Erfolg führen. Anzuführen ist hier noch das Selbstinstruktionstraining. Dadurch sollen die Kinder zu einem planvollen und reflexiven Arbeitsstil bei der Bewältigung von Aufgaben angeleitet werden. Bevor sie mit einer Aufgabe beginnen, sollen sie sich genau überlegen, was die Aufgabe ist. Es ist ein Plan zu entwerfen, wie die Aufgabe am besten zu lösen ist, und dieser Plan soll durchgeführt werden, ohne dass man sich ablenken lässt. Dann soll die Lösung der Aufgabe überprüft werden. Selbstlob bei Erfolg, oder die Ermunterung, bei Fehlern beim nächsten Mal besser aufzupassen sollen folgen. Dabei sollen Signalkarten helfen. Checklisten sollen die

7.4 Erfolgserlebnisse für Kinder mit ADS und Autismus

Vergesslichkeit und Ablenkbarkeit reduzieren und die Handlungsabläufe automatisieren (vgl. Schröder 2006, S.89-93).
Zurück zu meiner Klasse: Wie zu sehen ist, hätte es auch hier eine Anzahl von sinnvollen Maßnahmen gegeben, um das Verhalten dieser Schüler zu verbessern. Dass in der letzten Unterrichtsstunde auch der Trainingsraum nicht mehr besetzt war, hat die Situation nicht verbessert. Maßnahmen wie Einträge ins Klassenbuch greifen hier nicht mehr und sind auch nicht sinnvoll. Ich habe den Unterricht abgebrochen (die Durchführung war so nicht möglich) und den Schülern angekündigt, dass das Konsequenzen für sie haben wird. Ich habe ihnen mitgeteilt, dass ich die Schulleitung und die Klassenlehrerin über ihr Verhalten an diesem Nachmittag informieren werden und dass auch ihre Eltern davon erfahren werden. Das habe ich dann auch so durchgeführt. Die Schüler haben sich nach diesen Maßnahmen in den folgenden Tagen bei mir entschuldigt und mir mitgeteilt, dass sie sich bessern möchten. Wie an diesem Beispiel deutlich zu sehen ist, sind bei der Beschulung von Kindern mit ADS und ADHS einige wesentliche Punkte zu beachten. Dazu gehört, dass alle Beteiligten ausreichend informiert sind und aber auch eine Klasse oder Gruppe gefunden wird, die bezüglich Größe und sozialem Klima geeignet ist, wie das im ersten Beispiel der Fall war. Eine Zusammenlegung von Problemfällen, die eben wegen gleichen Alters und ungefähr gleichen Leistungsniveaus zufällig scheinbar zusammenpassen, scheint mir eher problematisch zu sein. Auf ausreichend Personalbesetzung ist ebenfalls zu achten (auch und gerade bei Nachmittagsunterricht) und es sollten während der Schulzeit stets Bezugspersonen der Kinder (Klassenlehrer oder Fachlehrer, Abteilungsleiter) in Problemfällen erreichbar sein. Die geschilderte Situation wird wahrscheinlich nicht geeignet sein die problematischen Verhaltensweisen bei den Kindern zu vermindern. Zur geeigneten Schulart ist folgendes zu bemerken:

„Darüber hinaus kann eine Intervention darin bestehen, die Kinder in bestimmten Schultypen zu platzieren. Dies sollte bei Schulkindern in enger Zusammenarbeit von Schule, Schulbehörde und den Eltern entschieden werden. Gewählt werden sollte der Schultypus, der der grundlegenden schulischen Leistungsfähigkeit des Kindes entspricht. Dabei ist grundsätzlich davon auszugehen, dass eine Sonderbeschulung nicht notwendig ist." (Schröder 2006, S. 101)

Außer den beschriebenen Verhaltensauffälligkeiten sind bei den ADS-Kindern noch spezifische Lernprobleme zu beobachten:
Besondere Probleme haben die Kinder beim Schreiben und Lesen, da bei diesen Aufgaben hochkomplexe Fertigkeiten verlangt werden.
Nach den Erkenntnissen der Hirnforschung handelt es sich beim Sprechen und Sprachverstehen um die schnellsten und rechenintensivsten ablaufenden Prozesse, die es in der Wahrnehmung und der Motorik gibt. Wenn wir einen Text lesen, dann geht die Information vom motorischen Sprachzentrum in sogenannte supplementär-motorische Areale und auch in die prämotorischen und motorischen Areale. Dann werden auf verschiedenen Ebenen der Abstraktion in diesen Zentren im Gehirn Bewegungsprogramme ausgewählt und fein aufeinander abgestimmt (vgl. Spitzer 2002, S. 246, 247).

> „Das Resultat ist ein vorgelesener gesprochener Text, der praktisch so klingt, als würde er einfach nur so spontan gesprochen. Das Ganze ist eine Höchstleistung neuronaler Informationsverarbeitung ....." (Spitzer 2002, S. 247)

Die Kinder verwenden oft ihre ganze Aufmerksamkeit auf den Schreibprozess und haben Probleme, den Lerninhalt gleichzeitig zu erfassen. Lehrer können hier helfen

- indem sie mit dem Kind das Schreibblatt einteilen, solange dies erforderlich ist.

- Das Kind sollte mit dem Bleistift schreiben, bis eine bessere Steuerung sichtbar wird.

- Bei längeren Schrift- und Hausaufgaben sollte Druckschrift oder das Schreiben am Computer erlaubt sein.

- Richtig geschriebene Wörter sollten belohnt werden, indem sie mit einem Textmarker hervorgehoben werden.

- Die Aufgaben sollten in kleinere Teile zerlegt werden und einzeln kontrolliert und bewertet werden.

7.4 Erfolgserlebnisse für Kinder mit ADS und Autismus

- Fehler sollten immer sofort ausgebessert werden, damit sich das Kind kein falsches Schriftbild einprägt.

- Das Schreiben macht mehr Spaß, wenn Farben zum Einsatz kommen oder es durch Musik begleitet wird.

- Keine Schönschreibnoten sollten gegeben werden, damit kein Dauerfrust aufkommt.

Auch beim Lesen können geeignete Maßnahmen helfen:

- Die Kinder sollten laut lesen und dabei ihre Stimme hören können.

- Es hilft auch, wenn sie neben sehr aufmerksamen Schülern sitzen.

- Schwierige Wörter und Begriffe im Text sollten erklärt werden.

- Das Markieren oder Unterstreichen von wichtigen Wörter im Text (soweit dies möglich ist) hat sich gut bewährt.

- Zusätzlich könnte trainiert werden neue und unbekannte Wörter zu entziffern.

- Eine Leseschiene oder ein Lesefenster sind eine Hilfestellung um an der richtigen Position im Text zu bleiben.

- Während des Lesens sollte das Kind den Text auf der Kassette mithören.

- Während des Lesens sollte es den Sitzball benützen oder sich bei Bedarf bewegen dürfen (vgl. Schröder 2006, S. 71-73).

Auch im Mathematikunterricht haben die Kinder oft ausgeprägte Schwierigkeiten.

Oft entsteht hier ein Teufelskreis aus Frustration, Angst, Vermeidung, fehlendem Lernen, fehlender Kompetenz, schlechter Leistung, Bestrafung und dadurch erneuter Frustration. Ziel ist es dies durch einen anderen Kreis zu ersetzen. Belohnung hat Freude an der Mathematik zur Folge, und deshalb wird dann mehr Mathematik getrieben. Dadurch werden die Inhalte besser verstanden und die Fähigkeiten verbessern sich. Die besseren Leistungen führen dann zu äußeren Belohnungen und es entsteht ein

Gefühl der inneren Belohnung, das noch mehr Motivation zur Folge hat (vgl. Spitzer 2002, S. 270, 271).
Hier kann der Lehrer auch einige Hilfestellung geben:

- Das Kind erhält mehr Zeit für die schriftlichen Rechenarbeiten, muss sich dafür aber auch anstrengen.

- Optisch ansprechendes Material oder speziell liniertes Papier soll dem Überlesen von Details entgegenwirken und gegen eine schlechte Strukturierung der Rechenaufgaben auf dem Blatt helfen.

- Arbeitsblätter, auf denen nicht so viel geschrieben werden muss lassen weniger Frust aufkommen und es kommt nicht zu Organisations- und Abschreibschwierigkeiten von der Tafel oder aus dem Buch.

- Die Arbeitsblätter sollten nacheinander ausgeteilt werden (wenn es mehrere sind), damit das Kind nicht entmutigt wird.

- Jeder erfolgreiche Lösungsschritt sollte belohnt werden.

- Nach der Arbeit sollte eine genaue Fehleranalyse in positiver Form durchgeführt werden.

- Der gezielte Umgang mit Taschenrechnern sollte erlaubt sein.

- Das schriftliche Notieren der Kopfrechnung sollte dem Kind erlaubt sein, um Unachtsamkeitsfehler beim Kopfrechnen zu vermeiden.

- Werden die Operationszeichen farbig geschrieben, so können sie optisch besser wahrgenommen werden.

- Der Lernstoff kann mit PC-Rechenprogrammen trainiert werden.

- Die Anlage eines Regelheftes ist sinnvoll (vgl. Schröder 2006, S. 74, 75)

- Empfohlen wird auch, dem Kind in Prüfungen soweit als möglich weniger Rechenaufgaben zu geben, die aber dann auch sehr sorgfältig erledigt werden müssen.

7.4 Erfolgserlebnisse für Kinder mit ADS und Autismus

Bei den Hausaufgaben sind die ADS-Kinder häufig überfordert.
Nach den Erkenntnissen der Hirnforschung haben die zunehmenden Konzentrationsstörungen ihre Ursache auch darin, dass Kinder zu wenig Hilfe und Unterstützung erhalten, wenn sie lernen müssen sich auf eine Sache zu konzentrieren. Statt dessen sind sie fortwährend mit neuen Reizen und Angeboten konfrontiert, was sich auf ihre Aufmerksamkeit auswirkt (vgl. Bauer 2008, S. 100)
Auch bei den Hausaufgaben kann man Hilfestellung geben:

- Es sollte den Kindern im Unterricht Zeit gegeben werden, sich die Hausaufgaben zu notieren und das erforderliche Material einzupacken.

- Die Hausaufgaben sollten an der Tafel immer an derselben Stelle notiert werden und vorgelesen werden. So werden sie nicht übersehen.

- Das Hausaufgabenmaterial sollten die Kinder immer in einer speziellen Mappe aufbewahren.

- Die Hausaufgaben sollten täglich kontrolliert und bewertet werden. Anstrengungen sollten belohnt werden.

- Konsequenzen für das Fehlen oder Vergessen der Hausaufgabe müssen vorher genau abgesprochen sein.

- Ein enger Kontakt mit den Eltern kann über ein Heft erfolgen, indem nötige Informationen von beiden Seiten übermittelt werden.

- Die Eltern sollten in diesem Heft auch Informationen über die Hausaufgabenzeit und die dabei aufgetretenen Schwierigkeiten geben (vgl. Schröder 2006, S. 76).

Die meisten dieser Maßnahmen halte ich für sehr sinnvoll und sie sind im Unterricht so zu integrieren, dass sie nicht als spezielle Maßnahmen für das ADS-Kind erscheinen, was ich für sehr wichtig halte. Sie sind auch für die anderen Kinder sehr nützlich und hilfreich. Werden für das ADS-Kind einige (nicht zu viele) Ausnahmeregelungen vereinbart, so muss dies der Klasse genau erklärt werden, denn die Kinder haben einen Sinn für Gerechtigkeit. Wird dies nicht berücksichtigt, könnte sich dies auf das soziale Klima in der Klasse auswirken. Hier sollten Kompromisse gefunden werden, die für alle Beteiligten akzeptabel sind.

Für eine größere Belastung halte ich die Verhaltensauffälligkeiten. Ich möchte nicht verschweigen, dass es einige Stunden gedauert hat, bis ich mich von dem Vertretungsunterricht, den ich geschildert habe, wieder erholt hatte. Hier ist nach meiner Ansicht in hohem Maße die sogenannte emotionale Intelligenz des Lehrers gefordert.

Salovey gliedert diese in fünf Bereiche:

> „1. *Die eigenen Emotionen kennen.* Selbstwahrnehmung - das Erkennen eines Gefühls, während es auftritt - ist die Grundlage der emotionalen Intelligenz" (Goleman 1997, S. 65)

> „2. *Emotionen handhaben.* Gefühle so zu handhaben, daß sie angemessen sind, ist eine Fähigkeit, die auf der Selbstwahrnehmung aufbaut." (Goleman 1997, S.65)

> „3. *Emotionen in die Tat umsetzen.*" (Goleman 1997, S.65)

> „Emotionale Selbstbeherrschung - Gratifikationen hinausschieben und Impulsivität unterdrücken - ist die Grundlage jeder Art von Erfolg." (Goleman 1997, S.65)

> „4. *Empathie.* Zu wissen, was andere fühlen - eine weitere Fähigkeit, die auf der emotionalen Selbstwahrnehmung aufbaut - ist die Grundlage der «Menschenkenntnis»." (Goleman 1997, S. 65)

> „Wer einfühlsam ist, vernimmt eher die versteckten sozialen Signale, die einem anzeigen, was ein anderer braucht oder wünscht." (Goleman 1997 S. 66)

> „5. *Umgang mit Beziehungen.* Die Kunst der Beziehung besteht zum großen Teil in der Kunst, mit den Emotionen anderer umzugehen." (Goleman 1997, S. 66)

Natürlich sind nicht alle Menschen in jedem Bereich gleich gut, aber Mängel in den emotionalen Fähigkeiten lassen sich beheben. Da es oft Gewohnheiten und Reaktionen sind, kann man sich auch Mühe geben um Fortschritte zu machen und damit die emotionale Intelligenz zu verbessern (vgl. Goleman 1997, S. 66).

7.4.2 Förderung autistischer Kinder in der Schule

„Ein halbes Jahrhundert lang wurden Kinder mit der Diagnose „Frühkindlicher Autismus" als unheilbar eingestuft. Nur etwa 5% der Betroffenen hatten eine normale Entwicklung zu erwarten, während die Mehrheit ihr Leben in Einrichtungen der Behindertenhilfe oder mit intensiver Hilfe verbringen musste. Zwar geht man auch heute noch davon aus, dass es sich bei ASS um eine schwerwiegende Beeinträchtigung handelt, aber man weiß mittlerweile, dass die Problematik behandelbar ist." (Green, 1998 zit.n. Bernard-Opitz 2007, S. 24)

Das nichtbehinderte Kind setzt sich spielend mit seiner Umwelt auseinander. Dies ist bei autistischen Kindern so gut wie nicht der Fall. Diese Kinder verweigern sich allen Lernerfahrungen. Aber Lernerfahrungen spielen gerade beim Menschen eine wichtige Rolle, denn ein großer Teil der Zellverbände der Hirnrinde und der Verbindungen untereinander entwickeln sich erst nach der Geburt. Findet die spielerische Erkundung der Umwelt nicht statt, dann erleidet das Kind einen Entwicklungsrückstand, wie das bei autistischen Kindern der Fall ist. Aber diese mangelnden Entwicklungsreize können auch später noch durch eine entsprechende Therapie ausgeglichen werden, was Untersuchungen belegten (vgl. Rollett/Kastner-Koller 2007, S. 18).

Auf der Basis der Erkenntnisse der *Lernpsychologie und der Hirnforschung* wurden Therapiemethoden entwickelt, die in direktem Bezug zu den Problemen autistischer Kinder stehen. Diese strukturierten Therapieprogramme wurzeln in den verhaltenstherapeutischen Ansätzen, die von *Lovaas* entwickelt wurden. Schüler von Lovaas entwickelten weitere Therapieansätze. Zeitgleich wurde das *TEACCH-Programm* entwickelt, dessen wesentliche Merkmale das Lernen in einer strukturierten Umgebung mit klaren Erwartungen und Ablaufplänen, die frühe Anleitung zu Selbständigkeit und die Verdeutlichung der Lernsituation durch Bilder, Symbole und Wortkarten sind. Auch in Anlehnung an das TEACCH-Programm wurden noch weitere Therapieansätze entwickelt. Zu den kontrovers diskutierten Therapiemethoden gehört die sogenannte „*Gestützte Kommunikation* (FC)", deren Wirksamkeit umstritten ist (vgl. Bernard-Opitz, 2007, S. 25, 26).

Therapieansätze bei Autismus

7 Vorschläge zur Verbesserung der Situation der behinderten Schüler/innen

1. *TEACCH-Ansatz* (Treatment and Education of Autistic and Communication Handicappe Children)

Der Leitgedanke dieses Ansatzes beinhaltet, dass jeder Mensch mit Autismus in der Umwelt leben, lernen und arbeiten soll, die ihn am wenigsten einschränkt und zugleich größtmöglichste Selbständigkeit und Entfaltungsmöglichkeiten bietet. Es soll dabei ein Umfeld geschaffen werden, in dem die individuellen Fähigkeiten und Bedürfnisse beachtet werden und ein sicherer Zugang zur Welt ermöglicht wird und somit die Umwelt für die autistische Person an Bedeutung gewinnt. Das Programm ist bei Kindern, Jugendlichen und Erwachsenen anwendbar. Das Wesentliche ist dabei die Visualisierung und der Einsatz von Strukturierungshilfen. Für jeden Betroffenen sollen Möglichkeiten gefunden werden, damit er seine Umgebung besser verstehen kann und es sollen mögliche und angenehme Formen der Kontaktaufnahme mit anderen Menschen gefunden werden. Individuelle Lernangebote sollen aufbauend auf den Stärken und Interessen der Betroffenen, ihre kommunikativen und sozialen Fähigkeiten sowie ihre Kompetenzen für die Alltagsbewältigung entwickeln. Die Bezugspersonen sind am Förderprozess beteiligt, damit die Techniken leichter in den Alltag übertragen werden können (vgl. Poustka u.a. 2004, S.33, 34).

2. *Lovaas-Theapie*, (Applied Behavior Analysis)

Dieses Programm ist der klassische Ansatz früher und intensiver Verhaltenstherapie bei Kindern mit Verdacht auf eine autistische Störung. Es beruht auf dem Prinzip der Applied Behaviour Analysis (ABA), einer streng wissenschaftlichen und problemorientierten Verhaltenstherapie. Diese Autismustherapie ist am meisten verbreitet und empirisch am besten abgesichert. Bei der Lovaas-Therapie wird versucht, Kindern bestimmte Fähigkeiten und Fertigkeiten in einem langen Zeitraum mit hoher Therapieintensität in kleinen Schritten mit operanter Verstärkung, Beobachtungslernen und Imitation beizubringen. Ziel ist es dabei, dass die Kinder lernen, die Sprache zu verstehen, auf Interaktionen zu reagieren, sie zu beginnen und aufrecht zu erhalten. Bei dieser Therapie arbeitet ein Therapeutenteam mit dem Kind alleine mindestens 30 Stunden in der Woche. Ziel ist es, die Generalisierung des gelernten Verhaltens zu sichern und die Motivation aufrecht zu erhalten. Der Aufbau von Routinen und die Automatisierung von erlernten Verhaltensweisen durch häufige Wiederholung ist dabei beabsichtigt. Zur Behandlung werden anfangs kaum sprachliche Anweisungen eingesetzt (vgl. Poustka u.a. 2004, S. 133).

7.4 Erfolgserlebnisse für Kinder mit ADS und Autismus

3. *Gestützte Kommunikation (englisch: Facilitated Communication, abgekürzt FC)*
ist eine Kommunikationsmethode für Menschen mit schweren Kommunikationsbeeinträchtigungen. Die Personen lernen sich mitzuteilen, indem sie auf Objekte, Fotos Symbole, Wörter oder Buchstaben deuten. Dabei erhalten sie von einer anderen Person Hilfestellung und diese stützenden Hilfestellung soll nach einiger Zeit überwunden werden.
Soweit die Therapieansätze.
Kinder mit autistischen Verhaltensweisen sind auch bildungsfähig. Sie haben das moralische und gesetzlich verbürgte Recht auf Unterricht, der sich an ihren Fähigkeiten und Bedürfnissen ausrichten soll. Dies ist festgehalten in der Verwaltungsvorschrift des KM vom 8.März 1999 (KuU S. 45/1999): Kinder und Jugendliche mit Behinderungen und besonderem Förderbedarf. Darin heißt es:

„Die Förderung von Schülerinnen und Schülern (im Folgenden: Schülern) mit Behinderungen ist Aufgabe in allen Schularten.
Für die persönliche und schulische Entwicklung der Kinder und Jugendlichen ist es von grundlegender Bedeutung, dass die Schule Behinderungen rechtzeitig erkennt, drohenden Behinderungen entgegenwirkt und mit medizinisch-therapeutischen sowie pädagogisch-psychologischen Fachkräften zusammenarbeitet, um Fördermaßnahmen zu entwickeln, welche einschränkenden Auswirkungen von Behinderungen auf die kognitive, psychomotorische, soziale und emotionale Entwicklung begegnen. Der Erfolg solcher Maßnahmen hängt entscheidend von einer frühzeitigen und engen Zusammenarbeit der Schule mit den Eltern ab. Soweit unterstützende Maßnahmen weiterer Leistungs- und Kostenträger, insbesondere der Schulträger und der Träger der Schülerbeförderung, erforderlich sind, werden sie frühzeitig in das Verfahren einbezogen." (GEW 2008, S. 114)

Die Bandbreite der Kinder und Jugendlichen mit autistischen Störungen erstreckt sich im kognitiven Bereich von der geistigen Behinderung bis hin zur Hochbegabung. Es gilt als erwiesen, dass spezifische Fördermaßnahmen und Therapieansätze, die auf die Wahrnehmungsstruktur und auf das Verhaltens- und Behinderungsbild von autistischen Menschen ausgerichtet sind diesen eine zunehmende Anpassung an die gesellschaftlichen Denk- und Handlungsformen ermöglichen können (vgl. Sterr in Kaminski/Rumpler 2003, S. 19).

Es ist Aufgabe der Schulen für autistische Kinder und Jugendliche die Fördermaßnahmen bereitzustellen, die ihnen zu dem Ziel einer humanen Integration verhelfen. Um dies zu erreichen sind an den Schulen für Behinderte und Nichtbehinderte die organisatorischen und inhaltlichen Bedingungen zu verbessern (vgl. Sterr in Kaminski/Rumpler 2003, S. 19).

Bei der Gestaltung von Unterricht, Erziehung und Förderung autistischer Kinder und Jugendlicher werden die Lehr- und Lernmethoden vorrangig von der Behinderung und der Situation des autistischen Kindes bestimmt. Zunächst ist der Entwicklungsstand des Kindes in den einzelnen Bereichen genau zu erfassen und seine besonderen Fähigkeiten und Probleme sind zu analysieren.

Autistische Schüler benötigen positive Lernsituationen. Zu denken ist hier an die Bedeutung der Sekundärassoziationen. Sie ist gewaltig. Wenn sie richtig eingesetzt werden, können sie das Lernen ungemein fördern. Es wird nicht nur der Lernstoff als Information aufgenommen, sondern auch viele Wahrnehmungen aus der Umgebung. Primär- und Sekundärinformationen sind beim Lernen daher nicht einfach zu trennen. Die eigentlichen Lerninhalte werden während des Lernens mit vorhandenen Wahrnehmungen und Gefühlen und mit Erinnerungen verknüpft. Dies ist von Vorteil, wenn der neue Lerninhalt mit Begleitinformationen verbunden ist, die vertraut und angenehm sind (vgl. Vester 2007, S.145, 146).

Zu Beginn einer Lerneinheit sollte daher jede Aufgabe möglichst in differenzierten Kleinstschritten aufbereitet werden. Die Lernsituationen sind so zu gestalten, dass sich fortwährend erfahrbare Lernerfolge ergeben. Es sollten keine allzu komplexen Fragen gestellt werden, auch die Aufforderung an den Schüler, Probleme selbsttätig zu lösen, ist wenig erfolgversprechend. Falsche Lösungswege werden selten als solche erkannt und die notwendige Korrektur der Fehler unterbleibt. Daher ist es besser, wenn Fehler von vorneherein vermieden werden. Das Kind sollte erst dann geprüft werden, wenn Sicherheit besteht, dass es eine richtige Antwort geben kann. Nicht eine vorgeschriebene Zeit ist maßgebend, sondern der erzielte Lernerfolg. Der Lehrer muss in kleinsten Schritten erzielte Lernerfolge wahrnehmen können und bestätigen. Wichtig ist, dass jede Aufgabenstel-

7.4 Erfolgserlebnisse für Kinder mit ADS und Autismus

lung differenziert auf die individuellen Fähigkeiten des Kindes abgestimmt ist, die Aufgabe muss eindeutig formuliert und für das Kind überschaubar sein. Dabei ist auf die Auswahl der Lernmittel zu achten, die so zu wählen sind, dass sie den Arbeitsablauf vorbestimmen und die Lösung der Aufgabe nachhaltig unterstützen. Die Unterrichtsmaterialien sollten dabei immer nur eine Variationsmöglichkeit zulassen um Irritation und Überforderung zu vermeiden.

Eine unmittelbare direkte körperliche Lenkung ist von größter Wichtigkeit. Autistische Kinder sollten in Unterrichtssituationen nur separiert werden, wenn es als unumgänglich erscheint. Der integrative Ansatz hat immer Vorrang vor der Selektion. Auch in der Freizeitgestaltung sind alle Chancen zu nutzen. Autistische Kinder sollten mit anderen Kindern gemeinsam leben, sprechen und spielen können. Dies sollte das Fachpersonal behutsam unterstützen.

Die Aufmerksamkeitsspanne autistischer Kinder ist meist nur von kurzer Dauer. Daher ist es sinnvoll, den Unterricht in kleinste Sinneinheiten zu unterteilen. Dazwischen benötigen die Kinder immer wieder Pausen für ihre bisher gewohnten Aktivitäten. Motivierende Lernangebote können diese Handlungen wieder unterbrechen (vgl. Sterr in Kaminski/Rumpler 2003, S. 20, 21)

In allen Bundesländern ist eine integrative Beschulung Behinderter möglich.

Autistische Kinder kommen ohne Hilfe in herkömmlichen Klassen mit hoher Schülerzahl meist nicht zurecht. Deshalb benötigen sie zuerst eine Einzeltherapie, in der sie angeleitet werden, um in der Klassensituation bestehen zu können. Oft sind individuelle Schulbegleiter notwendig um die Erfüllung der Schulpflicht überhaupt zu ermöglichen. Diese Schulbegleitung gewährleistet vielen autistischen Kindern und Jugendlichen das Recht auf die ihren Begabungen angemessene Schulbildung (vgl. Sterr in Kaminski/Rumpler 2003, S. 21-24).

Lehrer empfinden die Störungen autistischer Schüler in den Verhaltensbereichen als sehr belastend (auto- und fremdaggressives Verhalten, Hyperaktivität, respektloses Verhalten, Arbeitsverweigerung). Bei der sogenannten Stärken-Perspektive geht es nicht um Vorschläge und Methoden, die nur auf die Beseitigung von Verhaltensauffälligkeiten zielen. Es geht hier um die Würdigung positiver Attribute und menschlicher Fähigkeiten und um Wege, diese Ressourcen zu entwickeln und zu unterstützen. Es ist fruchtbarer an dem anzusetzen, was einer kann, und diese Möglichkeiten zu stärken und zu unterstützen. Oft ist die Einbeziehung des sozialen und ökologischen Umfeldes nötig, um günstige Entwicklungen optimieren zu können. Dabei sind auch die Grenzen der Möglichkeiten nicht zu übersehen. Auf eine Zusammenarbeit mit medizinischen, psychologischen und heilpädagogischen Diensten sollte daher nicht verzichtet werden (vgl. Theunissen 2003, S. 56-58).

Hier ist die Bedeutung der Aus- und Fortbildung für Lehrer und anderes Personal an den Schulen anzusprechen. Das Interesse an autismusspezifischen Fortbildungen ist deutlich höher wie in anderen sonderpädagogischen Förderschwerpunkten. Damit der einzelne Lehrer diesen Anforderungen gerecht werden kann, sollte das Angebot ausgebaut werden. Diese besonderen Fachkenntnisse sind nötig um das Gelingen der Integration zu sichern.

Abschließend möchte ich als Beispiel noch praktische Hinweise für die Integration autistischer Kinder in Spiel- und Lerngruppen vorstellen:

> „Eine wichtige Voraussetzung für das Gelingen der Integration ist die Reaktion der Kindergartengruppe bzw. Klasse auf die Fördermaßnahmen für das Integrationskind." (Rollett/Kastner-Roller 2007, S. 124)

Die Erfahrung, aus einer Gemeinschaft ausgestoßen zu werden, ist sehr schmerzlich und hat neurobiologische Effekte. Wenn von einer Gruppe die spiegelnden Verhaltensweisen im Alltag verweigert werden, mit denen sich die Menschen gegenseitig anzeigen, dass sie den anderen als zugehörig zum sozialen Bedeutungsraum betrachten, kann die Integration nicht gelingen (vgl. Bauer 2006, S. 105)

Deshalb sollten die Kinder in der Gruppe lernen, Verständnis zu entwickeln und Verantwortung für andere zu übernehmen. Der Gruppe werden in Gesprächen die Probleme des Integrationskindes erklärt. Dabei soll das Einfühlungsvermögen der Kinder geweckt werden. Jede abwertende Äußerung soll aufgegriffen und besprochen werden, um eine andere, verantwortungsvolle Einstellung zu entwickeln. Negative Äußerungen sollten nicht übergangen werden, denn dies wird von den Kindern als Zustimmung gedeutet. Einzelne Bemerkungen lassen sich im Gespräch leicht entkräften, hat aber erst einmal die ganze Klasse eine negative Haltung übernommen,

7.4 Erfolgserlebnisse für Kinder mit ADS und Autismus

dann lässt sich das nur noch schwer beeinflussen (vgl. Rollett/Kastner-Roller 2007, S. 124, 125).

Der Klasse sollte man immer erklären, weshalb das Integrationskind andere Aufgaben und leichtere Fragen bekommt. Dabei sind zwei Hauptregeln zu beachten: das Kind muss ständig in die Arbeit der Klasse eingebunden sein und es soll nur die Aufgaben bearbeiten, die es bewältigen kann und bei denen es etwas lernt.

Der Lehrer sollte sich bei der Unterrichtsplanung für die Lehrer-Schüler-Gespräche Fragen überlegen, die das Integrationskind sicher beantworten kann. Das Integrationskind sollte sich ungefähr alle 10 Minuten im Unterricht äußern dürfen. Zu beachten ist dabei, dass die Kinder zu Beantwortung von Fragen längere Denkpausen benötigen, die sie auch erhalten. Die Klasse sollte diese Maßnahmen nicht als Bevorzugung des Integrationskindes auffassen, sondern als Hilfe für das Kind, für das man die Verantwortung übernommen hat und dem man Unterstützung gewährt (vgl. Rollett/Kastner-Koller 2007, S. 125).

Bei Diktaten sollte das Integrationskind den Text als Lückentext erhalten, es muss dann nur Wörter einfügen, die für sein Lernniveau passend sind, das hat sich bewährt. Bei den Rechenaufgaben kann man dem Kind Arbeitsunterlagen mit Aufgabenstellungen vorbereiten, die es bewältigen kann. Es sollte möglichst in der Nähe der Lehrkraft sitzen, damit ihm leicht die richtige Hilfe zukommt. Wenn es nötig ist, sollte eine Unterstützung durch intensive Einzelnachhilfe durchgeführt werden. Hat das Kind große Schwierigkeiten ein Verständnis für den Zahlenraum und die Rechenoperationen aufzubauen, gibt es ein von Galperin entwickeltes Verfahren. Diese Übungen sollten in Einzelunterricht durchgeführt werden. Dabei werden Additions- und Subtraktionsaufgaben handelnd durchgeführt. Der Rechenschritt und das Ergebnis wird laut gesprochen. Langsam wird dann zu einer vorstellungsmäßigen Verinnerlichung übergegangen. Die Rechenschritte werden dann nur noch innerlich ausgesprochen. Wenn diese Stufe erreicht ist, dann kann das Integrationskind wieder am Rechenunterricht der Klasse teilnehmen.

Beim Schreiben eines Aufsatzes kann man dem Kind erlauben bestimmte Szenen als Zeichnung darzustellen. So kann das Kind auch komplexere Inhalte wiedergeben. Beim Lesen sollte das Integrationskind immer wieder ein Wort oder einen Satz lesen. Die Situation sollte so gestaltet sein, dass das Kind nicht überfordert wird. Die Vorbereitung sollte mit einer

7 Vorschläge zur Verbesserung der Situation der behinderten Schüler/innen

Stützlehrkraft (Kind erhält Einzelförderung durch eine Lehrkraft) durchgeführt werden. Es ist vorteilhaft eine Kartei mit den Wörtern zu führen, die das Kind bereits lesen kann, oder an deren Erarbeitung es ist. Um das sinnverständige Lesen zu fördern, sollte sich das Kind die entsprechenden Szenen bildhaft vorstellen können. Deshalb sollten die Kinder angeregt werden sich die gelesenen Geschichte selbst weiter auszumalen. (vgl. Rollett/Kastner-Koller 2007, S. 125, 126,127).

Wird ein neues Thema eingeführt, das das Integrationskind überfordert, sollte eine Einzelarbeit mit dem Stützlehrer erfolgen. Wenn dem Kind nicht die passenden Arbeitsalternativen angeboten werden, dann besteht die Gefahr, dass es sich am Unterricht nicht mehr beteiligt, weil es ohnehin nichts mehr versteht.

„Wenn keinerlei Übereinstimmung zwischen dem durch eine bestimmte Wahrnehmung im Gehirn entstehenden neuen Erregungsmuster und dem von den assoziativen Rindenbereichen generierten «Erwartungsbild» hergestellt werden kann, passiert gar nichts. Die eingegangenen Sinnesdaten werden dann als unsinniges und daher bangloses «Trugbild» verworfen. Wirklich interessant wird es nur dann, wenn das alte bereits vorhandene Muster und das neue, eben entstandene Aktivierungsmuster zumindest teilweise übereinstimmen und überlagerbar sind. Das im Kortex entstandene «Erwartungsbild» muss dann geöffnet und entsprechend modifiziert werden. Anschließend wird es erneut mit den von den eintreffenden Sinnesdaten erzeugten Erregungsmustern verglichen. Dieser Prozess wiederholt sich solange, bis ein neues, erweitertes inneres «Erwartungsbild» entstanden ist, das sich nun endlich mit dem tatsächlichen Wahrnehmungsbild deckt. Die neue Wahrnehmung ist dann in den Schatz der bereits vorhandenen inneren Bilder integriert worden. Man hat etwas dazugelernt." (Hüther 2008, S. 76, 77)

Man sollte dem Kind auch immer wieder erklären, dass es eines Tages auch vieles von dem angebotenen Unterrichtsstoff verstehen und können wird. Besonders die persönliche Zuwendung und der häufige Blickkontakt mit entsprechendem Lob erhalten die Motivation des Kindes aufrecht.

7.4 Erfolgserlebnisse für Kinder mit ADS und Autismus

Auch sollte das Kind immer wieder Rückmeldung erhalten, was es schon erreicht hat und was als nächstes zu lernen ist. Dies sollte man in der Gegenwart des Kindes auch anderen Personen gegenüber erwähnen (vgl. Rollett/Kastner-Koller 2007, S. 126, 127).

Manche Lehrer haben Probleme beim Kontakt mit autistischen Kindern, sie möchten sie nicht zu sehr einschränken. Das hat oft zur Folge, dass zu wenig Führung und Anleitung erfolgt. Durch Tobsuchtsanfälle sollte sich der Lehrer nicht einschüchtern lassen, günstig ist hier ein Nebenraum in dem sich das Kind wieder beruhigen kann. Das Kind sollte dies als eine Chance auffassen um sein Gleichgewicht wieder zu finden. Ist kein Nebenraum zur Verfügung, so sollte sich das Kind auf eine Matratze in einer Ecke der Klasse hinlegen können. Es ist wichtig, solche Episoden rasch zu beenden und das Kind soll dann möglichst bald wieder zurück auf seinen Platz. Es soll auf keinen Fall lernen, dass es nur zu schreien braucht um sich gemütlich zurückziehen zu können. Den anderen Kindern sollte erklärt werden, dass das Integrationskind noch etwas Selbstbeherrschung lernen muss, was sie schon können, aber dass dies nicht so schlimm ist. In den ersten beiden Schuljahren werden Minderleistungen des Integrationskindes noch nicht so auffallen, aber es sollte eine genaue Planung der Fördermaßnahmen erfolgen. Ab dem dritten Schuljahr wird es etwas schwieriger. Der Unterricht sollte daher besonders sorgfältig geplant werden, um eine gute Förderung des Integrationskindes zu erreichen, aber die anderen Schüler sollten dabei nicht vernachlässigt werden. Auch die leichteren Aufgaben für das Integrationskind sollten immer in einem sinnvollen Zusammenhang zu den Arbeitsaufgaben der Klasse stehen, um eine angemessene Förderung zu erreichen und Motivationsprobleme zu vermeiden (vgl. Rollett/Kastner-Koller 2007, S. 127, 128).

8 Mitarbeiter und Eltern

Wie schon erwähnt, sind auch Eltern körperbehinderter Kinder und Jugendlicher wie auch die Mitarbeiter der Einrichtungen, die diese Kinder betreuen, von der bereits beschriebenen Problematik betroffen. In diesem Kapitel sollen Möglichkeiten besprochen werden, die den Umgang mit den anstehenden Problemen erleichtern.

Zunächst zu den Mitarbeitern sozialer Einrichtungen. Viele dieser Schulen sind private Heimsonderschulen, deren Probleme schon in Kapitel 3.3 angesprochen worden sind. Es sind Unternehmen auf dem Bildungsmarkt. Ihre Leitung entspricht daher zumindest teilweise einer Leitung eines Unternehmens im Wirtschaftsleben. Sie sollten professionell geführt werden, das kollegiale Klima und die Effizienz sind dabei von Bedeutung. In einem Unternehmen mit gutem Betriebsklima sind die Mitarbeiter motiviert und die Kooperation im Team gelingt. Ein Führungsstil, der durch Transparenz, faires Verhalten und dosiertes Vertrauen geprägt ist wirkt positiv auf die Gesundheit der Mitarbeiter aus und erzeugt Motivation (vgl. Bauer 2008a. S. 205, 206).

Gute Führung bedeutet, dass der Vorgesetzte sich zu den gesetzten Zielen bekennt und auch persönlich für sie eintritt. Aber auch die Mitarbeiter sind für die Beziehungsgestaltung mitverantwortlich. Probleme kann es hier geben, wenn, wie in den privaten Heimsonderschulen, Mitarbeiter mit unterschiedlicher Qualifikationen beschäftigt sind. Es ist hier die Kunst des Vorgesetzten destruktives Verhalten zu erkennen und das Gespräch mit den betreffenden Mitarbeitern zu suchen und die Probleme zu benennen. Eine Ursache dafür kann sein, dass sich die betreffenden Mitarbeiter nicht ausreichend anerkannt oder auch benachteiligt fühlen. Es kann aber auch sein, dass die Situation nicht einfach lösbar ist, wenn es Mitarbeiter oder Kollegen auf Konfrontation oder auf einen Machtkampf abgesehen haben. Hier ist der Konflikt zu benennen und auszutragen, er sollte nicht über längere Zeit schwelen (vgl. Bauer 2008a, S. 208, 209).

Bauer beschreibt daher die wesentlichen Prinzipien guter Führung durch zwei Verhaltensweisen:

> „Einerseits kommt es darauf an, Mitarbeiter und Kollegen wahrzunehmen, zu verstehen, ihre Leistung anzuerkennen und sie fair zu behandeln. Andererseits gilt es, für die eigene Position zu stehen, Mitarbeiter und Kollegen nicht aus ihrer Mitverantwortung für die Gestaltung guter Beziehungen zu entlassen, Konflikte zu erkennen, aufzugreifen und Führung zu zeigen." (Bauer 2008a, S. 209, 210)

Aber eine private Heimsonderschule ist nicht nur ein Privatbetrieb, sie ist eine Schule, deren Ziel es ist, für die Schüler eine Situation herzustellen, in der motivierendes Lehren und Lernen möglich ist (vgl. Bauer 2008a, S. 210, 211).

In der Schule für körperbehinderte Kinder und Jugendliche sind die Klassen kleiner wie in der normalen Regelschule. Allein dadurch kann ein Teil der Defizite der Kinder aufgefangen werden und die Lehrer haben mehr Zeit sich dem einzelnen Schüler zuzuwenden, was bei der benachteiligten Situation der behinderten Kinder auch dringend erforderlich ist. Viele dieser Kinder sind durch ihre Erlebnisse in ihrer Beziehungs- und Bindungsfähigkeit beeinträchtigt. Die Folge können Einbrüche in der Motivation sein. Die Kinder haben dann Probleme sich Ziele zu setzen und diese konsequent und mit Erfolg zu verfolgen (vgl. Bauer 2008a, S. 212).

Dabei erinnere ich mich an die Aussagen von einigen Schülern, die sich offensichtlich keine beruflichen Ziele gesetzt hatten mit dem Hinweis, sie würden dann eben „Sozialhilfe" erhalten. Später sind dann Klagen zu hören, wenn sie in einer Behindertenwerkstatt arbeiten, weil wegen mangelnder Ausbildung keine andere Alternative bestand.

Bei diesen jungen Menschen liegt der Verdacht nahe, dass sie aufgrund ihrer durch die Behinderung verursachten Erlebnisse entweder keine oder keine ausreichenden tragenden Beziehungen oder Bindungen haben. Wenn Kinder zu wenig Zuwendung erhalten, sind Erziehungsdefizite die Folge und dies äußert sich in Motivationsmangel und in fehlender sozialer Kompetenz. Auch behinderte Kinder brauchen Bezugspersonen, die sie mögen und erziehen (vgl. Bauer 2008a, S. 212).

Über die zum Teil enorme Belastung der Eltern körperbehinderter Kinder wurde in Kapitel 3.1 schon berichtet. Die Reaktionen der Betroffenen sind recht unterschiedlich. Ich habe überfürsorgliche Eltern kennen gelernt, die an jedem Elternsprechtag vorbeikamen und sich über ihre Probleme aussprechen wollten. Auf der anderen Seite gibt es auch Eltern, die den Lehrern die Verantwortung für den Zustand ihres Kindes zuschreiben wollen. Sie kommen dann am Elternsprechtag und äußern Vorwürfe gegenüber dem Lehrpersonal, was die Situation bestimmt nicht verbessert. Auch solche Telefongespräche am Abend (am privaten Telefon) habe ich schon erlebt. Wieder andere Eltern melden sich überhaupt nicht, obwohl gerade in solchen Fällen dringend Kontakt erforderlich wäre. Soweit einige meiner persönlichen Erfahrungen.

Diese decken sich offensichtlich mit den in der Fachliteratur beschriebenen Abwehrmechanismen, die dazu dienen, das durch die Behinderung des Kindes gestörte innere Gleichgewicht wiederherzustellen oder aufrechtzuerhalten. Diese Abwehrmechanismen bestehen in der Verleugnung der Behinderung, der Projektion der Schuld auf bestimmte Personen oder Umstände (um Selbstvorwürfe abzuwehren), die Intellektualisierung der Behinderung und die Sublimierung (verstärktes soziales Engagement) der Behinderung. Inwieweit die Eltern die Behinderung ihres Kindes akzeptieren oder ablehnen hängt von ihren Einstellungen oder gefühlsmäßigen Reaktionen ab. Dementsprechend werden die genannten Abwehrmechanismen mobilisiert (vgl. Cloerkes 2001, S. 239).

Diese Probleme beeinflussen auch den Kontakt zwischen Lehrern und Eltern. Wie schon erwähnt zielen unsere Motivationssysteme auf die Zuwendung und gelingende Beziehung zu den anderen. Auch die Eltern behinderter Kinder wollen zwischenmenschliche Beziehungen erwerben und erhalten, sie wollen als Person mit ihren spezifischen Problemen gesehen werden (vgl. Bauer 2008a, S. 38, 39).

Wenn ihnen Interesse, soziale Anerkennung und Wertschätzung entgegengebracht wird, kann dies die Motivation verbessern, die bestehenden Probleme zu bewältigen (vgl. Bauer 2008c, S. 21).

> „Die sogenannte soziale Unterstützung, also Leute neben sich und hinter sich, die zu einem halten und einem den Rücken stärken, hat sich in psychologischen und medizinischen Studien als stärkster Schutz vor stressbedingten Gesundheitsbelastungen erwiesen.[75]" (Bauer 2008c, S. 62)

An vielen Schulen besteht ein Dauerkonflikt zwischen Eltern und Lehrern. Auf der einen Seite gibt es Eltern, die sich in den Lehrbetrieb einmischen und auf der anderen Seite gibt es Eltern, die kein Interesse daran zeigen, was die Kinder in der Schule tun (vgl. Bauer 2008c, S. 110).

> „Eltern sollten das Leben an der Schule, auf der sich ihre Kinder befinden, aufmerksam begleiten. Eine grundsätzlich misstrauisch-kontrollierende Grundhaltung hingegen schadet der notwendigen Kooperation zwischen ihnen und der Schule und damit den Kindern. Lehrerinnen und Lehrer werden dadurch, dass sie den permanent skeptischen Blick der Eltern auf sich gerichtet sehen, nicht zu besseren Pädagogen, im Gegenteil. Die Schule und die in ihr unterrichtenden Lehrkräfte brauchen das Vertrauen der Eltern. Umgekehrt sollten diese aber auch eine ihnen gegenüber offene und kooperative Einstellung der Lehrerschaft spüren.
>
> Schüler brauchen auch in dem, was sie in der Schule erleben und tun, die Unterstützung ihrer Eltern." (Bauer 2008c, S. 110)

9 Zusammenfassung

Welche Schlüsse sind nun aus den Erkenntnissen der Hirnforschung in bezug auf die Körperbehindertenpädagogik zu ziehen?

1. Es ist anzunehmen, dass bei vielen körperbehinderten Kindern und Jugendlichen (vor allem bei denjenigen, die von Geburt an behindert sind) das Motivationssystem durch belastende Ereignisse beeinträchtigt sein kann.

   Dies kann sich in Antriebslosigkeit, Desinteresse und Gleichgültigkeit äußern. Die Motivation der Kinder sollte durch positive Rückmeldungen, Musik und Sport verbessert werden. Vor allem aber scheint es mir wichtig zu sein die vorhandenen Fähigkeiten und Interessen zu fördern.

2. Bei vielen körperbehinderten Kindern ist wahrscheinlich die Empathiefähigkeit beeinträchtigt und sie haben deshalb Probleme im Umgang mit ihren Mitmenschen und dies kann sich auch in Verhaltensstörungen zeigen. Dies sollte im Unterricht berücksichtigt werden und es ist daher wichtig ihre Empathiefähigkeit zu fördern und ihnen Konfliktlösungsstrategien beizubringen.

3. Die Erkenntnisse über die Neuroplastizität des Gehirns sind für die Diagnostik bei körperbehinderten Kindern und Jugendlichen von Bedeutung. Es ist zum einen die Erkenntnis, dass Defizite, die während einer sogenannte kritischen Periode während der Kindheit entstanden sind praktisch nicht mehr oder nicht mehr angemessen angefördert werden können. Als Beispiel ist hier der Spracherwerb zu nennen, der bis zum Alter von 12 oder 13 Jahren erfolgen muss. Ist dies nicht der Fall, dann kann die Sprache nie mehr vollständig erlernt werden (vgl. Spitzer 2002, S. 236).

   Auf der anderen Seite sollten aber vorhandene Fähigkeiten weiter gefördert werden (ressourcenorientierter Ansatz), da unser Gehirn äußerst plastisch ist. Da es sich den Bedingungen und Gegebenheiten der Umgebung zeitlebens anpasst, ist es möglich die vorhandenen Strukturen durch Veränderung der Stärke der synaptischen Verbindungen zwischen den Nervenzellen (diesen Vorgang bezeichnet man als Lernen) zu beeinflussen (vgl. Spitzer 2002, S. 94). Der Ausbau vorhandener Ressourcen führt zu Erfolgserlebnissen und ist ein entscheidender Schritt zur Integration.

4. Bei körperbehinderten Kindern und Jugendlichen kann eine Hochregulierung der Stresssysteme vorliegen. Dadurch werden dann Stresssituation schlechter vertragen. Eine Folge im schulischen Bereich können dann schlechtere Leistungen bei Prüfungen und Klassenarbeiten sein, aber auch die Ergebnisse sonderpädagogische Gutachten können dadurch beeinflusst werden. Dies ist im Unterricht zu berücksichtigen, indem möglichst viele stressfreie Situationen geschaffen werden, in denen Lernen Spaß macht. Auch in Situationen der Leistungsbewertung sollte versucht werden, dies möglichst stressfrei zu gestalten. Weiter kann bei Jugendlichen die Meditation eine Möglichkeit sein, auf diese Problematik Einfluss zu nehmen.

Es sind auch die Erkenntnisse der Hirnforschung in bezug auf die Lernvorgänge zu beachten:

5. Beim Lernen sollen die Informationen vom Kurzzeitgedächtnis in das Langzeitgedächtnis übergehen. Dies gelingt nur, wenn die Schüler über die erforderlichen Lernvoraussetzungen verfügen. Die neuen Informationen müssen mit vorhandenen Gedächtnisinhalten assoziiert werden. Dabei sind die spezifischen alltäglichen Lebenswelten und die speziellen Erfahrungen der körperbehinderten Schüler zu berücksichtigen.

Da das Ultra-Kurzzeit-Gedächtnis durch leichte Reize jederzeit voll löschbar ist, können störende Außenreize und Stress also dafür sorgen, dass die aufgenommenen Informationen wieder gelöscht werden. Eine angenehme Lernatmosphäre und gute Beziehungen sowohl innerhalb der Klasse wie auch zwischen Lehrer und Schülern sind besonders bei zum Teil stressgeschädigten körperbehinderten Kindern und Jugendlichen eine Voraussetzung für das Gelingen des Lernprozesses, damit dieser nicht durch Denkblockaden beeinträchtigt wird.

6. Die Erkenntnis, dass es verschiedene Lerntypen gibt, ist in der Form zu berücksichtigen, dass der Lernstoff über möglichst viele Eingangskanäle angeboten werden soll. Dies hat zur Folge, dass dem Schüler mehr Assoziationsmöglichkeiten zur Verfügung stehen. Es steigert die Aufmerksamkeit und die Motivation und stellt auch eine Chance für behinderte Schüler dar, die dadurch trotz Behinderung ihre spezielle Zugangsmöglichkeit zum angebotenen Lernstoff finden können.

7. Mit dem Lernstoff werden begleitende Wahrnehmungen aus dem Umfeld gespeichert. Dies betrifft auch die Gefühle. Diese Sekundärassoziationen sind zu berücksichtigen, denn sie haben Einfluss auf das Lernverhalten des Schülers. Mit einem Lernstoff gespeicherte Stresssignale können beim Abfragen aus dem Langzeitgedächtnis wieder abgerufen werden und Denkblockaden und Fehlleistungen erzeugen. Deshalb ist die angenehme Lernatmosphäre gerade bei behinderten Schülern sehr wichtig und es sollte ihre Neugierde an den Lerninhalten geweckt werden, denn dadurch können die Stressreaktionen vermieden werden.

8. Und jetzt noch eine kurze Stellungnahme zur Belohnung und Bestrafung. Diese werden im Unterricht sehr oft eingesetzt.

   Strafe ist keine besonders gute pädagogische Maßnahme. Wirksamer ist der Entzug von Belohnung. Aber das beste Mittel zur Verhaltensänderung ist die Belohnung (z.B. in Form von Tokens). Wenn die Belohnung aber nicht jedes Mal erfolgt und nach einiger Zeit variabel eingesetzt wird, ist ihre Wirkung auf das Verhalten am erfolgreichsten.

9. Der Medienkonsum nimmt bei der Freizeitbeschäftigung der Behinderten eine herausragende Stellung ein. Die Folge kann ein Verlust an sozialen Kontakten und Aktivitäten sein. Handlungsmodelle, die beim Medienkonsum aufgenommen werden, können zur Folge haben, dass daraus Handlungsbereitschaften entstehen. Dies kann gewalttätiges Verhalten und schulisches Versagen begünstigen. Beson-

9 Zusammenfassung

ders Kinder im Grundschulalter sind nach Untersuchungen dadurch stark beeinflussbar, dies ist im Zusammenhang mit der Neuroplastizität des Gehirns zu sehen.

Maßnahmen, um die Situation der körperbehinderten Kinder und Jugendlichen zu verbessern sind daher:

- Musik und Bewegung, denn dadurch wird das Motivationssystem aktiviert.

- Den Kinder und Jugendlichen ist ein angemessenes Sozialverhalten zu lehren, das Normverdeutlichung, Grenzziehung, Konsequenz und humane Kommunikations- und Umgangsformen usw. vermittelt.

- Die Förderung der Empathiefähigkeit mit Hilfe von Programmen kann sinnvoll sein.

- Den Kindern und Jugendlichen ist bei Verhaltensproblemen die konstruktive Bearbeitung von Konflikten zu vermitteln.

- Jugendliche sind in die Meditation einzuweisen, wenn sie dies wünschen, denn dies kann offensichtlich zu dauerhaften Veränderungen in der Funktionsweise des Gehirns führen. Dies kann Einfluss auf den Umgang mit den eigenen Emotionen haben und der Mensch kann sich damit allmählich ändern, was auch die Funktion der Stresssysteme in eine positivere Richtung beeinflussen kann mit all den positiven Konsequenzen, die bereits beschrieben wurden.

10 Literatur

1. Antor/Bleidick (2001): Handlexikon der Behindertenpädagogik. Schlüsselbegriffe aus Theorie und Praxis. Stuttgart, Berlin, Köln: Kohlhammer

2. Bauer (2008a): Prinzip Menschlichkeit. Warum wir von Natur aus kooperieren. 2. Auflage. München: Heyne Verlag

3. Bauer (2008b): Das Gedächtnis des Körpers. Wie Beziehungen und Lebensstile unsere Gene steuern. 12. Auflage. München: Piper Verlag

4. Bauer (2008c): Lob der Schule. Sieben Perspektiven für Schüler, Lehrer und Eltern. München: Wilhelm Heyne Verlag

5. Bauer (2006): Warum ich fühle, was du fühlst. Intuitive Kommunikation und das Geheimnis der Spiegelneurone. 12. Auflage. München: Heyne Verlag

6. Becker-Carus (2004): Allgemeine Psychologie. Eine Einführung. München: Spektrum Akademischer Verlag

7. Beckenbach (2000): Lese- und Rechtschreibschwäche, Diagnostizieren und Behandeln. Lengerich, Berlin, Riga, Rom, Wien, Zagreb: Pabst Science Publishers. 2. Auflage

8. Bergeest (2006): Körperbehindertenpädagogik. Studium und Praxis. 3. Auflage. Bad Heilbrunn: Verlag Julius Klinkhardt

9. Bernard-Opitz (2007): Kinder mit Autismus-Spektrum-Störungen (ASS). Ein Praxishandbuch für Therapeuten, Eltern und Lehrer. Stuttgart: Kohlhammer

10 Literatur

10. Bründel/Simon (2003): Die Trainingsraummethode. Umgang mit Unterrichtsstörungen: klare Regeln, klare Konsequenzen. Weinheim, Basel, Berlin: Beltz Verlag

11. Bundeszentrale für politische Bildung (1999): Grundgesetz für die Bundesrepublik Deutschland. Ulm: Ebner

12. Cloerkes (2001): Soziologie der Behinderten. Eine Einführung. 2. Auflage. Heidelberg: Universitätsverlag C. Winter Heidelberg Gmbh - «Edition S»

13. Eibl-Eibesfeld (2004): Die Biologie des menschlichen Verhaltens. Grundriß der Humanethologie. Vierkirchen-Pasenbach: BuchVertrieb Blank GmbH

14. Fritzsche (2004): Menschenrechte. Eine Einführung mit Dokumenten. Paderborn, München, Wien, Zürich: Schöningh

15. Gesetz für die Schulen in freier Trägerschaft (Privatschulgesetz- PSch Online: URL. www.landesrecht-bw.de [Datum der Recherche: 24.9.08

16. Gesetz zur Gleichstellung behinderter Menschen (Behindertengleichstellungsgesetz — BGG) Online: URL: www.gesetze-im-internet.de/b [Datum der Recherche: 24.9.08]

17. Gewerkschaft Erziehung und Wissenschaft Baden-Württemberg (200 GEW-Jahrbuch für Lehrerinnen und Lehrer — Handbuch des Schul- und Dienstrechts in Baden-Württemberg. 27. Jahrgang; Ausgabe 2008. Stuttgart: Süddeutscher Pädagogischer Verlag.

18. Rux (2010): GEW-Jahrbuch für Lehrerinnen und Lehrer — Schul- und Dienstrecht in Baden-Württemberg Standardausgabe 2010. Herausgeber: Gewerkschaft Erziehung und Wissenschaft, Landesverband Baden-Württemberg, Stuttgart: Süddeutscher Pädagogischer Verlag

19. Goleman (1997): Emotionale Intelligenz. München: Deutscher Taschenbuch Verlag (dtv)

20. Grefe (2002): Krankheit — (verleugnete) alltägliche Gewaltwalterfahrung. In: Gerlach/Schlösser (2002) Gewalt und Zivilisation. Erklärungsversuche und Deutungen. Gießen: Psychosozial-Verlag

21. Gröning (2006): Pädagogische Beratung. Konzepte und Positionen. Wiesbaden: VS Verlag für Sozialwissenschaften

22. Gudjons (2003): Pädagogisches Grundwissen. 8. Auflage. Bad Heilbrunn: Klinkhardt

23. Haupt (1996): Körperbehinderte Kinder verstehen lernen. Auf dem Weg zu einer anderen Diagnostik und Förderung. Düsseldorf: Verlag Selbstbestimmtes Leben . Eigenverlag des Bundesverbandes für Körper- und Mehrfachbehinderte e.V.

24. Hedderich (2006): Einführung in die Körperbehindertenpädagogik. München, Basel: Ernst Reinhardt Verlag

25. Henecka (2006): Grundkurs Soziologie. 8. Auflage. Konstanz: UVK Verlagsgesellschaft mbh

26. Hillman (2007): Wörterbuch der Soziologie. 5. Auflage. Stuttgart: Kröner

27. Hüther (2007): Biologie der Angst. Wie aus Stress Gefühle werden. 8. Auflage. Göttingen: Vandenhoeck & Ruprecht

28. Hüther (2008): Die Macht der inneren Bilder. Wie Visionen das Gehirn, den Menschen und die Welt verändern. 4. Auflage. Göttingen: Vandenhoeck & Ruprecht

29. Ingenkamp/Lissmann (2005): Lehrbuch der Pädagogischen Diagnostik. 5. Auflage. Weinheim, Basel: Beltz UTB

30. Kaminski/Rumpler (2003): Autismus macht Schule. (Hrsg.) Bundesverband Hilfe für das autistische Kind/vds-Fachverband für Behindertenpädagogik

31. Keller/Hafner (2003): Soziales Lernen will gelernt sein. Lehrer fördern Sozialverhalten.2. Auflage Donauwörth: Auer

32. Klicpera/Innerhofer (2002): Die Welt des frühkindlichen Autismus. 3. Auflage. München, Basel: Ernst Reinhardt Verlag

33. Knauer (2008): Integration. Inklusive Konzepte für Schule und Unterricht. Weinheim, Basel: Beltz Verlag

34. Knodel (1998): Lindner Biologie, 21. Auflage. Hannover: Schroedel Verlag

35. Kostka (2005): Der Traum von ewiger Schönheit und Jugend. Ein sozialethischer Blick hinter den Körperkult unserer Gesellschaft (B: 63). In: Wort und Antwort. 46. Jahrgang 2005. Zeitschrift für Fragen des Glaubens

36. Krause (2002): Gesprächspsychotherapie und Beratung mit Eltern behinderter Kinder. München, Basel: Reinhardt Verlag

37. Lambert (2002): Notengebung für Schüler mit Behinderungen. In: Schulverwaltung: Zeitschrift für Schulleitung und Schulaufsicht Baden Württemberg Jahrgang 2002, Heft 7/8. Kronach: LinkLuchterhand

38. Leonhardt (2002): Einführung in die Hörgeschädigtenpädagogik. München, Basel: Reinhardt Verlag

39. Poustka u. a. (2004): Autistische Störungen. Hogrefe Verlag für Psychologie: Göttingen, Bern, Toronto, Seattle

40. Rollett/Kastner-Koller (2007): Praxisbuch Autismus für Eltern, Erzieher, Lehrer und Therapeuten. 3. Auflage. Stuttgart, Jena, New York: Urban & Fischer

41. Roth (2007): Persönlichkeit, Entscheidung und Verhalten — Warum es so schwierig ist, sich und andere zu ändern. Dritte Auflage. Stuttgart: Klett-Cotta

42. Schäffler/Schmidt: Medizin und Gesundheit. Nachschlagewerk für Pflegeberufe, Ärzte und Patienten. München: Urban & Fischer

43. Schröder (2006): ADS in der Schule. Handreichungen für Lehrerinnen und Lehrer. Göttingen: Vandenhoeck & Ruprecht

44. Singer/Ricard (2008): Hirnforschung und Meditation. Ein Dialog. Aus dem Englischen von Susanne Warmuth und Wolf Singer. Frankfurt: Suhrkamp

45. Sozialgesetzbuch (SGB) Erstes Buch (I) — Allgemeiner Teil — (Artikel I des Gesetzes vom 11. Dezember 1975, BGBl. I S. 3015) Online: URL: www.sozialgesetzbuch.de [Datum der Recherche: 24.9.08]

46. Sozialgesetzbuch (SGB) Neuntes Buch (IX) — Rehabilitation und Teilhabe behinderter Menschen — (Artikel 1 des Gesetzes v. 19.6.2001, BGBl. I S. 1046) Online: URL: www.sozialgesetzbuch.de [Datum der Recherche: 24.9.08]

47. Spitzer (2002): Lernen. Gehirnforschung und die Schule des Lebens. Heidelberg, Berlin: Spektrum Akademischer Verlag

48. Stopp (2006): Praktische Betriebspsychologie. Probleme und Lösungen. Band 10 13. Auflage Renningen: expert verlag

49. Theunissen (2003): Krisen und Verhaltensauffälligkeiten bei geistiger Behinderung und Autismus. Forschung — Praxis — Reflexion. Stuttgart: Kohlhammer

50. Tröster (1990): Einstellungen und Verhalten gegenüber Behinderten. Konzepte, Ergebnisse und Perspektiven sozialpsychologischer Forschung. Bern, Stuttgart, Toronto: Verlag Hans Huber

51. Vester (2007): Denken, Lernen, Vergessen. Was geht in unserm Kopf vor, wie lernt das Gehirn, und wann läßt es uns im Stich? 32. Auflage München: dtv Wissen

52. Vogel (1997): Das Recht der Schulen und Heime in freier Trägerschaft. 3. überarbeitete Auflage. Neuwied: Luchterhand Verlag GmbH

53. Walthes (2005): Einführung in die Blinden- und Sehbehindertenpädagogik. München, Basel: Reinhardt Verlag

54. Wellhöfer (2007): Gruppendynamik und soziales Lernen. 3. Auflage. Stuttgart: Lucius &Lucius UTB

55. Welling (2006): Einführung in die Sprachbehindertenpädagogik. München, Basel: Reinhardt Verlag

Index

ökosystemische Betrachtungsweise, 74
überprotektives Erziehungsverhalten, 50

Mediation, 181

Absencen, 80
ADHS, 93, 186
Affektkontrolle, 178
Aggressionsschwelle, 151
Agnosie, 110
AIDS-Erkrankung, 87
Ambos, 105
Amygdala, 15
Anarthrie, 76, 111
Anfallskrankheit, 79
Aphasie, 110
    motorische, 110
    sensorische, 110
Apraxie, 110
Artikulationsorgane, 108
Arbeitsgedächtnis, 13
Asperger-Syndrom, 95
Asthma, 82
asymmetrische Struktur, 178
Ataxie, 75
Athetose, 75

Atonische Anfälle, 80
Atypischer Autismus, 98
Ausdrucksbehinderung, 140
Auswertungsobjektivität, 141
Axone, 19

Belohnungsentzug, 133
Belohnungsgedächtnis, 130
Belohnungszentrum, 15
Beziehungsgestaltung, 167
Belohnung, 131, 134
    intermittierende, 135
Bestrafung, 131
    direkte, 132
Bobath-Konzept, 148

Cotherapeutenmodell, 148
Cortex, 11
Cortex cerebri, 11
Cortische Organ, 106

Defizit-Nachweis, 140
Dendriten, 19
Denkblockaden, 124
destruktive Botschaften, 179
Diabetes, 83
Didaktik, 151
    integrativ, 162
    konstruktivistisch, 153

Index

die affektive Schmerzempfindung, 12
die Eingeweidewahrnehmung, 12
die Geschmacksempfindungen, 12
Diplegie, 76
Diskriminierung, 50
Dissoziation, 49
Dopamin, 17, 33
Dopamin-System, 171
dorsalen Thalamus, 16
Durchführungsobjektivität, 141
Dysarthrie, 76
Dysarthrophonie, 110

Empathie, 180
empirische Forschung, 74
Engramme, 55
Entscheidungsprozesse, 129
Entwicklungsdysarthrophonie, 110
Epilepsie, 79
Epithalamus, 16
Ergotherapie, 149
Etikettierung, 70
Eustachische Röhre, 105
Euthanasie, 62

Förderdiagnostik, 139
Fehlbildungen des Gesichts, 89
fokale Anfälle, 81
Frühdiagnostik, 147
Früherkennung, 147
Frühkindlicher Autismus, 96

Gütekriterium, 141
Ganzheitlichkeit, 148
Gewaltbereitschaft, 151
Gedächtnislücken, 124
Gehörgang, 105

Gehörlose, 107
Gehörlosigkeit, 106
Gehirn, 11
Gehirnforschung, 109
Gestützte Kommunikation, 197, 199
Glasknochenerkrankungen, 89
Gleichgewichtsorganen, 106
Gleichgewichtsorgan, 105
Gliazellen, 18
Gliedmaßenfehlbildungen, 88
Grammatik, 109
Großhirnrinde, 11
Gutachten
    förderdiagnostisch, 150
Gyrus cinguli, 28

Hämophilie, 84
Hör- und Gleichgewichtsnerven, 106
Hörorgan, 105
Hammer, 105
Handlungsneurone, 26
Handlungsveränderungen, 152
Handlungsvorstellung, 177
Heller'sche Demenz, 97
Hemiplegie, 76
Hermeneutik, 73
Herzfehler, 84
Hinterhauptslappen, 12
Hippocampus, 16
Hippotherapie, 149
HIV-Infektionen, 87
humane Kommunikation, 178
humanistisch-reformatorisches Gedankengut, 62
Hydocephalus, 78

Hypothalamus, 15, 16

innere Repräsentation, 43
innere Resonanz, 54
Integrationsgruppe, 162
infantile cerebrale Bewegungsstörung, 75
informellen Machtzentren, 59
informellen Normen, 59
Innenohr, 105
insulärer Cortex, 12
Integrationsklasse, 162
Interdisziplinarität, 148
intuitive Resonanz, 54

juvenile chronische Arthritis, 83

Körperschädigung, 45
körpereigene Motivationssysteme, 33
Körpergefühl, 12
Kleinhirn, 17
Kleinwuchs, 88
Klonische Anfälle, 80
Kooperationsmodell, 148
Kommunikationsprobleme, 178
Kommunikation, 176
Kompetenzen, 165
Konflikteskalation, 182
Konsequenz, 175
kontrollierbare Stressreaktion, 39
Krüppelfürsorgegesetz, 63
Krebs, 87
kritische Perioden, 140
Kurzzeit-Gedächtnis, 121

Labyrinth, 105
    häutige, 106
    knöcherne, 106
Laienmodell, 148
Langzeit-Gedächtnis, 122
Leistungsbewertung, 155
Lernpsychologie, 131
Lerntypen, 126
Lesen- und Schreibenlernen, 111
Leseschwäche, 116
limbisches System, 22
Lovaas, 197
Lovaas-Theapie, 198

Mandelkern, 15
Mediengenuss, 136
medizinische Rehabilitation, 62
Meningocele, 78
Merkfehler, 115
mesolimbisches System, 15
Minimale Cerebrale Dysfunktion, 93
Misshandlung / Missbrauch, 92
Mittelhirn, 16, 33
Mittelohr, 105
Mobbing, 32
Motivationssystem, 129
motorische Hirnrindenfelder, 12
Mukoviszidose, 86
Multiple Sklerose, 87
Muskelatrophie, 86
Muskeldystrophie
    progressive, 86
Myelocele, 78
Myelomeningocele, 78
Myklonische Anfälle, 80

Nachteilsausgleich, 158
Nervenfasern, 19

Index

Nervenzellen, 18
Netzhaut, 101
neurobiologische Resonanz, 25
Neurodermitis, 82
Neuron
    Belohnung, 130
    Enttäuschung, 130
Neurone, 18
Neuroplastizität, 43, 102
Niereninsuffizienz, 84
Noradrenalin, 17
Normen, 68
    soziale, 68
Notengebung, 164

Objektivität, 141
Ohr, 105
    äußeres, 105
    inneres, 105
Ohrmuschel, 105
Ohrtrompete, 105
Opiate, 130
Opioide, 34
Oxytozin, 34

pädagogische Frühförderung, 147
pädagogischer Konsens, 175
Paukenhöhle, 105
personale Integration, 150
Phonemfehler, 115
Phonetik, 108
Phonologie, 109
posttraumatische Belastungsstörung, 48
Psychomotorik, 149

Querschnittslähmung, 91

Regelextraktionsmaschine Gehirn 42
Regelfehler, 115
Rehabilitation, 61
Reliabilität, 141
Resonanzsystem, 177
Response-Cost-Systeme, 190
Rett-Syndrom, 97
Rheuma, 83
Rollennormen, 70

Schädel-Hirn-Trauma, 90
Schallleitungsschwerhörigkeit, 106
Scheitellappen, 11, 13
Schläfenlappen, 11
Schnecke
    häutige, 106
Schwerhörigkeit
    Mittelohrschwerhörigkeit, 106
    sensorineurale, 106
Sekundärassoziationen, 128
Semiotik, 108
sensorische Integrationstherapie, 149
sensorischen Felder, 12
septale Region, 16
Serotonin, 17, 130
Sinnesepithel, 106
Sonderpädagogischer Förderbedarf 150
Sonderpädagogische Diagnostik, 1
soziale Integration, 150
soziale Position, 70
Sozialisation, 68
    primäre, 69
    sekundäre, 69
Spastik, 75

Spiegelnervenzellen, 25
Spiegelneurone, 25, 168
Spina bifida, 77
Spina bifida occulta, 78
Sprach- und Sprechstörung
    neurolinguistische und neuro-
    phonetische, 109
status epilepticus, 81
Steigbügel, 105
Stigma, 46
Stigma-Identitäts-These, 47
Stigmatisierung, 46, 70
Stimmlippen, 108
Stimmritze, 108
Stirnlappen, 11
Strafe, 132
Stress, 124
Stressreaktionen, 38
Stresshormone, 33, 124
Stresssystem, 170
Synapsen, 19
Syntax, 109
systemisch-ökologisch-konstrukti-
    vistischen Denkmodelle,
    74

TEACCH-Ansatz, 198
TEACCH-Programm, 197
Tetraplegie, 76
Tokensysteme, 189
Tonisch-klonische Anfälle, 80
Tonische Anfälle, 80
Trainingsraummethode, 188
Trauma, 90
Trommelfell, 105

Ultrakurzzeitgedächtnis, 120

unkontrollierbare Stressreaktion, 39
Unterricht
    handlungsorientiert, 153

Validität, 141
ventralen Thalamus, 16
Verhaltenserwartungen, 70
Vermeidungslernen, 133
verantworteter Subjektivität, 143
verborgene Spina bifida, 78
Verbrennungen, 91
Verlängertes Mark, 17
Verschlussstörung, 77
Vojta, 149

Wasserkopf, 78

Zöliakie, 84
zugewiesenen Positionen, 70
Zwischenhirn, 16

Index